山东省社会科学规划研究重大委托项目（21AWTJ01）研究成果

比较视域下百年乡村建设变迁研究

以邹平为例

王邵军 沈大光 等 编著

Changes in Centennial Rural Construction
from the Comparative Perspective

A Case Study of Zouping

东北财经大学出版社
Dongbei University of Finance & Economics Press
大连

图书在版编目（CIP）数据

比较视域下百年乡村建设变迁研究：以邹平为例 / 王邵军，沈大光等编著. 一大连：东北财经大学出版社，2023.12

ISBN 978-7-5654-5039-6

Ⅰ.比…　Ⅱ.①王…②沈…　Ⅲ.乡村-社会变迁-研究-邹平县　Ⅳ.C912.82

中国国家版本馆CIP数据核字（2023）第228586号

东北财经大学出版社出版发行

大连市黑石礁尖山街217号　邮政编码　116025

网　　址：http://www.dufep.cn

读者信箱：dufep @ dufe.edu.cn

大连图腾彩色印刷有限公司印刷

幅面尺寸：170mm×240mm　字数：259千字　印张：17.75　插页：1
2023年12月第1版　　　　2023年12月第1次印刷
责任编辑：王　莹　孔利利　责任校对：王　华
封面设计：原　皓　　　　版式设计：原　皓
定价：88.00元

前言

　　作为乡村建设变迁研究的一个范例，邹平具有代表性优势和典型性特征。远至民国时期开展乡村建设运动，近至中华人民共和国成立后，历经社会主义建设至改革开放的发展，以及当下新时代的乡村振兴，邹平乡村面貌焕然一新。我们通过走访和问卷等方式，梳理邹平乡村发展各个时期、各个方面的变化进程，展现邹平乡村百年变迁的历史画卷，站在历史与现实比较的视角、站在理论与实践结合的角度，选取反映乡村发展的代表性元素加以研究，有助于了解近代以来中国乡村逐步从贫穷到富裕的艰辛之路，进而能够更好地领会全面推进乡村振兴在实现中华民族伟大复兴进程中的实践意义。

　　选取邹平作为百年乡村建设变迁研究的对象，具有一定的历史必然性。早在1931年，中国著名乡村建设思想家和理论家梁漱溟就选择邹平作为乡村建设的试验区，希望通过积累一村一邑的建设经验，解决整个中国的问题。梁漱溟在提出乡村建设思想理论，筹设山东乡村建设研究院、邹平县政实验县区的同时，还开展了关于山东乡村建设的组织、财政、合作、金融、自卫、教育等方面的一系列组织制度设计，形成了

"邹平模式"的实验框架。当年的山东乡村建设研究之所以选择邹平，并将其划为第一试验区，是因为邹平地理位置适中、交通便利等因素。抗日战争的全面爆发打断了梁漱溟的乡村建设进程，他的实验结果未经长时段的检验便归于终结，终成历史遗憾，但是，这种以典型乡村社会为实验对象，试图重塑乡村社会结构、优化乡村治理的尝试在今天看来依然具有重要的历史价值。

中国是世界人口大国，同时又是农业生产大国。在中国已全面建成小康社会的大背景下，如何加快实现中国城镇化进程并全面建成社会主义现代化强国，"三农"问题无疑是一个重要课题。众所周知，农业丰、农村稳、农民富是一个渐进性、常态化的奋斗目标。产业、生态、乡风、治理、健康等诸多目标的实现，将是今后乡村建设不懈追求的一种文明形态。考察这一波澜壮阔的乡村变迁进程，选取邹平作为范例加以调查与研究，无疑具有重要的现实意义。改革开放之后，自1985年至2008年的20多年中，来自美国的学者先后有200多人次到邹平进行连续性、蹲点式社会研究，使得邹平成为美国学者在中国改革开放的背景下观察并记录乡土中国政治、经济和社会发展的最早窗口。

本书通过对邹平百年乡村建设变迁的梳理与研究，旨在为未来中国乡村发展提供参考样板与建设方案。追溯20世纪20年代邹平乡村的历史，以此作为研究起点，放眼21世纪邹平乡村的现状，在历史与现实相互观照的比较视域中，对邹平乡村的百年变迁历史加以梳理，借鉴前人有关乡村建设的研究成果，可以总结乡村建设的成功经验，探寻乡村建设的衍生规律，验证当今乡村建设的基本理论。当前，中国农业和农村经济仍处于爬坡阶段和转换运行阶段，面对自然灾害的不可避免性以及社会风险的偶发性，理清影响农业增效、农民增收、农村稳定的矛盾要素和变迁规律，已经刻不容缓。乡村变迁是个体与社会之间不断产生矛盾，最终克服差异，实现趋同的过程。乡村建设的参与主体是农民，对于社会学意义上的个体理性因素和个体非理性因素的微观透视同样值得重视，我们既要研究中国乡村变迁的脉动和节奏，又要体悟中国农民的情怀和感受。通过比较研究，旨在把大量零碎的资料去粗取精、去伪存真，通过由此及彼、由表及里的综合分析，透过现象抓住本质，最终探求事物的内在规律，提出切实可行的政策建议。因此，发现问题，发现不同阶段的问题，发现不同阶段不同问题的共性和差异，通过比较研究为乡村建设提供差异性经验，正是本书写作的意图所在。

本书主要有以下特色：

一是针对性强。本书通过问卷调查以及实地调研，按照政治、经济、文化、社会、生态五个方面的内容依序展开，从中选取了党团、产业、市场、礼俗、娱乐、教育、婚恋、医疗、村容九个点作为调研对象，以便清晰地梳理出邹平乡村变迁发展的基本状况，本书特别使用了柏家村、古城村、望京村、郭庄村的村志内容作为重要的第一手文献资料，材料翔实、生动客观。

二是实用性强。本书把邹平乡村建设百年历程按照纵向四个时期的顺序分别加以研究，以新民主主义革命时期、社会主义革命和建设时期、改革开放和社会主义现代化建设时期、中国特色社会主义新时代四个时期依次梳理乡村变迁的阶段及特征。采取比较研究的方法，归纳出不同时期发展的差异性和特殊性，全方位展示中国百年乡村变迁的进程。这对于社会学工作者以及在校学生掌握这段历史，充分了解国情以及进行党史学习教育，无疑具有一定的参考和指导价值。

三是逻辑性强。本书遵循史料搜集和问题调研相结合的思路开展研究，基于翔实的调研材料，总结不同调研对象的个性特征，以期归纳各个时期的变化共性，通过个体比较和典型案例分析，从总体上梳理乡村各要素变迁的轨迹和关联，从而客观呈现中国百年乡村变迁的规律，试图对未来乡村建设提出建议和对策。

《比较视域下百年乡村建设变迁研究：以邹平为例》为山东省社会科学规划研究重大委托项目（批准号：21AWTJ01）研究成果，课题负责人为王邵军教授。王邵军、沈大光、杨彦、李然、吕朝华、廉枫、郭小丽、张高臣、李兰、李磊、孙元悦参加了调研和本书编写工作。本书由王邵军统稿并最后定稿。

　　本书在写作过程中，参考了学术界大量的资料以及观点，引用了部分学者的研究成果，在此深表感谢。

作　者

2023 年 8 月

目录

第1章 党团变迁 / 1

1.1 参加革命求得解放 / 1

1.2 当家作主建设祖国 / 12

1.3 发家致富村民自治 / 21

1.4 小康社会乡村振兴 / 30

第2章 产业变迁 / 35

2.1 以粮为主的传统种植业 / 35

2.2 农林牧副渔全面发展 / 44

2.3 多元经营 / 56

2.4 镇域经济 / 63

第3章 市场变迁 / 70

3.1 巷头货郎 / 70

3.2 国营商店 / 80

3.3 集市商场 / 86

3.4 超市网购 / 95

第4章 礼俗变迁 / 105

4.1 梁漱溟的破旧立新改革 / 105

4.2 追求现代文明的新社会 / 110

4.3 回归传统与追求现代化并行 / 118

4.4 继承中发展的新时代 / 123

第5章 娱乐变迁 / 129

5.1 秉承农耕时代的传统娱乐 / 129

5.2 强调集体性与政治性的新娱乐形式 / 139

5.3 娱乐活动日渐家庭化 / 149

5.4 多姿多彩的时尚娱乐 / 155

第6章 教育变迁 / 161

6.1 私塾教育 / 161

6.2 义务教育 / 169

6.3 多元办学 / 176

6.4 网络求知 / 182

第7章 婚恋变迁 / 188

7.1 父母包办的传统婚姻模式 / 188

7.2 移风易俗追求婚姻自由 / 196

7.3 爱情至上的婚恋观念普及 / 201

7.4 个性解放的新时代婚恋 / 207

第8章 医疗变迁 / 213

8.1 乡村郎中 / 213

8.2 赤脚医生 / 218

8.3 私人诊所 / 224

8.4 新型农村合作医疗 / 229

第 9 章 村容变迁 / 234

9.1 泥泞小道 / 234

9.2 草房庭院 / 242

9.3 柏油马路 / 248

9.4 绿水青山 / 258

参考文献 / 268

索引 / 272

第1章　党团变迁

政治变迁是一种连续性过程,是诸种要素相互交织共同作用的过程。中国共产党自诞生之日就深刻影响着中国农村的发展特别是中国农村的政治发展,分析中国乡村的变迁史无论如何也不能脱离中国共产党的发展历史。党的百年发展历程能反映农村政治变迁的历史脉络,党团是农村政治变迁当然的时间起点和逻辑起点。在中国共产党领导人民进行革命、建设、改革的百年伟大实践中,制定科学政策、促成制度变革、强化法治保障,始终坚持推动中国农村政治发展进程,积累了宝贵的思想经验,分析其成立和壮大的变迁过程,无疑可以看到中国农村政治变迁的演进轨迹。

1.1　参加革命求得解放

1921年,中国共产党宣告成立,这是开天辟地的大事变,深刻改变了中华民族发展的方向和进程,深刻改变了中国人民的前途和命运。这是一个星火燎原的时代,同时又是孕育变革的年代,先进制度和进步思想不断触动农村根深蒂固的传统习惯。中国的农民在这种矛盾和变革的洪流中不断接受中国共产党新思想新观念的影响，通过积极参与革命斗争最终在政治上取得了翻身解放。

1.1.1　问题调研

材料一：

（1）您对党史了解多少呢，邹平柏家村有参加革命的村民吗？在中华人民共和国成立前有几个党员？

答：这个还是知道一些。1921年中国共产党成立，中共一大代表有13人，那时候全国的党员人数很少，农村党员更少。我们柏家村的人在外地有当八路军参加革命的，在部队入的党。但是作为相对偏僻的农村，在中华人民共和国成立前村里是没有党员的。

（2）1945年春，邹平县开展了大规模的参军活动。抗日战争时期和解放战争时期望京村和附近一些村参军入党的人多吗？

答：抗日战争时期和解放战争时期，具体这里有多少参军的人、入党的人不是很清楚，但是，在党的影响下这两个时期参军入党的青年数量不少，很多村都有烈士，这就是证明。我知道附近的郭庄村有个参加抗日入党的人。

（3）1936年夏，中共胶东特委派遣共产党员柳运光到邹平县开展党的秘密活动，9月介绍邹平明集镇张辛村人刘瑄加入中国共产党。之后刘瑄率领7人去延安参加革命，在抗日战争时期参加了著名的百团大战等，解放战争时期曾参加挺进大别山、淮海、渡江、解放大西南、凉山剿匪等战役战斗，1961年被授予少将军衔。邹平在抗日战争中是山东革命根据地之一。您还知道哪些邹平的英雄和英雄事迹？

答：说起来可真不少。张实杰少将、王若杰少将、李丕功少将、抗战老兵卢乃水、张风贤等等。长山中学的马耀南事迹、黑铁山起义、66名学生参加革命的事迹、焦桥镇的焦桥村的袁紫兰事迹等等。

（4）1946年10月，在延安冯庄诞生了第一个农村团支部。1946年12月山东省莒县金沟官庄团支部是山东重建青年团的第一个团支部。那么，您知道古城村的党组织和团支部是从什么时候开始建设的？

答：我们村里的团组织好像是从中华人民共和国成立后才有的。中华人民共和国成立前没听说村里有党组织和团组织的，应该都是中华人民共和国成立后共产党成为执政党之后有的。

材料二：

（1）柏家村调研材料

"1937年七七事变后，柏家村在河北省平山县一带打铁谋生的李金堂、李金福兄弟二人先后参加了共产党领导的革命队伍八路军，后在部队加入中国共产党（李金堂1942年入党，李金福1943年入党），成为柏家村在外人员中最早入党的党员之一。"①

（2）古城村调研材料

"中华人民共和国成立前，古城村没有党员和党的基层组织。"②

"1925年，受党的影响，古城村村民李子桢投身革命。"③

"1947年，原籍周村的吴建义在部队入党，后迁居古城村，是迁入党员中最早的党员。1948年，古城村许孟善在解放军部队入党，后退伍回乡，成为古城村入党最早的党员。"④

"1947年初，在上级党的组织和领导下，古城村成立了农救会、妇救会、儿童团等群众组织，带领广大群众开展减租减息、清匪反霸斗争和土地改革运动。"⑤

（3）望京村调研材料

"望京村加入中国共产党组织最早的是周提伯，加入时间是1947年3月。"⑥

"1949年10月中华人民共和国成立前，望京村内没有共产党组织。"⑦

（4）郭庄村调研材料

"1939年12月，郭庄村志愿参加抗日的杨奎先在博山十亩地村，由

① 李福林. 柏家村志［M］. 香港：中国文化出版社，2008：134.
② 董好连. 古城志［M］. 香港：中国文艺出版社，2011：82.
③ 董好连. 古城志［M］. 香港：中国文艺出版社，2011：89.
④ 董好连. 古城志［M］. 香港：中国文艺出版社，2011：84.
⑤ 董好连. 古城志［M］. 香港：中国文艺出版社，2011：89.
⑥ 赵承宏. 望京村志［M］. 济南：山东省内部资料性出版物准印（2016年滨州第009号），2016：128.
⑦ 赵承宏. 望京村志［M］. 济南：山东省内部资料性出版物准印（2016年滨州第009号），2016：125.

八路军山东第四支队的刘廷善、李守孟介绍，光荣地加入了中国共产党。1940年2月，转为正式党员。这是郭庄村历史上最早加入中国共产党的党员。"[①]

1.1.2　特征分析

中华人民共和国成立前，在广大农村，家族的存在影响较大，其表现形态是家族政治文化占据主导地位。中华民国时期政府把政权下沉到乡镇一级，并利用传统的保甲制度与家族制度合力发挥影响作用，但是，农村政治治理的效果并不明显。中国共产党诞生之后，其倡导的先进的革命文化开始逐步传播到乡村，并且由点到面不断发展并扩大影响，在革命运动迅猛发展和先进思想广泛传播的农村地区，先进的革命文化开始占据主导地位。

（1）由家族政治主导的乡村政权根深蒂固但呈现松动迹象

20世纪20年代，封建社会造就的由家族政治主导的乡村政权是这一时期的主要特征，这与中国历史延续的家国同构的国家政权组织一脉相承。在农村，乡村权力大多把持在一些世袭的名门望族手中，社会以家族为主导，国家借家族来统摄管理天下人心，奉行"人人保其族而天下治矣"的治国理念。康熙曾有"敦孝悌以重人伦，笃宗族以昭雍睦"的圣谕，可见，推行家族权威，巩固族长权力，是这一时期的基本共识和执政理念。

例如，明清以来，围绕邹平古城近郊，聚居着张氏、马氏、成氏三大仕宦名门。其中，张氏家族又分东张氏、西张氏和北张氏。成氏家族，则著述丰赡、声名远播，被称为"修志世家"。[②]

首先，传统封建社会族长在家族生活中有绝对的权威。

在传统封建社会中，邹平乡村里各家族成员都要听从族长的指挥，几乎没有家族成员敢对抗或者挑战族长的权威。其间的家族活动大多具有强制性的家族祭祀仪式，成为日常生活中共居的大家庭，"家累家，户累户"，在此背景下表现出极强的家族凝聚意识。

[①]　郭庄村志编委会. 郭庄村志［M］. 香港：中国文化出版社，2013：74.
[②]　卢兴国. 修志世家邹平成氏家族［J］. 寻根，2017（3）：123-124.

族长通常都是由家族中德高望重的人担任，族长在家族内部的权力很大。族长可以分配全族的资源、处理家族内部的争斗纠纷、决定对家族成员的奖惩。

以邹平西张氏为例，西张氏八世张延登言传身教，亲撰《训家语》，在家园内勒石立碑，在家谱内印于卷首，以便子孙遵循。

凡人家子弟，宫室、车马、衣服、饮食、僮仆、器用，事事要整齐，然后志骄意得，这是一副俗心肠。你看老成君子，宫室不如人，车马不如人，衣服、饮馔、僮仆、器用不如人，他却学问才识强似人，较量起，那个要紧？又精吃肉面，养成什么好人？要些粗淡茶饭，方有滋味。单穿细罗，长成什么好人？要些布素衣服，方得雅致。[①]

后人在《训家语》的基础上又撰了《规劝词》与《忠君鉴》《孝亲鉴》《夫妇鉴》《兄弟鉴》《朋友鉴》《慈爱鉴》等"六鉴"，洋洋千言，刊于族谱卷首，连同《训家语》作为族规家训世世遵循。[②]

族长的权威也是对家族成员的一种保障，当遇到困难时会由族长出面调配资源进行调解和帮助，例如赡养老人，扶助幼孤等。有时德高望重的族长甚至以身作则，保证家族成员的生存和生活，以完成家族存续。

其次，传统家族成员日常生活中采取同财共居的生活方式。

俗语称："九世同居，时旌其义"，在中国传统社会里比较推崇同财共居的家族生活，人们通常聚居以自保。

邹平长山镇陈度村有条著名的"孙家胡同"，是以前村中孙氏家族聚族而居的地方，至今保存比较完整，该宅院距今超过 120 多年，建造者早年在济南经营布匹，其名气曾与"旧津孟家"不分伯仲。

家族的同财共居对家族成员有着多方面的影响，一方面它有不少优势，最大限度地整合家族的力量，使每个家族成员都为家族贡献自己力所能及的力量，家族作为整体也会对家族成员有一定的保障作用。在当时家族成员的意识里，族长是负责一切的人，在面对困难的时候要挺身而出，当然与官府和其他村的交涉也由族长出面完成。当家族成员面临

---

① 卢兴国. 邹平"西张氏"盛衰录 [J]. 寻根，2017（5）：113.
② 卢兴国. 邹平"西张氏"盛衰录 [J]. 寻根，2017（5）：113.

生存困境时，也由族长负责解决，通过一定方式相互帮扶。

再次，传统乡村家族在规模上日趋缩小且运行功能开始弱化。

清末以后，邹平的一些大的家族数量和规模都逐步缩减，小家庭更加普及，家族的功能也逐渐外移和消解，影响力逐步下降。就农村而言，以1933年对山东邹平227村的大族统计为例，各村虽然在10户以上的家族共有909族，但总体看，邹平的家族组织，还是比较松懈的，只是到了春秋季节的大型祭祀，略有一定组织形态而已。20世纪上半叶，许多家族开始向着现代社会团体的方向转化，出现了族会、同宗会、族公会、同宗自治会等新形式，是从传统的宗法性族长制血缘家族向现代的、民主的家族转化的过渡形态。

（2）保甲制度为梁漱溟的基层政权改革提供了契机

20世纪初的中国农村社会，经历了晚清政权的统治后，广大农村处于动荡的军阀混战和战争中。为控制广大农村，加大对农村控制和管理的力度，中国古代所实行的保甲制度再次成为国民党政权统治的首选方式，保甲制度重新使用。1931年国民党开始在鄂、豫、皖等地区的革命根据地周围的农村地区实行保甲制度，随后保甲制度被其他省所采用。南京国民政府分别于1932年和1934年颁布了两部有关保甲制度的法律文件，这时的保甲制度的主要内容包括：第一，普遍清查户口，户口清查完毕后，按照户口、习惯、地势及其他特殊情形编组保甲。以户为单位，户设户长，10户为甲，甲设甲长，10甲为保，保设保长。第二，举办户口异动登记，实行5户联保，出具联保连坐切结。如遇户口变动，或可疑之人潜入，或留客寄宿及其别去或家人出外旅行及归来者，各户户长必须报告甲长，并经保长迅速呈报区长。第三，依据保甲户口编查结果，将保甲内18岁以上45岁以下的男子编成壮丁队，平时接受军事训练，协助清查户口。第四，举行保甲会议，制定保甲规约。保甲制度的施行，使得国民党的权力一下子可以延伸到乡村基层，对于乡村的控制能力极大加强。在执行的过程中，由于一些地方的保甲长由乡村中的地痞、恶霸所担任，因此，乡村基层日渐失去统一控制，趋于无序和混乱状态，有些甚至成为欺压百姓的工具。从制度安排层面看，民国时期的乡村社会在保甲制度的严密控制下，国民政府表面上可以使自己的政令直达乡村社会的每家每户，但是，由于管理不到位以及传统家族政治的根深蒂固的影响，虽经层层的控制以及联保连坐制等措施，国民党统治区乡村社会的秩序仍然最终只能停留在表面，这一时期的乡村政治极不稳定。

新儒家代表人物梁漱溟曾主持过山东邹平的乡村建设实验，他对旧的乡村自治提出批评，认为旧的乡村自治只注意事情而不注意人，换言之，缺乏对人生向上的关注。乡约以人与人之间的相互尊重为乡土民间道德的基本内核，具有道德自主性；而民国政府推进的乡村自治引入西方的法制，完全是只注意事情，想让事情得到解决，而无爱惜人之意，这样一来，也就丧失了人的伦理之情，人生向上之意也就没有了。梁漱溟认为乡约应重视人的精神，重视人生向上之意，反映出他的乡村自治与传统乡约之间的差别。他试图以儒家乡约再造来重整乡村的社会秩序和儒家生活世界，认为《吕氏乡约》中的"德业相劝、过失相规、礼俗相交、患难相恤"等内容对于维持乡土社会的礼俗传统有重要指导作用。

当主持山东邹平的乡村建设实验时，梁漱溟着重从乡约改造的角度重建乡村社会。在传统乡约的基础上，他主张对德业相劝、过失相规、礼俗相交、患难相恤等内容加以继承与发展，并重新作了阐释与实践。从总体上看，梁漱溟的乡村建设首先从改革地方行政机构着手，在实验之初，梁漱溟首先取得了实验县县长的推荐权，保证了县政府对实验的支持。1933年，梁漱溟又取得了对实验区县政实施改革的特权。他裁局设科，集中到县政府统一办公，还撤销了一些无关紧要的行政部门，精简了机构，提高了办事效率。县以下则撤销区、乡、镇各级行政机构，仅设乡、村两级，这样，整个邹平县的行政系统就得以简化。乡学和村学兼有行政与教育两种职能，一切行政事宜，由县下达至乡学，再至村学具体组织实施。

（3）共青团、共产党的诞生并逐步成为中国农民革命的领导力量

中国共产党的诞生，犹如一股清风，给中国乡村政治带来了崭新而持久的影响。

首先，明确了党团关系。

在漫长的中国历史中，广大农村青年长期受封建统治压迫和封建传统思想束缚，并未形成一个完整的阶层。随着鸦片战争开启中国人民反帝反封建之路，中国社会发生巨大变化，也促使邹平近代农村青年迅速觉醒并成为革命队伍的有机组成部分。1911年爆发的辛亥革命培养和锻炼了一大批革命人才，促进了青年群体规模的发展壮大，将青年运动推向高潮，促使近代青年进一步觉醒，邹平农村青年也在这场革命中觉醒。自近代以来，人们不断地尝试救国理论，但是都失败了。1917年人类历史上第一次社会主义革命——十月革命胜利，向中国展示出马克思主义的伟大力量。马克思主义随着革命胜利的消息传入中国，为中国人民送来了光明，也为处在水深火热之中的邹平送来了光明。

"中国共产党的活动对郭庄村的影响最早可以追溯到1922年，中共一大代表王尽美、邓恩铭先后到淄川煤矿发动群众，组织矿业工会。"[①]党团组织在创建初期，由于没有省级层面的党团组织，党、团中央直接派人来创建党团组织。参与建团的主要成员往往既是党员又是团员，具有党团双重身份。特别是组织建团的负责人，还身兼党的领导人，有助于党团领导同志工作。但是另一方面，由于党团组织不分的情形时常发生，身份互有交叉，工作任务也有重叠，这势必会导致党与团的界限不够明确。为此，1923年中共三大通过的《青年运动决议案》提出，青年运动是中国共产党的重要工作之一，党必须加强对社会主义青年团的指导和帮助。党与团均对党团关系作出了相对明确的规定，即党应对团加以"指导"。随着人们的认识不断加深，1925年1月中共四大通过的《对于青年运动决议案》明确规定："少年共产团在政治上是要绝对的受党指导，而在青年工作范围以内是须有自由活动的可能。"[②]这就更加明确了党与青年团的关系，实现了从"协商决定"到"绝对指导"的转变，强调了团的独立工作空间，对这一辩证关系的把握更加体现出政治运作的智慧和能力。

其次，中国共产党成为乡村变革的实践者和引领者。

随着国民党乡村治理有效性的逐步丧失，其政权组织方式也受到了

---

① 郭庄村志编委会. 郭庄村志 [M]. 香港：中国文化出版社，2013：80.
② 中共中央文献研究室，中央档案馆. 建党以来重要文献选编（1921—1949）[M]. 北京：中央文献出版社，2011：245.

国内各种力量的挑战，在众多挑战者中，中国共产党不仅成为最强大的反对者，而且通过自身的革命活动成为乡村改革的实践者和引领者。大革命失败后，中国共产党把工作的中心移向了广大的农村地区，在鄂、豫、皖等地的农村开展了轰轰烈烈的土地革命。中国共产党认识到中国的基本国情是农民占多数，只有改善农村经济和政治社会状况，使农民得到稳定的收入来源并享受到和平发展的机遇，同时，有安定的生存环境，才能使农村政治和社会得到长足发展。

1925年，邹平县古城村的李子桢参加革命，并在部队加入中国共产党，是古城村在外人员中最早入党的党员。虽然他只是第一个党员，但是，抗日战争爆发后，党的抗日政策深入民心，古城村青年宁允新、张广文、张兰田、李功杉、朱玉秀先后参加了中国共产党领导的抗日队伍，奔赴抗日第一线。其中，张广文、张兰田、李功杉在与日军的战斗中壮烈牺牲，献出了自己宝贵的生命。

1939年6月，八路军山东人民抗日游击队第四支队在淄川西部磁村一带扩军。望京村牛心财等几个热血青年报名参加第四支队，从此走上了抗日斗争的前线。

1947年，郭庄村成立了农民救国会、妇女救国会、民兵队、儿童团等，领导农民进行土地改革。同年夏天，在中国共产党领导下，在郭庄村召开了周围10多个村的联合斗争大会，大大鼓舞了人民翻身土改的信心和勇气。

1949年10月1日，中华人民共和国成立，人民群众从此真正成为国家的主人。为发展生产，恢复和发展经济，解决广大农民群众的生活困难，在党的领导下，邹平各村的村民积极开展了土地改革复查运动，重新调整、分配土地，使全村农民都拥有了自己的土地。

就邹平而言，由于早期青年运动培育了不少党团核心骨干，这一时期，党组织建立并迅速成为抗日战争和解放战争的领导力量和主力军。1927年中共山东省党组织在齐东县成立两个农村党支部，直属中共山东地方执行委员会领导。1932年齐东县麻姑堂村王次芳在青岛入党后返回家乡，创办进步刊物《洪钟》，宣传中国共产党的主张。1934年共产党员张俶知、邹眠虹、宫乃全、何为之先后来到山东乡村建设研究院、邹平县立简易乡村师范学校（以下简称"邹平简师"）、县卫生院，秘密开展工作。1935年幼儿教育家张宗麟在邹平简师任校长期间，领导开展革命活动。1936年邹平县第一个党小组成立，组长柳运光，成员誉乃全、傅同庚，在山东乡师（邹平简师并入山东乡村建设研究院）秘密建立"民先"组织，发展民先队员。明集镇的刘瑄成为第一个在邹平入党的中共党员。1937年刘瑄进入安吴青训班学习，并于1938年加入中国共产党。抗日战争时期，刘瑄任冀西游击队三支队连政治指导员，营政治教导员，支队政治部副主任，八路军一二九师新十一旅三十一团政治处主任、团政治委员，太行军区第六军分区十三团政治处主任，参加了百团大战和淮海、渡江、西南等战役。解放战争时期，任晋冀鲁豫野战军第三纵队九旅二十五团副政治委员、政治委员，七旅十九团政治委员，第二野战军十一军三十一师政治部主任。

再次，中国共产党彻底领导了中国乡村的革命活动。

1937年全面抗日战争爆发，在党组织的积极领导下，乡建师范进步师生在全县范围内掀起抗日救亡运动热潮。同年9月，山东省委派林一山到长山中学与马耀南商谈抗日救国大事。10月，长山中学特别党小组成立，姚仲明任组长，积极筹划发动这一地区的抗日武装斗争。11月，国民党长山县八区区长马函三等人筹建抗日武装。12月23日，日本侵略军渡过黄河，进入台子，制造官道惨案，屠杀群众69人。日军飞机轰炸邹平、长山城。12月26日，长山中学60余名师生在黑铁山举行抗日武装起义，成立山东人民抗日救国军第五军。

黑铁山起义发生在1937年12月26日，日军飞机轰炸长山城，炸弹落在了长山中学和县政府附近，在国民党县政府和县武装大队随之南逃，社会一片混乱之际，长山中学的党组织召开紧急会议，决定把师生拉到长山九区的卫固一带开展抗日行动。会议决定由马耀南任司令，廖容标任副司令，姚仲明任政委。他们分头行动，姚、廖带领师生去卫固，马耀南赴二区和八区联络人员和筹备粮款。姚仲明和廖容标带着百余师生到达卫固黑铁山下的太平庄住了下来。第二天在村小学集合全体师生，姚仲明宣读了《告同胞书》，宣布建立中国人民抗日救国军第五军。

马耀南与廖容标、姚仲明会合之后，他们召集当地乡绅、商家和大户开会，马耀南分析了当前的战局状况，号召长山中学的师生不能甘当亡国奴，应当团结起来，积极抗日。军队初建，缺少粮食和钱财，他请求当地乡亲们大力支持，从此，以卫固镇为首的各村，每天都有组织或自发地向五军送给养或粮食，部队的给养供给暂时有了保证。五军的旗号打出之后，吸引着四面八方抗日救国的有志之士，他们纷纷向黑铁山聚集。马耀南和姚仲明从团结各界人士联合抗战出发，对各种抗日力量的参与表示欢迎，五军总共编制三个中队，队伍近 400 人，有枪 200 余支。

1938 年元旦，日军占领了长山城。为鼓舞军民斗志，打击日军的嚣张气焰，在马、姚的策划下，由廖容标率 30 名队员，化装成农民，夜袭长山城，并一举成功。1938 年 3 月，马耀南召开了由邹平、长山、桓台、淄川、章丘五县代表参加的联合抗日会议。国难当头，中华民族有志儿女，有良心的中国人，都要一致抗日，各方面人马应以抗日为目标，团结联合，增强抗日力量。会议经过各方代表讨论，一致决定，各县新建武装都以五军为中心，统一编制，统一指挥，团结一致，联合抗击日军。五县联合抗日会议，把鲁北地区的抗日推向了一个新的高潮。除与会的五县外，北至青城、高苑，西至历城，东及临淄、广饶等县的各类武装，也都陆续向五军靠拢。至 1938 年 4 月，五军队伍扩大到 5 000 人之众。经过统一编制，组建成 7 个支队，下辖 30 个中队。其中第一支队司令员马天民是马耀南的三弟，第七支队司令员马晓云是马耀南的二弟。因而，在抗日战争中鲁北地区人民皆称之为"一马三司令"，并广为流传着称颂马家三兄弟的歌谣："一马三司令，得了抗日病。齐心打日本，保卫老百姓。"[①]

1938 年 6 月，日军制造前洼惨案，杀害群众 58 人。五军改编为八路军山东人民抗日游击队第三支队，马耀南任司令员。8 月，中共邹平特别支部成立，刘博泉任书记。

1939 年 6 月 6 日，刘家井战斗打响，在马耀南、杨国夫、景晓村等

---

① 佚名. 抗日英烈 八路军山东总队第 3 支队司令员马耀南 [EB/OL]. [2019-01-16]. https://www.sohu.com/a/289314393_120044051.

的领导下，第三支队重创敌军，以伤亡200多人的代价，消灭日伪军800多人，其中日军417人，沉重地打击了日军的嚣张气焰。中华人民共和国成立后，刘家井战斗与平型关大捷等战役战斗一起载入《中国大百科全书·军事》。2019年10月开始在央视多个频道陆续播出的电视连续剧《一马三司令》，用很大篇幅再现了当年发生在刘家井的场景。①

1946年6月，长山县更名为耀南县。8月，中国人民解放军三打邹平城。11月，廖容标指挥奇袭齐东县城，12月，长山县国民党特区一部起义。1948年3月，收复邹平、长山、齐东三县城。1949年1月，新民主主义青年团邹平县委员会成立，谢伯华任书记。2月，三县分别组成南下干部中队，随军南下。3月，邹平县第一届妇代会召开，王月当选妇联主任。4月，三县南下民兵团先后随军渡江，转战1 500千米，运送物资12万千克。10月1日，中华人民共和国成立，三县分别在邹平城、乐礼、九户召开万人庆祝大会。②

1.2 当家作主建设祖国

1950年6月至1951年冬，邹平县委领导人民开展土地改革复查运动，没收地主的土地，开始清算工作分享土改胜利果实，分配给无地无房的贫苦农民，彻底实现了封建土地占有制向农民所有制的转变，农村群众开始当家作主。1950—1953年，党组织领导人民大张旗鼓地开展镇压反革命运动，稳定了社会秩序，巩固了人民政权。1951年2月，抗美援朝运动开展，邹平县组织全县人民进行抗美援朝签名、游行示威，动员青年参加志愿军。1951年冬至1952年夏，邹平全县开展"三反"（反贪污、反浪费、反官僚主义）、"五反"（反行贿、反偷税漏税、反盗骗国家财产、反偷工减料、反盗窃国家经济情报）运动，完成了民主主义革命的任务，巩固了人民民主专政。③

---

① 佚名. 邹平市烈士陵园：黄山有幸埋忠骨 梁邹大地传英名 [EB/OL]. [2021-05-26]. https://new.qq.com/rain/a/20210526A02R7T00.
② 佚名. 极简中共邹平地方史（1927—1949）[EB/OL]. [2021-03-30]. https://www.163.com/dy/article/G6A6U82F0530HINK.html.
③ 山东省情资料库. 邹平县志 [EB/OL]. [2023-05-15]. http://lib.sdsqw.cn/ftr/ftr.htm.

1.2.1　问题调研

材料一：

（1）柏家村在中华人民共和国成立前没有在村里入党的党员，那么中华人民共和国成立后呢？什么时候有的党员？

答：中华人民共和国成立后就开始发展了。我们村里入党最早的党员就是张岱友、王荣恩。哪年不知道，大概就是20世纪50—60年代。

（2）您知道柏家村里第一个女党员是谁吗？是什么时候入的党？

答：知道，李凤兰是我们村里的第一个女党员，她是我们柏家村的妇女干部。具体哪年入的党不知道了，我寻思着应该就是一九五五年到一九六几年期间入的党。

（3）中华人民共和国成立以后，在中国共产党的领导下，农村党员队伍建设取得了一定发展。但是，"大跃进"、人民公社化运动和"文化大革命"等历史事件对社会发展产生了重大影响，柏家村里的党团组织是否也受到了影响？那时党员有多少人？

答：那几年村里确实没怎么发展党员、团员，不过也有好几个党员了。村里有几个青年去当兵入的党，退伍回来村里党员就有十个左右了。

（4）您能举个例子说一下村里党员的模范带头作用具体表现在哪里？

答：村里党员他们能够以身作则，在工作中起带头作用，比如，村里招待电影队的放映人员，使用的物品包括饭菜都作为公家的财产原封不动放在那里，没有一个人拿到自己家里，大家的集体主义精神很浓厚。

（5）古城村什么时候有的团组织？您知道第一个团员是谁吗？之后的团组织有开展一些活动吗？发挥了什么作用？

答：1950年开了一个青年团的会，之后古城村就开始开展团的活动、发展团员。陈宗礼是我们古城村第一个团员。1953年古城村团支部成立后，开展了不少活动。团支部出黑板报、组织文艺宣传队宣传党的政策；村团支部组织团员青年灭鼠、灭蚊蝇、打扫卫生、清除垃圾；1958年人民公社化后，古城大队青年团员组成突击队进行农业生产，在深翻土地、打井、挖水渠、筑坝、修建水库等活动中抢着干脏活、重活、累活；20世纪60年代，"学习雷锋好榜样"，古城大队团支部组织文艺宣传队，张贴标语，宣传雷锋事迹，团员更是做好人好事，积极发挥模范带头作用。

材料二：

（1）柏家村调研材料

"1957年3月，经郑家村党员毕于忠和孟祥泰介绍，柏家村王荣恩加入中国共产党。王荣恩是柏家村在村里入党的第一位党员。下半年，张岱友被发展为党员，这是在村里入党的第二位党员，由于当时村里党员只有二人，不够党章规定的建立党支部的条件，故柏家村与郑家村、双青村、小黄埠4个村为一个支部。"[①] "1959年下半年，柏家大队有了3名党员，按照党章规定和经上级党委批准，始建立柏家大队党支部，第一任支部书记为张岱友。"[②]

"1959年，柏家村妇女干部李凤兰入党，这是在村里入党的第一个女党员。李凤兰入党后，柏家大队有了3名党员，经上级党委批准，柏家大队建立了党支部。同年，经王荣恩、张岱友介绍，柏承训加入中国共产党。村内党员共4名。"[③] "1962年10月，经柏承训、张岱友介绍，柏庶承加入中国共产党。"

（2）古城村调研材料

"1950年，共产党员李象明从部队退伍回到古城村，古城村有了第一位党员。"[④]

"1950年初，中国新民主主义青年团长山县第一次代表大会召开。会后，上级团组织开始在古城村开展团的活动，并发展团员。陈宗礼于是年被发展为团员，成为古城村第一个团员。"[⑤]

"1953年古城村团支部成立后，利用黑板报、文艺宣传队等多种形式，积极宣传党的政策，充分发挥党的有力助手和后备军的作用，带领

① 李福林. 柏家村志［M］. 香港：中国文化出版社，2008：134.
② 李福林. 柏家村志［M］. 香港：中国文化出版社，2008：130.
③ 李福林. 柏家村志［M］. 香港：中国文化出版社，2008：134.
④ 董好连. 古城志［M］. 香港：中国文艺出版社，2011：82.
⑤ 董好连. 古城志［M］. 香港：中国文艺出版社，2011：113.

全村团员努力学习文化科学知识。"[1]

"1957年，全国开展'除四害、讲卫生'运动，村团支部通过各种方式向群众宣传'除四害、讲卫生'的意义，多次组织团员青年开展灭鼠、灭蚊蝇、打扫卫生、清除垃圾等活动，使全村卫生状况得到极大改善。"[2]

"1958年人民公社化后，农业生产实行大兵团作战，古城大队团员青年组成突击队，在深翻土地、打井、挖水渠、筑坝、修建水库等农田水利基本建设中，积极发挥模范带头作用，重活累活抢着干，改善了本村农业生产条件，为夺取农业丰收奠定了基础。"[3]

"1976年，随着'四人帮'反革命集团被粉碎，国家工作中心转移到经济建设中来，古城大队广大团员青年响应党的号召，积极投身于社会主义建设，争当模范，争做表率，为发展和壮大集体经济发挥了重要作用。"[4]

（3）望京村调研材料

"1956年底，望京村有党员5名。"[5]

"1969年初，经临池公社革命委员会研究同意，望京大队革命委员会由13人组成。"[6]

"1958年实行人民公社化体制，望京村团支部更名为望京大队团支部，至1959年底，全大队有共青团员23名。"[7]

（4）郭庄村调研材料

"经查党员个人档案，郭庄村1956年前入党的有两个人。一个是1950年入党的赵振禄，一个是1955年10月入党的程继山。1956年，郭庄村与望京村合并成立一个高级农业生产合作社，两村的党员人数超过3人，根据党章规定，遂成立了两村联合党支部，第一任支部书记为赵

① 董好连. 古城志［M］. 香港：中国文艺出版社，2011：114.
② 董好连. 古城志［M］. 香港：中国文艺出版社，2011：114.
③ 董好连. 古城志［M］. 香港：中国文艺出版社，2011：114.
④ 董好连. 古城志［M］. 香港：中国文艺出版社，2011：115.
⑤ 赵承宏. 望京村志［M］. 济南：山东省内部资料性出版物准印（2016年滨州第009号），2016：125.
⑥ 赵承宏. 望京村志［M］. 济南：山东省内部资料性出版物准印（2016年滨州第009号），2016：125.
⑦ 赵承宏. 望京村志［M］. 济南：山东省内部资料性出版物准印（2016年滨州第009号），2016：145.

振禄。"①

"1950年，在土地改革运动中，赵振禄加入了中国共产党，成为郭庄村在村内入党最早的党员。"②

"郭庄村最早有党的活动是在1950年。时值土地改革复查运动在轰轰烈烈地进行，在土地改革复查斗争中涌现出来的积极分子赵振禄，被发展为共产党员。这是郭庄村农村入党的第一位共产党员。"③

"1958年，在人民公社运动中，杨奎珍任郭庄生产大队大队长，被发展为中国共产党党员。这一时期入党的党员，都是历次政治运动和社会变革中的积极分子，具有较高的政治觉悟和革命的坚定性，因而在人民群众中具有很高的威望。"④

"1954年，农业合作化运动兴起，郭庄村先后成立了两个初级农业生产合作社，一年后，两社又合并为一个农业社。是年，在合作化运动中的积极分子程继山加入共产党。接着，郭庄村建立了党支部。从此，郭庄村有了中国共产党的基层组织。"⑤

"1956年，杨奎珍任郭庄村团支部书记，可知郭庄村团支部建立时间最迟为1956年或更早时间。但村内团员都是谁却无记载。"⑥

"1958年人民公社化后，郭庄村团支部更名为郭庄大队团支部。"⑦

"到1965年9月，郭庄大队团支部有团员40余人，划分为3个团小组活动。"⑧

"1956年，郭庄村建立了青年团组织。根据当时的形势和任务，青年团员积极投身到扫除文盲的运动中。团支部利用'午校''夜校''识字班'等场合，宣传青年团的基本知识，把青年群众紧紧团结在团组织的周围。青年团员则成了这些学校和识字班的骨干和带头人。他们不但自己学文化，还积极参加扫盲运动，成为农村扫除文盲的中坚力量，在他们的带领和努力下，郭庄村大多数人都摘掉了文盲和半文盲的

---

① 郭庄村志编委会. 郭庄村志 [M]. 香港：中国文化出版社，2013：71.
② 郭庄村志编委会. 郭庄村志 [M]. 香港：中国文化出版社，2013：74.
③ 郭庄村志编委会. 郭庄村志 [M]. 香港：中国文化出版社，2013：81.
④ 郭庄村志编委会. 郭庄村志 [M]. 香港：中国文化出版社，2013：75.
⑤ 郭庄村志编委会. 郭庄村志 [M]. 香港：中国文化出版社，2013：81.
⑥ 郭庄村志编委会. 郭庄村志 [M]. 香港：中国文化出版社，2013：86.
⑦ 郭庄村志编委会. 郭庄村志 [M]. 香港：中国文化出版社，2013：86.
⑧ 郭庄村志编委会. 郭庄村志 [M]. 香港：中国文化出版社，2013：86.

帽子。"①

1.2.2　特征分析

中华人民共和国成立以后，邹平农村广大农民积极参加轰轰烈烈的社会主义革命和建设。在这一波澜壮阔的伟大实践中，广大群众精神焕发、斗志昂扬，通过满腔热情积极行动，开始了自己当家作主建设祖国的伟大历程。

（1）领导农村人民群众积极参加抗美援朝

1950 年 6 月，朝鲜战争爆发，危及中国安全，同年 10 月，邹平和全国人民一样，掀起了轰轰烈烈的抗美援朝保家卫国运动。在党的领导下，邹平利用各种会议做宣传教育工作，号召全县广大人民群众积极捐献，支援中国人民志愿军。抗美援朝战争，是朝鲜战争的一部分，不仅指中国人民志愿军参战阶段，而且包括中国人民支援朝鲜人民抗击美国侵略的群众性运动阶段。

"1951 年 10 月，在抗美援朝战争中牺牲的中国人民志愿军第 26 军 232 团炮兵连排长中共党员崔友河是望京村第二个加入中国共产党组织的。"②

"1950 年 10 月，中国人民志愿军赴朝作战，保家卫国。全国人民掀起了抗美援朝的运动，郭庄村民踊跃捐款捐物，购买飞机大炮，积极支援前线。郭庄村有数名适龄青年踊跃报名参加了中国人民志愿军。"③

"1954 年，李于丰从中国人民志愿军某部复员回村。李于丰在部队时于 1950 年入团，回村后是村内的第一个团员。"④

邹平抗美援朝老兵刘相吉说，十五岁那年，1950 年 12 月，他同十九个同学一起，步行一夜，又坐了几站火车，从山东邹平（原齐东县）老家，赶到济南，报考山东军区卫生学校。从被录取那天起，他正式成了一名解放军战士。1952 年 8 月下旬，他这一批卫校毕业学员，被挑选

① 郭庄村志编委会. 郭庄村志 [M]. 香港：中国文化出版社，2013：88.
② 赵承宏. 望京村志 [M]. 济南：山东省内部资料性出版物准印（2016 年滨州第 009 号），2016：128.
③ 郭庄村志编委会. 郭庄村志 [M]. 香港：中国文化出版社，2013：81.
④ 李福林. 柏家村志 [M]. 香港：中国文化出版社，2008：150.

出一百多人，分配到抗美援朝前线去。于是，他和这一百多名同学一起，乘车北上，一直到鸭绿江江边的丹东市，他被分配到 23 军 68 师 206 团。9 月 6 日晚上六点钟左右，部队开过鸭绿江。1952 年春节的除夕，刘相吉所在部队接到命令，转战到"三八线"中段的尹川一带接防。刘相吉，那年十八岁。

2020 年是中国人民志愿军抗美援朝出国作战 70 周年，中共中央、国务院、中央军委颁发"中国人民志愿军抗美援朝出国作战 70 周年"纪念章。邹平韩店镇西王村的抗美援朝老战士王明伦收到了这样一份珍贵的礼物。2020 年王明伦 89 岁，他 20 岁时报名参军，1951 年 6 月由家乡西王到潍坊参加训练 2 个月后，随部队赴朝鲜参加了抗美援朝战斗作战。老人看到金灿灿的纪念章，激动不已。他说："70 年了，国家没有忘记我们这些人。纪念章这是最大的光荣。没有国哪有家，希望现在的年轻人能像抗美援朝的老战士一样，召之即来，来之能战。"

据了解，邹平市共有 337 位参加过抗美援朝出国作战的、健在的志愿军老战士、老同志荣获"中国人民志愿军抗美援朝出国作战 70 周年"纪念章。

（2）党组织领导人民群众积极投身社会主义革命和建设热潮

中华人民共和国成立后，历史地位和工作环境的变化使党面临着新的工作任务。党的八大提出全党工作重心转向经济建设，集中力量解决先进的社会主义制度同落后的社会生产力之间的矛盾，把我国尽快从落后的农业国变为先进的工业国。这一根本任务的提出拉开了全面建设社会主义的序幕，邹平也不例外。

从 1952 年 11 月至 1953 年 4 月，邹平县县委贯彻中央第一次全国组织工作会议关于整顿党的基层组织的决议，进行了整党建党工作，进一步增强了党的战斗力。[1]1953 年，党中央提出过渡时期的总路线，"要在一个相当长的时期内，逐步实现国家的社会主义工业化，并逐步实现国家对农业，对手工业和对资本主义工商业的社会主义改造。"在总路线的指导下，邹平县委领导人民积极开展了对农业，对手工业和对资本

---

[1]　张方泰. 中共邹平党史大事记 1949—1995［M］.北京：北京燕山出版社，1998：4.

主义工商业的社会主义改造运动（统称为三大改造）。同时启发号召农民组织起来发展生产，走集体化道路，掀起农业合作化运动。至1956年春，县内基本完成了对农业、手工业和资本主义工商业的社会主义改造。为使党员和干部队伍的思想作风适应社会主义革命和社会主义建设的要求，充分发挥执政党的作用，在党内进行干部整风，整党、建党，在干部中进行"肃反""审干"等重要工作，纯洁了干部队伍，密切了党和群众的关系，增强了党组织的战斗力。[①]1956年5月，中共邹平县委召开第一次代表大会，宣布全县基本实现了农业合作化，动员全党集中力量，迅速掀起一个大规模的增产运动。标志"三大改造"基本结束。[②]会议充分发扬民主，开展批评与自我批评，增强了党内的团结，制定了全县1956—1967年的农业发展规划和1956年发展农业生产的具体计划。会后，立即在农村普遍建立社会主义性质的高级农业生产合作社，大搞农田水利基本建设，开展增产节约运动。1957年，县委遵照中共中央关于整风运动的指示，在全县范围内开展以反对官僚主义、宗派主义、主观主义为主要内容，以正确处理人民内部矛盾为主题的整风运动。广大党员和群众积极响应党的号召，向各级领导机关提出大量有益的批评和建议。

1958年5月，中共八大二次会议通过"鼓足干劲，力争上游，多快好省地建设社会主义"的总路线。邹平县委领导全县人民发挥高度的社会主义积极性和创造精神，在生产建设中取得了一定的成绩。但是由于当时社会主义建设经验不足，对经济发展规律和县内经济的基本情况认识不够，存在严重的骄傲自满情绪，急于求成，过分强调主观意志和夸大主观作用，强调破除迷信解放思想，提出了"插红旗、拔白旗"的口号，在全县掀起了"大跃进"和人民公社化运动。8月，开始"全民动员、大办钢铁"，把"大跃进"推上高潮，高指标、瞎指挥、强迫命令、浮夸风和"共产风"等"左"倾错误严重泛滥，破坏了经济建设的正常秩序。1959年，在全县脱产干部和农村基层干部中开展"反右倾"斗

---

① 山东省情资料库. 邹平县志［EB/OL］.［2023-05-15］. http://lib.sdsqw.cn/bin/mse. exe? seachword=&K=cd7&A=2&rec=105&run=13.

② 张方泰. 中共邹平党史大事记1949—1995［M］. 北京：北京燕山出版社，1998：6-7.

争，不少干部受到错误批判，"左"的错误更加严重，国民经济雪上加霜，使国家和人民遭受了重大损失。1962年后，县委贯彻党中央提出的"调整、巩固、充实、提高"的八字方针，根据中央制定的一系列政策和措施，初步总结了经验教训，开始纠正工作中的"左"倾错误，为"反右倾"运动中被错误批判的大多数党员进行了甄别平反，给被划为"右派分子"的大多数人，摘掉了"右派分子"帽子。同时，充分调动广大人民的生产积极性，发展工农业生产，全县的经济形势有了明显好转。1963年5月，在邹平县第二次党代会上，县委总结了几年来工作中的经验教训，号召艰苦奋斗，深入开展增产节约运动。部署在本县开展社会主义教育运动。1964年春，遵照省委指示，县委派出400名干部到齐河县参加省委"四清"工作试点。1965年8月，"四清"运动在全县全面展开。开始以"清账目、清仓库、清经济、清工分"为重点，对于解决干部作风和经营管理方面的问题，起了一定的作用。但是，不久就发展成为"清政治、清经济、清组织、清思想"的政治运动，明确提出了"以阶级斗争为纲"的口号，把一些不同性质的矛盾问题统统视为阶级斗争或阶级斗争在党内的反映，使不少农村基层干部受到了不应有的打击。1976年10月，粉碎"四人帮"反革命集团后，国家进入了新的历史时期。邹平县委组织领导广大群众深入揭发批判"四人帮"反革命集团的罪行，加强党的思想建设和组织建设。县内各项事业都有了发展。①

（3）开展学雷锋等活动，发挥党员模范带头作用

中国共产党十分重视加强党员的思想教育，注重思想建党，强调党员和人民群众思想道德觉悟的提高。社会呈现出一个良好的思想建设的氛围，人人用高尚的道德标准严格要求自己，从20世纪50年代抗美援朝出现的革命英模，到20世纪60年代"向雷锋同志学习"先进人物的不断涌现，在社会主义建设时期出现的各种模范带头人物，都给广大农村的思想建设发挥了较好的示范作用。

1963年3月5日，中央各大报同时刊出毛泽东"向雷锋同志学习"的手迹。3月6日《解放军报》刊载了刘少奇、周恩来、朱德、邓小平

---

① 山东省情资料库. 邹平县志［EB/OL］.［2023-05-15］. http://lib.sdsqw.cn/ftr/ftr.htm.

的题词手迹，3月7日首都各大报纸又同时作了转载。此时，20世纪60年代的那场轰轰烈烈的学雷锋运动拉开了序幕，一个空前规模的学雷锋运动迅速开展起来。

"1963年，毛主席向全国人民发出了'向雷锋同志学习'的号召，郭庄大队团支部雷厉风行，组织宣传队，广泛宣传雷锋的先进事迹，在团员青年中掀起了向雷锋同志学习的热潮。人人争做好事，争做无名英雄，无私奉献，涌现出了一大批尊老爱幼、吃苦耐劳、干一行爱一行的先进团员青年。"①

"1963年3月5日，毛主席发出'向雷锋同志学习'的号召，古城大队团支部组织文艺宣传队，张贴标语，制作专栏，让雷锋事迹家喻户晓，人人皆知。"②

思想建党是这一时期的重要特征，榜样引领无疑是一种较好的示范活动。20世纪60年代初期，中国出现了三年困难时期。面对国内外巨大压力，中国共产党一方面纠正自己的失误，另一方面领导人民艰苦奋斗，度过困难时期。而在此期间，雷锋的事迹，就像一团火，走到哪里，哪里就出现激动人心的场面。邹平大力宣传雷锋的事迹，对于鼓舞人民战胜困难，同样有着巨大的精神作用。

1.3　发家致富村民自治

1978年12月党的十一届三中全会召开，中国开始对内改革、对外开放，这一政策使农村面貌发生了翻天覆地的变化。对于广大农民来说，一是实行了家庭联产承包责任制，大家不用再捆绑在一起，谁有能力谁先致富，生活过好了，不用忍饥挨饿；二是户籍制度的改革，人口流动逐步放松，使人们摆脱了土地的束缚，不用再面向黄土背朝天，靠天吃饭。农民开阔了眼界，接触到了更多的资源。家庭联产承包责任制的实行极大提高了农民的积极性和创造性，大幅提高了生产力和农民的生活水平。在土地收入提高空间受限以后，广大农民选择自主经营或进

① 郭庄村志编委会. 郭庄村志 [M]. 香港：中国文化出版社，2013：89.
② 董好连. 古城志 [M]. 香港：中国文艺出版社，2011：114.

城务工，从而带来了农业经营方式、农村产业结构的变化，丰富了农民的收入结构。在政治生活方面，基于农村新的基层治理体系的基层民主制度在探索中推进。村民选举制度成为农民选举权和被选举权的根本保障，农村基层事务采取民主决策、民主管理、民主监督，农民的主人翁意识显著增强。

1.3.1 问题调研

材料一：

（1）1978年之后，柏家村党员得到发展了吗？发展了多少人呢？

答：党的十一届三中全会后，党在改革开放中不断推进农村改革的新进程，使得村里党员队伍逐渐恢复生机，党员队伍建设逐渐完善。到2006年年底的时候，我们柏家村一共发展了共产党员47名。

（2）2012年之前，柏家村里男性党员多还是女性党员多？

答：男性党员多。在以前农村女性深受封建思想束缚，"女子无才便是德"，农村女性很少有读书识字的，也没有走出农村接受新思想和参加革命的。而男性作为家里的顶梁柱，能够参加革命，家庭条件好一些的还能读书识字，更容易接受新思想。由于女性参军机会、社会交往机会少，女性党员多为妇女主任或突出的女性干部。2006年村里统计党员信息的时候，男党员有38名，女党员就4名。

（3）2010年之前，柏家村里年轻党员多还是老龄党员多？党员的文化程度如何？

答：老龄党员多。我们村党员干部队伍基本都是45岁以上的。给你看看村里有个2006年统计的党员信息。村里总共42名党员，70岁以上的有4个；60岁到70岁的12个；50岁到60岁的12个；40岁到50岁的有6个；30岁到40岁的才5个，30岁以下的就3个。在党员文化程度方面，初中及以下文化程度的党员占大多数，高中及以上文化程度的党员较少。俺村党员里小学文化的11个，初中文化的21个，高中文化的8个，还有1个中专文化的。

（4）随着时代发展，柏家村基层党组织建设是否越来越受到重视？

答：柏家村党支部不断加强自身建设。1987年，大队党支部进行了整党，班子更加团结，思想更加统一，步调更加一致。惠民地委还给柏家村党支部授予先进党支部的称号。20世纪90年代，支部积极参与上级组织的升级达标活动，在村委办公大楼建起了高标准的党员活动室，成立了业余党校，还开展了以党支部为核心的村级组织配套建设工作。

材料二：

（1）柏家村调研材料

"党的十一届三中全会以后，各项工作经过拨乱反正步入了正轨。1984年，柏家大队党支部更名为柏家村党支部。1984年以后，党支部按照党章的规定，每届任期3年。"①

"截至2006年年底，柏家村党支部先后共发展、接收共产党员47名，其中已去世5名，现有党员42名，在现有党员中，男性党员38名，女性党员4名；按文化程度分，小学文化11名，初中文化21名，高中文化8名，中专文化1名。按年龄分，70岁以上的4名，60岁至70岁的12名；50岁至60岁的12名；40岁至50岁的6名；30岁至40岁的5名，30岁以下的3名。年龄最大的柏庶承80岁，年龄最小的李占22岁。"②

（2）古城村调研材料

"截至2008年年底，古城村党支部先后共发展、接收共产党员116名。"③

"为加强党员队伍建设，提高党员素质，1987年，古城村党支部按照上级党委精神，进行了整党工作。参加整党工作的党员，根据党章要求和党员标准，重新进行了登记。"④

"2005年、2006年，党支部在党员中开展了'设岗定职，创先争星'活动，把所设岗职及责任要求落实到人。"⑤

"2008年5月，四川省汶川发生特大地震，党支部立即行动，号召全村党员发挥先锋模范带头作用，以特殊党费形式，向灾区人民捐款

① 李福林. 柏家村志 [M]. 香港：中国文化出版社，2008：132.
② 李福林. 柏家村志 [M]. 香港：中国文化出版社，2008：136.
③ 董好连. 古城志 [M]. 香港：中国文艺出版社，2011：85.
④ 董好连. 古城志 [M]. 香港：中国文艺出版社，2011：91.
⑤ 董好连. 古城志 [M]. 香港：中国文艺出版社，2011：92.

9 000多元，组织村民和企业捐款近50 000元，以实际行动支援了灾区人民。"①

"1984年，县内进行政治体制改革，古城大队团支部更名为古城村团支部。随着农村实行联产承包责任制，工作重心向经济方面转移，团支部的组织活动越来越少，除由部队退伍和学校毕业转回来的团员外，较少发展新团员，团员人数也随着部分团员超龄退出日趋减少。"②

（3）望京村调研材料

"2000年元月，望京村组建成立了大型文艺宣传队，全村50余名团员青年踊跃参加。"③

（4）郭庄村调研材料

"1978年年底，中国共产党第十一届中央委员会第三次全体会议后，经过'拨乱反正'，党的建设逐渐步入了正规的发展道路。规定农村党支部每届任期2年，没有特殊情况，一般都做到按时换届。1979年8月，郭庄大队党支部到了换届时期，经过全体党员公开选举，赵希法再次当选为党支部书记，杨奎珍、杨奎勤当选为副书记，李世昌、赵元春为支部委员。"④

"1982年，郭庄大队更名为铜山大队，郭庄大队党支部亦更名为中国共产党侧山大队支部委员会。经过换届选举，支部成员连选连任。"⑤

"1978年中国共产党第十一届中央委员会第三次全体会议后，经过拨乱反正，党的生活步入正轨。党员发展不设指标，不按比例，一切按照党章的标准和要求，积极慎重，保质保量，成熟一个，发展一个，并注重发展在改革开放和两个文明建设中涌现出来的先进分子入党。从1978年到1985年，郭庄村党支部发展了邢传清、邢桂芝为党员。这期间，从部队退伍或从其他支部转过关系来的党员有张克娟、杨奎孝、杨奎利、陈发祥等。村党支部党员数量一直在40人左右。"⑥

① 董好连. 古城志 [M]. 香港：中国文艺出版社，2011：93.
② 董好连. 古城志 [M]. 香港：中国文艺出版社，2011：114.
③ 赵承宏. 望京村志 [M]. 济南：山东省内部资料性出版物准印（2016年滨州第009号），2016：146.
④ 郭庄村志编委会. 郭庄村志 [M]. 香港：中国文化出版社，2013：72.
⑤ 郭庄村志编委会. 郭庄村志 [M]. 香港：中国文化出版社，2013：72.
⑥ 郭庄村志编委会. 郭庄村志 [M]. 香港：中国文化出版社，2013：75.

"1990年前后的5年中，尽管郭庄村有很多青年积极分子申请入党，但是，由于多方面的原因，郭庄村除在部队入党、退伍后转回组织关系的党员外，党支部却没有发展一个党员。"①

"2000年以后，郭庄村经济发展进入了一个快速发展的新时期。村党支部坚持抓经济、促发展的工作思路，坚持走'工业立村''强村富民'的道路，组织党员和村民代表、企业老板先后到江苏的华西村、河南的南街村、本省威海市的岗沟镇和龙口市的南山集团考察参观，学习人家的发展经验，解放思想，开阔眼界。"②

"2000年以后，郭庄村坚持党建带团建，巩固团支部传统的组织框架，创新团组织的设置方式，团员在工矿企业打工的，要求他们参加工矿企业团组织的活动，回村后，参加村团支部的活动和学习。"③

1.3.2 特征分析

改革开放之后，经过拨乱反正，农村党组织发展和农村党员生活呈现新的发展态势。

（1）党组织建设更加规范，不断保障农民的各项政治权利

首先，越来越重视选举权。

调查显示，随着改革开放的深入和农民收入的提高，农民的权利意识不断增强。在涉及自己和广大村民长远利益的选举权面前，农民会更加重视自己的这份权利，倾向于选择有能力、视野开阔，能够带领村民致富的带头人。

"党的十一届三中全会后，通过批判'左'的错误倾向，各项工作拨乱反正，发展党员工作步入正轨。不设指标，不搞比例，按照党章规定的党员标准，成熟一个，发展一个，既积极慎重，保质保量；又注重吸收在改革开放和两个文明建设中涌现出来的先进分子入党。这既使得党的肌体增加了新的血液，提高了战斗力，又为村办企业的进一步发展打下了良好的基础。"④

① 郭庄村志编委会. 郭庄村志 [M]. 香港：中国文化出版社，2013：76.
② 郭庄村志编委会. 郭庄村志 [M]. 香港：中国文化出版社，2013：85.
③ 郭庄村志编委会. 郭庄村志 [M]. 香港：中国文化出版社，2013：87.
④ 李福林. 柏家村志 [M]. 香港：中国文化出版社，2008：135.

其次，越来越重视经济权。

改革开放以来，在家庭联产承包责任制的推行和一系列劳动致富政策的引导下，农民受整个社会环境的影响，求富心理被充分激活。一方面，农民在国家推进建立市场经济的政策鼓励下，在求富心理的指引下，积极进取，拓展致富途径。广大农民不再仅仅拘泥于种植粮食作物，而是积极开展养殖业、商业，进城务工等等，收入结构多元化、收入水平显著提高。另一方面，改革开放带来了不同文化和思想的碰撞，广大农民的市场竞争心理在不同程度地呈现出来。

"在抓经济建设的同时，党支部也加强自身建设。1987年，按照上级党委的统一部署，大队党支部进行了'整党'。通过'整党'，班子更加团结，思想更加统一，步调更加一致。是年，柏家村党支部被惠民地委授予先进党支部称号。1988年，党支部建立了入党积极分子登记、培养、考察制度，发展党员实现了规范化。1989年，开展了民主评议党员和处置不合格党员的工作。1990年，支部积极参与上级组织的升级达标活动，在村委办公大楼建起了高标准、各项制度配套齐全的党员活动室，成立了业余党校。同时，开展了以党支部为核心的村级组织配套建设工作。认真贯彻上级下发的《村级组织机构设置和干部报酬的规定》，为稳定村干部队伍起了重大作用。"①

最后，越来越重视劳动权、平等权。

随着改革开放的逐步推进，我国城市建设需要大量劳动力，而农民也普遍有进城务工的需求。在大量农民及其子女涌入城市工作、生活、学习，甚至定居的过程中，他们事实上追求的是自由迁徙到城市、平等进入城市劳动力市场并获取应得的收入和社会保障、平等地享有子女入托入学、平等地在城市购房从而安居乐业等权利。他们渴望通过自己的能力获得充分劳动的机会，同时也希望自己的诚信劳动能够取得合理的报酬和应有的尊重。

（2）家庭联产承包责任制保证了农民的劳动自由

改革开放以后，随着村民自治的实行，农民获得了充分的劳动自

---

① 李福林. 柏家村志［M］. 香港：中国文化出版社，2008：135.

由。同时，他们的政治热情也不断提升，不少人对政治重新关注并积极
参与。由于农民致富动机明显强化，导致不同的农民对政治的关注呈现
出不同的表现。有的农民认为只要勤劳就能致富，致富能提升自己家庭
生活水平，其他的事并不重要，所以对政治参与缺乏热情；而另外也有
部分认为，积极参与社会事务、积极行使个人政治权利，也是个人及家
庭非常重要的事，所以他们愿意通过一些公共事务的参与，展现自己的
能力，乐于奉献自己的时间和资源。

"1990 年以后，个体私营经济迅猛发展，团员外出务工的特别多，
团支部适应农村发展变化的新形势，要求团员青年带头勤劳致富，在各
自的工作中发挥作用，并经常在节假日组织一些青年开展文体活动，繁
荣农村文化。"①

改革开放以来，党和国家高度重视"三农"问题，在积极推进城镇
化发展的同时，坚持工业反哺农业、城市支持农村，农村基础设施建设
持续加强，农村在交通、通信方面的各种物质条件明显得到改善。广大
农民通过家庭联产承包责任制的积极参与，改善了生活水平，提高了家
庭收入。同时，伴随着中央狠抓农村改革，不断下达农村经济发展的有
关新政策和新部署，农村经济得到进一步活跃。这也标志着农村逐步展
开的经济结构改革、体制改革、技术改革和农产品的统派统购制度改革
逐步推进，随着改革的不断深入和经济社会发展的内在需求，我国不断
放宽农民进城务工的限制，给予农民一定的迁徙自由权。自此，城乡人
口开始合理流动，城乡分割的二元社会结构开始打破，户籍制度改革逐
步深化。2004 年以来，中共中央连续十年发布以"三农"为主题的中
央一号文件，强调了农民在中国特色社会主义发展时期"重中之重"的
地位，关注农民在经济、政治、文化、社会等各方面的权利，切实保障
农民的利益。政治体制上，废除人民公社的管理体制，采用村民自治的
政治体制，这种新型管理模式符合农民对权利的急切渴望，在农村政治
体制改革中，村民委员会以独特的治理方式获得了农民的欢迎，不仅要
满足农民对经济利益的追求，而且要使农民表达对政治权利的诉求。把

---

① 郭庄村志编委会. 郭庄村志 [M]. 香港：中国文化出版社，2013：90.

权力向基层转移，在农村实际上就是向农民转移，这就是最大的民主。

（3）邹平发展建设成就吸引美国学者前来考察

1979年，邓小平首次访美时，双方达成互派留学生、学者的总协议，其中包括美中学术交流委员会、美国国家科学院每年派学者到中国农村进行追踪式、连续性蹲点调查的"谅解备忘录"。邹平市外办负责人杨学平说，当时美方认为中国的城市他们已经有所了解，但是有着80%居住人口的中国农村是什么样的，他们全然不知，不了解中国的农村就不能真正了解中国，因此提议选择一个农村地区进行考察，从而才有了这个为期五年的考察项目。

1984年10月，美中学术交流委员会副主席迈克·奥克森伯格根据协议提出，希望中国社会科学院协助在中国的农村选一个长期调查点，从1987年起接待美国学者来华进行较长期、连续性的社会调查研究。经过中美两方的多次考察遴选，确定了山东省邹平县以冯家村为基地的包括县城在内的9个村镇，作为中国农村首批对美国学者开放的调查点。邹平就这么成了中国对美开放农村考察项目的发源地和起始点。

1999年11月，美国学者奥克森伯格参观电力车间。原冯家村村委主任张林告诉记者，邹平是中国典型的农业县，既不是很发达，又不是很落后，其发展水平代表了大多数的中国农村，比较能反映中国的实际情况。

据邹平县委宣传部的资料，从1987年4月到1991年9月，美国学者先后有87人次在邹平县进行跟踪式考察研究，接触各级各类调查对象17 500多人次。调查工作涉及范围之广，调查人数之多，延续时间之长，考察工作之细，前所未有。

美国学者在每次从邹平考察回国后，都先后用听证会、演讲会、发表文章和演讲等形式，介绍考察研究的成果。据不完全统计，美国学者5年间在重要报纸杂志上发表文章20多篇，出版专著4部，发表演讲20多次。美中学术交流委员会副主席奥克森伯格1988年为山东省《走向世界》杂志撰写了《美国学者在邹平的社会研究》，1989年4月发表题为"是成功而不是失败带来的困难"的演讲。艾恺的专著《中国最后一个儒家梁漱溟》、罗斯的专著《从山东邹平县案例看改变中的中国农村纠纷排解工作》和戴慕珍的专著《当代中国的国家和农民》等，都是以邹平县的考察研究为基础撰写的。奥克森伯格 1991 年 4 月发表的《中国在外交上干得很漂亮》、亨德森同年 4 月 11 日发表的《中国人变得越发健康——中国保健制度是第三世界的典范》都对中国改革开放所取得的成就给予了充分肯定，对当前中国所面临的困难和问题作了客观分析。考察项目结束后，美方认为这一项目很有意义，多次提出希望能延长美国学者在邹平的考察。在征求了有关部门的意见以后，邹平县同意继续接纳美国学者在当地进行后续考察研究活动。如此一来，从 1992 年到 2012 年间，许多曾经在邹平考察过的美国学者以及未曾到过邹平的美国研究人员，纷纷以学术机构或者个人名义向邹平提出申请，陆续到邹平进行多方面考察。

1997 年 7 月 25 日到 28 日，美国前总统吉米·卡特及夫人等一行专程到访邹平县，更是把美国学者在邹平的考察活动推向高潮。在邹平期间，卡特一行先后参观了县城居民区、农村、学校、社会福利机构、国有企业与乡镇企业、农村医疗机构以及农贸市场等，还与部分农村干部以及县、乡镇负责人座谈交流，了解邹平的农村经济发展状况、水利灌溉、农村基层政权选举、环境保护、农村教育、医疗卫生保障、妇女权益保护以及精神文明建设等问题。不仅如此，卡特一行还多次在散步时和普通农民接触，并到当地的基督教堂作了礼拜。在邹平的考察，卡特亲身体验了中国农村的发展变化，加深了对中国农村生活的了解，1997 年 8 月 10 日发表了《将中国妖魔化是错误的》一文，主张美中两国应保持良好关系。

邹平对美国学者社会调查点的设立，对邹平县的对外开放工作的影响也是深远的，不仅扩大了邹平在国际上的知名度和影响力，而且影响了邹平人的思想和观念。通过几十年来接待美国等国家学者的考察研究，邹平的外事工作成为邹平县对外开放工作和对外宣传工作的一大亮点，成为全县经济社会发展的加速剂，促进了邹平县经济社会融入全球经济一体化的进程，有力地促进了全县经济结构的调整与优化，促进了邹平县域新旧动能的转换，使邹平经济社会的国际化竞争力明显提高，如今的邹平不仅是研究中国乡村巨变的典型，而且是研究中国县域跨越式发展的模板。

1.4 小康社会乡村振兴

党的十八大以来，我国的改革进入了新阶段，在党中央的坚强领导下，我国不仅有效应对了风云变幻的国际政治经济环境，更在相当不利的条件下取得了经济的中高速平稳增长。我国稳定解决了14亿多人的温饱问题，实现了全面建成小康社会的宏伟目标，广大农村进入全面建成小康社会基础上的乡村振兴阶段。

1.4.1 问题调研

材料一：

（1）柏家村如今党员性别比例如何？

答：如今，随着男女平等观念深入和平等的受教育权的普及，我们村女性党员越来越多，尤其是年轻女党员人数的增多，使得村里男女党员比例差异有所降低，党员性别比例有所优化。

（2）2017年党的十九大报告要求在全党范围内开展"不忘初心、牢记使命"主题教育活动，并提出把"三会一课"作为基层党建的一项重要工作来抓，进入新时代，国家更为注重基层党建、教育等的发展，村里的党团建设是不是也有发展呢？

答：对。自2012年党的十八大以来，村里农村党员队伍建设和基层党组织建设在新时代得到继续向好发展。随着教育的普及，积极要求入团、入党的学生也更多，村里的党员和团员也越来越多。

（3）如今，村里党员文化程度如何？党员干部还是老龄化吗？有什么影响？

答：如今，党员学历有所提高，在学校入党的学生不少，越来越多大专及以上学历的人才入党。农村党员干部还是老龄化，因为很多年轻党员直接外出务工，造成农村党员外流情况严重，留守党员多为50岁以上的老党员，普遍年龄大、文化水平相对偏低，难以顺利开展村级党组织活动，村"三委"班子战斗力削弱。党员队伍内老龄化情况严重，也导致村级后备党员干部数量不足，村党组织人才后继乏人。

（4）您认为中国共产党给农民带来了什么？还满意吗？

答：没有共产党就没有新中国，也就没有现在农村的好日子。共产党从成立后就带领农民打土豪、分田地。中华人民共和国成立以后，党领导亿万农民进行土地改革运动，实现了"耕者有其田"，农民翻身成为土地的主人。改革开放以来，党和国家重视解决贫困人口温饱问题，农村居民的温饱问题。党的十八大以来，习近平总书记把脱贫攻坚作为治国理政的重要内容，2020年年底，中国现行标准下农村贫困人口全部实现脱贫。

农民不仅能吃饱喝足，而且能吃好喝好，农民各种权利有了保障，还发放各种补贴，特别是老年人都有补贴，一些孤寡老人镇上和村里都有一定的住房和生活补贴，生活过得越来越好。这些人都很知足，都很满意。

材料二：

（1）望京村调研材料

"望京村自1947年3月至2014年年底，共有党员73名。"[1]

（2）郭庄村调研材料

"2004年到2012年，郭庄村团支部三次调整支部领导班子，加强团支部力量。坚持以人为本，积极引导团员青年加强精神文明建设，遵纪守法，崇尚科学，移风易俗。经常组织团员青年义务劳动，对村庄进行绿化、净化、亮化，优化居住环境，治理'脏乱差'现象。利用组织活动，教育引导和影响青年树立良好的行为习惯。先后开展了'美在家庭''百佳文明青年''十星级文明户''好媳妇'等评选活动。团员青年还在团支部带领下，经常性地参加村文化广场的文娱活动，活跃了农村文化生活。"[2]

[1] 赵承宏. 望京村志 [M]. 济南：山东省内部资料性出版物准印（2016年滨州第009号），2016：130.
[2] 郭庄村志编委会. 郭庄村志 [M]. 香港：中国文化出版社，2013：90.

1.4.2　特征分析

经过长期努力，中国特色社会主义进入了新时代。党中央大力推进精准扶贫，致力脱贫攻坚，全面建成了小康社会，在全面建设社会主义现代化国家的奋斗历程中，邹平乡村建设又呈现出了新的特征。

（1）第一书记驻村助力乡村振兴

2015年11月23日，中共中央政治局审议通过《关于打赢脱贫攻坚战的决定》。11月27日至28日，中央扶贫开发工作会议在北京召开，习近平总书记强调，消除贫困、改善民生、逐步实现共同富裕，是社会主义的本质要求，是中国共产党的重要使命。2015年11月29日，《中共中央、国务院〈关于打赢脱贫攻坚战的决定〉》发布。2021年2月25日，习近平总书记在全国脱贫攻坚总结表彰大会上庄严宣告，经过全党全国各族人民共同努力，我国脱贫攻坚战取得了全面胜利，现行标准下9 899万农村贫困人口全部脱贫，832个贫困县全部摘帽，12.8万个贫困村全部出列，区域性整体贫困得到解决，完成了消除绝对贫困的艰巨任务。向农村派驻工作队，是中国共产党农村工作长期以来的一种有效工作机制。党的十八大以来，按照中央推进新时期农村扶贫工作总体部署，各地不断创新扶贫开发工作方式，积极向贫困村派驻扶贫工作队开展驻村帮扶工作。驻村工作队日益成为贯彻落实精准扶贫精准脱贫政策、提高贫困村党组织创造力和凝聚力、增强贫困群众脱贫致富内生动力的重要力量。

邹平市2021年选派63名第一书记驻村后，积极作为，招商引资，已有20多个村在第一书记的帮助下，引进了项目和政策，深受群众欢迎。党建引领，聚力攻坚，这是驻村"第一书记"工作的基本原则，他们积极响应上级党委的安排部署，召开村"两委"会议，统一思想认识，召开全体党员会议，对驻村蹲点工作进行再部署再安排，充分注重群众满意度调查，察民情、解民忧、纾民困，解决好群众的大事小情。

早春时节，乍暖还寒。但邹平高新街道大新村的蔬菜大棚里，却是春意盎然、绿意融融，村民们正忙着采收蔬菜，一派生机勃勃的农忙景象。"第一书记"为乡村班子注入新活力，村庄迎来新变化，为被认定为"软弱涣散"的村子重新燃起了生机、带来了希望。村里变化很大，环境整洁干净，新安装了净水器，新建了冬暖式大棚，村民吃上了新鲜的无公害蔬菜，给村里的重度残疾人申请了拐杖凳，扩建了会议室，乡村面貌焕然一新。

（2）精准扶贫推动农村脱贫

围绕党的十九大关于打赢脱贫攻坚战的新部署新要求，邹平紧紧围绕率先在全省全面建成高水平小康社会的目标要求，牢牢把握"精准"主线，层层压实工作责任，全面落实扶贫政策，更加注重改善基础设施条件，更加注重基本公共服务均等化，更加注重贫困农民增加收入，扎实推进精准扶贫、精准脱贫。

2021年，"邹平市1 168户2 458名贫困人口由精准扶贫之前人均家庭收入不足3 600元，提高到11 948元，超出国家脱贫标准线（4 000元）2倍以上，全部实现稳定脱贫。"据悉，邹平市累计投资2 891万元，实施产业扶贫项目21个，934户2 209名贫困人口年均分红178万元，人均增收1 000元左右，累计为245户411名贫困群众提供就业岗位，累计销售玉米油、无抗鸡蛋等扶贫项目产品400余万元。[①]

精准扶贫的重点对象是无劳动能力者，2016年，邹平县农村低保标准提高到每人每月330元，补助水平月人均250元以上；农村五保集中供养标准提高到每人每年6 500元，分散供养标准提高到每人每年4 500元。精准扶贫的工作难点是杜绝因病返贫，为此，邹平县积极开展一站式医疗救助工作，对困难群众患病在定点医院住院的，其医疗费用扣除各种医疗保险报销、医疗机构减免和社会捐助后，对政策范围内个人负担部分按照最高75%的比例给予救助，救助封顶线10 000元，重特大疾病救助对象年限额100 000元。截至2016年，共救助建档立卡的贫困人口94人次，救助金额41 000余元，有效缓解了贫困家庭就医难和因病致贫的问题。精准扶贫是实现全面建成小康社会的重要举措，在扶贫过程中，如何阻断代际传递是一个需要当地政府优先考虑的问题。为此，2016年邹平县共投入资金4 000余万元，实施了义务教育保

---

① 杨玉金. 权威发布 | 精准扶贫的邹平"实践"：1 168户2 458名贫困人口全部实现稳定脱贫［EB/OL］.［2021-04-06］. http://news.iqilu.com/shandong/yaowen/2021/0406/4820561.shtml.

障和中等职业学校免学费政策；投入资金 1 700 余万元，实施了小学生免费乘校车和"三免惠民"工程；并在此基础上，全面落实国家资助政策，全年预算资助资金 860 万元，受益学生 5 700 余人。

（3）党员干部发挥模范带头作用积极探索新型合作社发展新模式

针对未来农村的发展态势，鼓励和指导农民成立自治组织，提高农民的自我发展能力尤为重要。顺应这一发展趋势，党员干部如何发挥模范带头作用，积极参与和努力探索无疑成为农村未来发展的关键举措。

"就邹平县而言，其农民专业合作社的服务范围已涉及农业生产的各个领域，多数农民专业合作社依托当地形成的主导产业和特色产品开展专业性生产经营活动。例如，孙镇的前刘蔬菜专业合作社、长山镇的无抗猪肉生产合作社、魏桥镇的魏桥果业合作社、九户镇的奶牛专业合作社等，都是依托当地的优势产业建立起来的。"[①]近年来，邹平市以推动农业农村高质量发展为主线，全面实施乡村振兴战略，深挖农业农村发展潜力，农业综合生产能力显著提升，农村改革持续深化，农民收入不断增加，邹平市农业农村工作实现了新的突破，取得了实实在在的新业绩。

针对当前部分农村有地没人种和农民想种却没有地种的现状，邹平不少农村的基层党支部抓住机遇，带头成立农场推进农业规模化经营，加速农业向集约化、组织化和社会化发展，以此抢占政策和市场的先机。

实践证明，新时代乡村建设首先要注重农村党支部领办合作社实体化运行，发挥党员干部的示范作用，注重规范管理，村党组织要找准自身发展定位，统一规范章程，健全组织架构，切实提升合作社整体水平。通过思想建设、组织建设，完善相关制度，统筹做好合作社组建、项目落地、日常管理、资金使用等方面的监督管理工作，推动合作社高效、健康、快速发展。

---

① 王洪洋. 农民专业合作社发展中存在的问题及对策研究 [D]. 青岛：青岛大学，2011.

第 2 章　产业变迁

中国共产党成立一百年来，实现了中国沧桑巨变，交出了一份优异的答卷。邹平是中国农村百年产业变迁的缩影，邹平乡村产业经历了一个从单一到多元的变迁过程，从传统的粮食种植业向农林牧副渔业的全面发展。邹平不断推进传统产业改造升级，促进乡村产业变革，积极发展多元化产业经济，全面推进乡村振兴，成为县域经济发展的"领头雁"。

2.1　以粮为主的传统种植业

中国传统乡村深受儒家传统道德思想的影响，倡导义大于利，先义后利，反对人们对物质利益的过度追求。封建社会的统治者一直以来对农业之外的产业大多持有反对和压制态度，并不主张发展与物质利益有关的产业。从总体看，在中国传统乡村中人们奉行的仍然是以儒家思想为主导的经济观和由此决定的产业观，这是一种与古代中国农耕文明相适应的经济思路，是一种依赖粮食满足自身需求的温饱观。中华人民共和国成立前，中国农村的社会结构变化甚微，因此，农村的产业首先还是表现为以粮食种植为主的经济发展特征。

2.1.1 问题调研

材料一：

（1）柏家村在中华人民共和国成立前主要种植什么？农业在1921年到1949年是什么样的发展情况？您能跟我们讲一下吗？

答：柏家村在中华人民共和国成立前主要种小麦、谷子、高粱、大豆、玉米。中华人民共和国成立前，种地靠天，在1921—1949年间，农业生产技术水平不高，种植业受天灾人祸的影响，产量不高，百姓生活贫困，农民温饱都成问题，农业基础很薄弱。

（2）柏家村村民在1921年到1949年主要吃什么？

答：吃谷子和秫秫。"半年糠菜半年粮"，糠就是谷子碾的，秫秫就是高粱，中华人民共和国成立前村内种高粱和谷子的多，是村民生活的主要食粮。之前棒槌子就是玉米种得很少，日本人打过来的时候，不让在路边种玉米，因为玉米长得高，会形成障碍。

（3）古城村在中华人民共和国成立前种什么的多？主要食粮是什么？

答：多种小麦、高粱、谷子，主要吃的就是谷子和高粱。把粗粮磨成细粉，蒸窝窝头和贴锅饼，或用小米、玉米、豆子磨成面糊，在铁鏊上摊平烙熟，做煎饼吃。之前小麦是细粮，逢年过节、家有喜事或者来客人的时候才能吃小麦面粉做的馒头或水饺。到了20世纪80年代以后，牲畜饲料用粗粮，村里人都吃面食了。

（4）古城村在中华人民共和国成立前除了种植物，有没有栽种果树发展林业的？

答：中华人民共和国成立前，古城村没有发展林业的，村里人就在田头上、沟边上、房前屋后种几棵树。一般种石榴树、枣树、杏树、梨树、香椿树之类。我们古城村虽然没有大规模林业，但是大多数人家植桑养蚕、出售桑叶。

（5）古城村在中华人民共和国成立前有没有发展畜牧业，养殖什么牲畜？

答：中华人民共和国成立前村里人有养牛或驴的，主要是为了用大牲畜耕种农田，但是贫苦人家一般养不起大牲畜，也就富贵些的人家养的牲口多一些，能养骡马。

（6）抗日战争和解放战争期间，受着战争影响，村里产业是什么样的发展状况？

答：就算是战争期间，在没有战争的地区、不打仗的时间农民该种地还是得种地，该生活还是得生活。农村产业也确实受战争影响，在有战争的年代，劳动力的缺失，粮食等很多物资都由农民负担，农村产业不会有很大发展。

（7）当时村里或者附近有从事木匠、瓦匠、铁匠的吗？

答：有，那时能有门手艺可以在农作闲暇时做点副业补贴家用。农民是百业生产者，木匠、铁匠、篾匠、砖瓦匠等行业都是农民，但是只有极小一部分农民，是凭自己的一技之长，来维持生活的，他们常年奔走于乡村，凭自己一身"绝活"，撑起一个家。"荒年饿不住手艺人"，手艺人在那时是十分让人羡慕的。

材料二：

（1）柏家村调研材料

"中华人民共和国成立前，柏家村以种植小麦、谷子、高粱、大豆和玉米为主。作物种植大多是二年三熟，一年一熟的为次。"[①]

"中华人民共和国成立前，受水利、地力所限，柏家村套种作物的甚少。"[②]

"玉米旧时称玉蜀黍，柏家村人俗称棒槌子。据村内耆老回忆，柏家村30年代玉米种植面积很少，亩产只有几十斤。抗日战争期间，日本侵略军为清除野外障碍，防止抗日游击队活动，严禁胶济铁路两旁1 000米内，种植高秆作物，全村年种植仅有几十亩。"[③]

"高粱俗称秫秫，抗旱耐涝，适应性极强，易种植管理。中华人民共和国成立前村内普遍种植高粱，它是村民生活的主要食粮之一。但由

① 李福林. 柏家村志［M］. 香港：中国文化出版社，2008：225.
② 李福林. 柏家村志［M］. 香港：中国文化出版社，2008：225.
③ 李福林. 柏家村志［M］. 香港：中国文化出版社，2008：231.

于生产技术落后，品种单一，产量不高，其亩产在150斤左右。"①

"谷子古称稷，又称粟，属耐旱作物，村里种植历史久远。中华人民共和国成立前，谷子是人们生活的重要粮食之一。围庄地，大部种植谷子，特别是山坡地，种植谷子更为普遍。一般比玉米、大豆的种植面积都多。在半年糠菜半年粮的时期，谷子碾的糠，也成为贫苦之家赖以生存的生活食品。谷子的产量低于小麦、玉米，亩产在200~300斤。"②

"地瓜耐旱怕涝，高产潜力颇大。中华人民共和国成立前，村内种植甚少。"③

（2）古城村调研材料

"中华人民共和国成立前，古城村人的传统种植观念和管理方法束缚着粮食生产，产量低而不稳。中华人民共和国成立后，党和人民政府重视农业科学，在村内逐年推广农业种植新技术。"④

"中华人民共和国成立前，古城村大牲畜饲养量很少。贫苦人家只是养牛或驴，只有少数富裕人家才养得起骡马。至中华人民共和国成立时，全村共有大牲畜110头（主要为役畜牛）。那时，全村有416户，1 684人，平均3.8户、15.3人拥有一头大牲畜。"⑤

（3）望京村调研材料

"中华人民共和国成立前，谷子是望京村人们生活的主要粮食之一，种植面积较多。"⑥

（4）郭庄村调研材料

"据有关资料记载，郭庄村1949年种植小麦900亩，亩产100斤，总产90 000斤。"⑦

"中华人民共和国成立前，谷子是郭庄村民生活的主要食粮之一，围庄地，大部分种植谷子，特别是村北山坡地，种植谷子更为普遍，一

---

① 李福林. 柏家村志［M］. 香港：中国文化出版社，2008：233.
② 李福林. 柏家村志［M］. 香港：中国文化出版社，2008：232.
③ 李福林. 柏家村志［M］. 香港：中国文化出版社，2008：234.
④ 董好连. 古城志［M］. 香港：中国文艺出版社，2011：156.
⑤ 董好连. 古城志［M］. 香港：中国文艺出版社，2011：160.
⑥ 赵承宏. 望京村志［M］. 济南：山东省内部资料性出版物准印（2016年滨州第009号），2016：200.
⑦ 郭庄村志编委会. 郭庄村志［M］. 香港：中国文化出版社，2013：145.

般比玉米、高粱的种植面积都多。"①

"中华人民共和国成立前，郭庄村以农业为主。农田耕作用大牲畜既省人力又方便，故村民自古就有饲养大牲畜的奢望和习惯。然大牲畜属重大生产资本，一般贫穷农家养不起大牲畜，只有那些富裕农户和财主家庭才能养得起大牲畜。据村内土改前一年（1947年）的统计，时郭庄村有130户，全村共有60头大牲畜，其中9户地富成分的有27头大牲畜，户均3头，85户中农成分的有33头大牲畜，户均0.4头。36户贫雇农成分的没有一户有大牲畜。全村60头大牲畜全部为役畜。"②

2.1.2 特征分析

（1）以粮为主的单一种植方式

邹平属于暖温带季风气候，处于山区与平原交界地带，自然灾害较少，土壤成分多样，适宜种植多种作物。据民国时期《邹平县志》记载，清末邹平全境分一区六乡，计650平方千米，除城关外共有333村庄，28 019户，142 401人，城关及安家庄、张家庄划为城区，其余331村大小不等各有差异。1929年，邹平废乡划区，全县划为7区：城关、青阳、黄山、小店、明集、孙镇、田镇，下辖16镇141乡，344村。20世纪30年代初，邹平全县面积约652平方千米，人口157 455人，每平方千米人口密度为238人。居于县城城关及孙家镇的人口为8 270人，约占总人口的5.3%；其余均为农村人口，共计149 185人，约占全县总人口的94.7%。全县村庄共计356个，每个村庄人口约414人。不难看出，民国时期的邹平属于以农业人口为主、城市化程度尚低的典型农业社会形态。③

这一时期，邹平广大农村的粮食作物多以小麦、大豆、谷子、高粱、玉米为主，兼种绿豆、稷子、黍子等。经济作物主要有芝麻、棉花、甜菜、花生等。蔬菜有大葱、韭菜、白菜、南瓜、黄瓜、茄子、红白萝卜、山药、芫荽等。瓜果主要有西瓜、甜瓜、桃、杏、枣等。根据

---

① 郭庄村志编委会. 郭庄村志 [M]. 香港：中国文化出版社，2013：147.
② 郭庄村志编委会. 郭庄村志 [M]. 香港：中国文化出版社，2013：170.
③ 魏本权，柳敏. 青岛模式与邹平模式：民国山东乡村建设模式的比较研究 [M]. 济南：山东人民出版社，2013：47-48.

地理环境和气候变化，邹平县内中、东部地区以种粮食作物为主，谷、高粱为主要食粮。北部小清河沿岸地区种植棉花。西北地区种植棉花、花生较多，仅棉花、花生种植即占地34%。

以红庙村为例，该村位于邹平市临池镇，属于其南部山区丘陵地带，该丘陵地带共有15.1万亩耕地，但是土地少而瘠薄，水资源严重缺乏，宜种植耐旱耐瘠作物。①秋季作物多种谷子、地瓜及小杂粮，棉花亦有少量种植。红庙村自有记载以来就以种植棉花小麦等粮食作物为主要产业。农作物种植历史悠久，但种植方法直到20世纪50年代才有所改变。当地农村仍以种植小麦、谷子、高粱、大豆和玉米为主，耕作方法沿袭传统农业技术，耕作制度以一年一熟和两年三熟为主。

邹平局限于自然环境以及传统的农业发展习惯，仍然是以种植小麦、棉花为主。据《山东之农业概况》（民国11年7月版）记载：邹平县年产小麦129 737石（每石合120市斤）；长山县年产小麦84 000石；又据《中国实业志》（民国23年12月版）记载：1933年邹平县种植小麦99 639亩，总产359 567市担（每担合100市斤），种植大麦35 980市亩，总产50 327市担，大麦主要外销周村等地，外销量达19 352市担。可见，中华人民共和国成立前，邹平盛产小麦，位列全省之首，邹平小麦种植面积较大，产量颇丰。

（2）"邹平模式"中的乡村产业变革

1931年，年轻的北大教授梁漱溟带领着一群城里人在山东邹平创办了山东乡村建设研究院，山东乡村建设研究院是20世纪30年代中国乡村建设运动中最有影响的组织之一，为邹平农村老百姓的生活方式带来了很大变化。梁漱溟认为中国问题在"其千年相沿袭之社会组织构造既已崩溃，而新者未立"②，他认为中华文化历千余年而少有改变，社会失序失范，根本上缺乏变革。民国时期以来，中国农村社会构造已经崩溃，固有的文化模式不能收拾残局，这就是为什么中国社会不向上而向下，面临近代世界之大变局，中国不进步而沉沦的缘故了。梁漱溟感叹"从四万万人一个个来看未尝不是活人，无奈社会几乎是半死的社

① 山东省情资料库. 邹平县志［EB/OL］.［2023-05-15］. http：//lib.sdsqw.cn/ftr/ftr.htm.
② 梁漱溟. 乡村建设理论［M］. 上海：上海人民出版社，2006：20.

会"①。梁漱溟认为乡村建设解决的关键问题是重建中国之新社会构造。梁漱溟认为，中国的建设必须要从乡村建设出发，乡村建设必须要以振兴农业为始，以此来引导工业发展。因此，在以梁漱溟为代表的乡村建设者的带领之下，认为首先要优化农业的发展。乡建者帮助农民改良歉收棉种，推广优良麦种，为农民增产增收，努力发展生产，改善农民的生活。

梁漱溟强调乡村建设是包括经济、政治和教育文化在内的建设。"所谓乡村建设，事项虽多，可类归为三大方面：经济一面，政治一面，教育或文化一面。虽分三面，实际不出乡村生活的一回事；故建设从何方入手，均可达于其他两面。例如，从政治方面入手，先组织乡村自治体；由此自治体去办教育，去谋经济上一切改进，亦未尝不很顺的。或从教育入手，由教育去促成政治组织，去指导农业改良等经济一面的事，亦可行。"②

为了实现农村产业的改革和发展，梁漱溟在山东设立研究院农场。研究院农场建于1931年，是根据梁漱溟"中国经济建设振兴农业以引发工业的路"的思想而建立的，主要是为了推广技术，振兴农业，复兴乡村。场址设于邹平县城东南黄山脚下，场内有房屋近50间，场地20多亩。另有东范棉麦育利蒙家庄、孟家坊棉种繁育场、济南辛庄合作农场、黄山养鸡汤庵养蜂厂等，主要负责实验区内的农业改良，发展农副业，繁荣农村经济。农场是研究院学生实习的基地，设田艺、园艺、养蚕、畜牧、兽医五个组，负责引进优良农作物品种，栽培实验后向农村推广，在宋家坊子设有"斯"美棉试验田，把孙镇作为美棉实验推广区，自设轧花厂，还培植了小麦优良品种"邹平洋麦"。

园艺组，主要培植苹果、梨、桃、杏等苗木，并引进芦笋。积极推广种植苹果树，向示范户无偿提供树苗，并在种菜时使用化肥。

畜牧组，主要是对良种鸡、猪、羊、蜂、鱼等进行改良。1931年，从外地购进新猪品种，使之与本地母猪杂交，推广猪仔18 113只，并将其推广到河南、济南、青岛、菏泽、徐州等地。

---

① 梁漱溟. 乡村建设理论［M］. 上海：上海人民出版社，2006：21.
② 中国文化书院学术委员会. 梁漱溟全集 第5卷［M］. 济南：山东人民出版社，2005：227.

养蚕组，主要进行蚕种改良，邹平在南部山区推广养蚕业。

兽医组，倡导对牲畜疾病进行预防。提高防疫意识，做好牛、羊防疫注射实验的准备。

为了便于推广科技，农场还制定了种猪、种鸡、美棉、蚕业等改良计划，经常组织人员下乡宣传、辅导、推广。

农场在县城东关建立了酱油厂，加工大豆。聘请了金陵大学毕业生任技师，用科学新法酿制酱油，每5天生产300瓶，对当时市场上的日本产品保持一定的竞争力。

为了向农民宣传科学技术知识，教育农民采用改良品种，研究院还先后举办了三次农产品展览会。第一次于1931年10月，展品2 800余种，参观者4万余人。第二次于1932年11月，展品来自邻近27个县，计6 000余种，参观者50 000人。第三次展览重点展出农场的优良产品。这三次展览使农民对科学技术有了深层次了解和应用。

按照梁漱溟的设想，农业新技术新品种的推广，迫切要求农民组织起来，建立合作社，谋求经济上的改进。从1932年9月18日邹平孙家镇成立梁邹美棉运销合作社（孙家镇古时称"梁邹"）开始，到1936年年底止，邹平全县共创办了棉运、蚕业产销、林业生产、信用、信用庄仓和购买等六种合作社，总计307所，社员达8 828户，已缴股金总数为12 000余元。其中有棉运社156所，社员2 632户，股金3 826元；蚕业产销社21所，社员167户，股金174元；林业生产社32所，社员944户，股金957元。邹平乡村改革促使产业多元化，这为新技术、新品种的推广创造了条件，进一步促进了农业生产力的发展，农民也得到了一定好处。以棉业为例，推广美棉，不仅提高了亩产，增加了收入，同时，由于美棉运销合作社统一指导，统一收购、轧花、打包和运输，棉农避免了过去受中间商人的剥削克扣，因而深受广大棉农的欢迎。

梁漱溟和山东乡村建设研究院为邹平农村引进了一些较为先进的科学技术，在一定程度上促进了邹平经济的发展，功不可没。但是，农业改良并没有触动农村根本的生产关系，地主对农民的剥削和压迫并未因农业改良而改变，相反，地主和富农以此为幌子，疯狂地增强其经济实力，反而更加巩固了他们在农村的主导地位，甚至部分地区出现了因棉花种植过多吃粮紧张的现象。真正凭借种棉获得经济效益的却是地主和富农，无地或少地的农民没有获益，贫者越贫，富者越富，加剧了农村中的贫富分化和阶级矛盾。

（3）土地革命创造了农村产业变革的有利条件

中华人民共和国成立前，中国农村地区经济非常落后，农村产业结构以第一产业为主，并且在农业的种植中，全国范围内都更加倾向粮食作物而非经济作物。据统计，这一时期，我国农作物总播种面积是124 286千公顷，其中，粮食播种面积为109 959千公顷，稻谷、小麦、玉米、高粱、谷子、大豆、薯类、棉花、油料、麻类、糖料、烟叶分别为25 709千公顷、21 515千公顷、12 915千公顷、8 922千公顷、9 207千公顷、8 319千公顷、7 011千公顷、2 770千公顷、4 228千公顷、29千公顷、124千公顷、61千公顷。[①]由此可见，我国粮食作物种植面积非常大，而经济性作物的种植面积在当时可谓是极小。

耕作制度与自古以来的封建私有制有关，一直到民国时期，仍然是一脉相承。以郭庄村为例，其土地都是私有制，当时全村130户，680人，共有土地2 140亩。其中：地主5户，共有土地210亩，户均42亩，人均7亩；富农4户，共有土地180亩，户均45亩，人均6亩；中农85户，共有土地1 530亩，户均18亩，人均3.5亩；贫雇农36户，共有土地220亩，户均6.1亩，人均1.2亩。1947年4月，解放后的邹平全县掀起了土地改革的高潮。郭庄村的农救会领导全村人民开始斗地主、分田地，搞土改。由于当时郭庄村一带还处于战争拉锯状态，特别是郭庄村地处的长白山区又是国民党重点进攻山东的战略重点区域，也是敌我双方反复争夺的拉锯区域，国民党军队几度占领长白山及周边地区，还乡团也趁机大肆反攻倒算，在这种情况下，郭庄村的土地改革时断时续，运动开展得并不彻底，总体看，这一时期郭庄村的产业就是单纯的农业，虽然有些农户零星种植些棉花，但是多为自产自用，一般不作为商品出售，且由于管理不善，大多顺其自然生长，亩产量很低。

中国共产党开展的土地改革运动，将封建土地所有制变为农民土地

---

① 国家统计局农村社会经济调查司. 中国农村统计年鉴汇编1949—2004年［Z］. 北京：中国统计出版社，2005：28，32-34.

所有制，同时采取兴修水利、农业互助合作等举措，极大地解放了生产力，这一时期，中国农村生产关系处于相对沉寂和相对转变的二元格局中，部分农村由于拘泥于传统的经济生产方式，并未发生彻底转变。但是，在党和政府的领导下，不断加强对各根据地农村的农业生产的政策指导，帮助农民改善耕作技术，推广培育优良品种，领导广大农民兴修水利，扩大农田灌溉面积，不断改善农业生产条件，注重提高农田质量，各解放区的农村生产力由此得到解放和发展，同时大大提高了农民的生产积极性。在山东解放区，集中人力、物力对一些较大河流进行了治理，提高农田抗旱、排水能力。1949 年上半年山东解放区就浚河9 793 条、开渠 10 823 条、筑堤 16 833 条、打井 72 208 眼等[1]，这些措施有力地促进了革命根据地农业生产的发展[2]。

农村土地政策的本质就是处理农村土地关系中的各种矛盾，调整农村土地关系，以适应农村生产力发展水平和符合生产力发展的内在规律，推动农村生产力的解放和发展。由此而来，中国共产党明确土地产权，分配土地、规划地租等一系列措施从根本上激发了土地的活力，也进一步鼓舞了农民的热情。"中国一切政党的政策及其实践在中国人民中所表现的作用的好坏、大小，归根到底，看它对于中国人民的生产力的发展是否有帮助及其帮助的大小，看它是束缚生产力的，还是解放生产力的。"[3]

2.2　农林牧副渔全面发展

中华人民共和国成立后，中国农村产业发展仍以农业为主。但从总体看，农林牧副渔全面发展的农村产业已经取代了解放前农村的单一以粮食为主的传统产业。

---

① 朱玉湘，申春生. 山东革命根据地财政史稿［M］. 济南：山东人民出版社，1989：373.
② 朱玉湘，申春生. 山东革命根据地财政史稿［M］. 济南：山东人民出版社，1989：370-371.
③ 中共中央文献研究室. 十三大以来重要文献选编（上）［M］. 北京：北京人民出版社，1991：57.

2.2.1 问题调研

材料一：

（1）中华人民共和国成立后，党领导人民进行土地改革，1952年底，全国3亿多无地少地的农民无偿地获得了约7亿亩土地和大量生产资料，彻底消灭了地主阶级的土地所有制，农民成为土地的主人，这对农业生产有什么影响？中华人民共和国成立后柏家村主要种植作物有没有变化？

答：1949—1958年，农民翻身得解放，有了自己的土地，以极大的热情投入到生产中去，农业连年增产增收。中华人民共和国成立后，倡导科学种地，选了好的小麦种子，之后改进了玉米品种，种玉米的农民多了起来。种谷子和高粱的农民有时候多有时候少。到了20世纪60年代，一年比一年种得少，现在我们村里基本没有种谷子和高粱的农民了。

（2）古城村在中华人民共和国成立前多种植小麦、高粱、谷子，在中华人民共和国成立后呢？增种什么作物？

答：古城村在中华人民共和国成立后响应国家号召，种地瓜、玉米、棉花的多了。地瓜产量高，可以当粮食吃，不像现在把地瓜当作零食甜点。你问老一辈的人，有的人都吃地瓜吃够了。玉米虽然解放前村里就有种的，但是玉米喜欢大水大肥，中华人民共和国成立前没有那个条件，种的不算多，中华人民共和国成立后生产条件变得越来越好，玉米产量高，种的人就多起来了。中华人民共和国成立前村里种棉花的不多，中华人民共和国成立后国家支持种植棉花，种的人也就多了。

（3）中华人民共和国成立初期古城村里有发展畜牧业吗？

从1949年中华人民共和国成立到1954年春天，农村基本上是个体农民经济，不仅土地私有，而且可以不受任何政策限制地发展私人养殖业；不仅可以养猪、鸡、鹅、鸭、羊、兔等小家禽家畜，而且可以养牛、马、驴、骡等大牲畜；不仅可以零星地养，而且可以成群喂养，畜牧业有所发展。

（4）当古城村村民加入生产合作社时，牲畜是采取什么办法饲养？

村里牲畜量有什么变化？您能详细讲一下吗？

答：当古城村村民加入初级社时，农民私有的大牲畜采取私有公用的办法。20世纪50年代末，受当时浮夸风影响，加上饲料不够，养大牲畜的逐渐变少。为保护耕畜，国家曾明令禁杀耕牛，因为大牲畜直到20世纪80年代依然是农村的主要动力，杀牛给农村生产力造成了破坏，不利于农业生产的发展和农业生产合作社的巩固。之后，国家、县里奖励饲养牲畜，到1965年，大队里大牲畜饲养量基本稳定下来，在100头左右。到了20世纪80年代，实行家庭联产承包责任制，大牲畜可以个人饲养了，那一阵村里养大牲畜的家庭多了不少。后来，农业机械化程度越来越高，大牲畜在农业生产中的作用越来越小，因此，村里饲养的大牲畜越来越少。到2010年，村里总共饲养的大牲畜不到10头。

（5）20世纪50年代到80年代村里有裁缝吗？

答：20世纪80年代之前，民间有裁缝这一行，大街上存在一些裁缝店铺。村里也有裁缝，那时，要想穿件新衣服，需要先买块布料，然后拿到裁缝店量身定做。不过，对于农村人而言，平时做新衣的时候很少，一般都是集中在春节前一两个月，有点余钱的村民过年会为自家小孩做套新衣服。家里条件没那么好的村民，平常衣服是不讲究的，小的娃穿大的娃穿过的衣服，破了就缝缝补补接着穿。

（6）手艺人算社员吗？

答：在农村集体制生产队时期，手艺人在外做手艺，虽然脱离了农业生产，但他们仍然是社队的一员。所以，按规定是要给所在生产队缴纳部分金额的劳动所得，他们同样是记工分，分口粮。

材料二：

（1）柏家村调研材料

"20世纪60年代期间，柏家村曾尝试过桐粮间作，但没推开，很不成功。"[①]

"20世纪70年代末以来，柏家村普遍推广麦田套种玉米，并获得成功。"[②]

---

① 李福林. 柏家村志［M］. 香港：中国文化出版社，2008：225.
② 李福林. 柏家村志［M］. 香港：中国文化出版社，2008：225.

"中华人民共和国成立后，倡导科学种地，一是对小麦品种进行选优汰劣。20世纪50年代淘汰了红和尚、白和尚、红实麦、白实麦等老品种，引进了齐大195、碧码1号、碧码4号、红蚰包、幅63等品种，从源头上为小麦增产打下了良好的基础。"①

"中华人民共和国成立后，玉米列为高产作物，种植面积逐年扩大。20世纪60年代，种植面积扩大到年400亩以上，1967年达556亩。由于不断改换玉米品种，合理密植，使亩产突破200斤。1967年最高，亩产达277斤，年总产100 000斤。"②

"中华人民共和国成立后，谷子的种植面积时多时少，产量亦不稳定。20世纪50年代，种植面积较大，年均200亩左右，亩产200斤。1959年，全村种植279亩，单产237斤，总产66 376斤。后逐年减少，1963年种植175亩，单产136.6斤，总产23 891斤。1965年种植128亩，单产184斤，总产23 621斤。1969年以后，全村种植已不足百亩。到1975年，全村种植仅24亩。"③

"中华人民共和国成立后，高粱种植面积时多时少，产量亦不稳定。20世纪50年代，全村年种植面积在200亩左右，1956年种植208亩，单产200斤，总产41 784斤。1957年种植222.9亩，单产203斤，总产45 260斤。1959年种植最多，达273亩，单产236斤，总产64 487斤。20世纪60年代后，高粱种植逐年减少，1960年至1964年间，年种植还在百亩以上，1965年后，年种植只有几十亩。"④

"20世纪60年代期间，村内开始引种花生。但柏家村不属花生产区，没有种植任务。生产队每年也种几亩，主要为改善、调剂生活而已。"⑤

"据档案资料记载，20世纪70年代期间，生产队一般都有10亩左右的菜地，所产瓜菜，除社员分配一部分外，大部分拿到集市上销售，每年瓜菜收入在生产队副业收入中占有一定比例。同时，在社员口粮实行定量供给时期，每年也多以瓜菜代粮、补粮。"⑥

---

① 李福林. 柏家村志 [M]. 香港: 中国文化出版社, 2008: 229.
② 李福林. 柏家村志 [M]. 香港: 中国文化出版社, 2008: 231.
③ 李福林. 柏家村志 [M]. 香港: 中国文化出版社, 2008: 232-233.
④ 李福林. 柏家村志 [M]. 香港: 中国文化出版社, 2008: 233.
⑤ 李福林. 柏家村志 [M]. 香港: 中国文化出版社, 2008: 239.
⑥ 李福林. 柏家村志 [M]. 香港: 中国文化出版社, 2008: 239.

（2）古城村调研材料

"1956年，农村社会主义改造进一步掀起高潮。古城村5个初级农业合作社与郭家泉村合并为一个高级农业合作社，取名为'建国高级农业生产合作社'。"①

"1964年，毛主席号召'农业学大寨'，古城大队带领全体社员艰苦奋斗，大搞农田基本建设，促进了农业生产发展。"②

"一年一熟主要是指旱田，在肥力和水力条件不足的情况下，一年种收一次。两年三熟一般是指水力、肥力条件较好的地块，作物可在二年中种收三次。作物轮换多以谷子或高粱—小麦—玉米或大豆为主。中华人民共和国成立后，生产条件不断改善，作物种植技术改进，耕作制度也在变化。由一年一熟或二年三熟，改为一年二熟。一年二熟主要为小麦、玉米轮作。"

"中华人民共和国成立后，倡导科学种田。为从源头上为小麦增产打下良好基础，20世纪50年代淘汰了红和尚、白和尚、红实麦、白实麦等老品种。"③

"20世纪60年代以后，随着古城水库的建成，水利条件得到极大改善，基本满足了小麦用水需求，可按照小麦不同生长期及时灌溉。"④

"由于在良种、耕作、水利、肥力等诸方面的不断改善和进步，古城村小麦亩产量从中华人民共和国成立之初的150斤提高到1979年的625斤；种植面积也从1949年的1 025亩提高到1979年的1 834亩。"⑤

"20世纪50年代，全村种植面积800亩左右，亩产100多斤。60年代，种植面积扩大到1 000亩以上。由于不断改进玉米品种，合理密植，亩产突破200斤。80年代后期，亩产达600多斤。1995年后，村民耕地种植基本以小麦、玉米为主，其他作物已种植很少。小麦、玉米一年两熟，亩产一般在1 800斤至2 000斤。"⑥

"中华人民共和国成立初期，地瓜种植得以推广。地瓜产量高，在

---

① 董好连. 古城志 [M]. 香港：中国文艺出版社，2011：144.
② 董好连. 古城志 [M]. 香港：中国文艺出版社，2011：145.
③ 董好连. 古城志 [M]. 香港：中国文艺出版社，2011：152.
④ 董好连. 古城志 [M]. 香港：中国文艺出版社，2011：153.
⑤ 董好连. 古城志 [M]. 香港：中国文艺出版社，2011：153.
⑥ 董好连. 古城志 [M]. 香港：中国文艺出版社，2011：153.

粮食不甚充裕的情况下，成为人们生活的主要替代食物，与小麦、玉米一同列为农作物的主要品种。"①

"中华人民共和国成立后，人民政府大力发展棉花生产。1950年代初期，全村种植面积30亩左右。亩产皮棉约30斤，以后虽然种植面积和亩产量逐年有所提高，但只限于满足自用。"②

"20世纪50年代末，受当时浮夸风影响，加之饲料不足和管理不善，大牲畜存养量出现下降趋势。三年经济困难时期，大量牲畜死亡。为保护耕畜，国家曾明令禁杀耕牛。1963年，国家颁布关于牲畜饲养的各项奖酬政策，县政府规定，繁殖一头牛、驴奖励粮食200斤，繁殖一匹骡马奖粮食300斤。还规定了对饲养员的奖励政策。大牲畜饲养量呈上升趋势。1965年，大队有大牲畜94头。大牲畜饲养量相对稳定下来，一般都在100头左右，1970年达到142头。"③

（3）望京村调研材料

"自1966年7月档案资料统计，当年望京大队有缺粮户72户，缺粮6 050斤，当时临池公社批准对缺粮户进行借粮救济。"④

（4）郭庄村调研材料

"郭庄村地处山区，没有大片种植棉花的习惯，也缺少种植技术和经验，种植面积仍然不大。1975年种植面积最多，全村种植45亩，单产总产亦最高，单产44斤，总产2 018斤。"⑤

"1972年，郭庄大队购买一台东方红20马力拖拉机，既耕地，也搞运输。这是郭庄村有史以来的第一辆动力机械运输工具。"⑥

"20世纪50年代，贯彻中央'植树造林，谁种谁有'的政策，郭庄村引进加拿大杨等速生树种，在田头、路边上栽种。"⑦

"1956年初级农业社时，沟边河岸两旁及村庄房前屋后有各种树木上千棵。1957年，郭庄村团支部带领团员、青年植树造林，曾在路边、

① 董好连. 古城志［M］. 香港：中国文艺出版社，2011：154.
② 董好连. 古城志［M］. 香港：中国文艺出版社，2011：154.
③ 董好连. 古城志［M］. 香港：中国文艺出版社，2011：160.
④ 赵承宏. 望京村志［M］. 济南：山东省内部资料性出版物准印（2016年滨州第009号），2016：195.
⑤ 郭庄村志编委会. 郭庄村志［M］. 香港：中国文化出版社，2013：152.
⑥ 郭庄村志编委会. 郭庄村志［M］. 香港：中国文化出版社，2013：163.
⑦ 郭庄村志编委会. 郭庄村志［M］. 香港：中国文化出版社，2013：168.

田头、沟岸旁栽种柳树、杨树。但那时只求栽种数量，不顾质量，种后管理不到位，致使树木成活率较低。1958年大炼钢铁和1960年生活困难时，由于政治形势和生活所迫，林木被乱砍滥伐，村内大树损毁严重。"①

2.2.2 特征分析

中华人民共和国成立后，土地改革使中国农村发生了巨大的变化，世代缺衣少粮的中国农民生活得到改善。过去，没有土地的农民无论多么辛苦劳作也得不到多少收成，因为大多被那些地主无情地剥削掉，汗水流在地主私有的土地上，人们却吃着野菜和谷糠。土地改革的完成彻底摧毁了存在两千多年的封建土地制度，地主阶级被消灭，农民翻了身，成为土地的主人，农村人民政权更加巩固，中国农村的产业随着中国土地革命的进行得以彻底改变。

（1）种植业产量不断增加

中华人民共和国成立初期，邹平的农作物基本沿袭传统的种植方式，无统一规划和计划，粮食作物仍以小麦、谷子、高粱、豆类为主，棉花为主要经济作物。20世纪50年代后期，随着种植技术的提高，玉米与地瓜吸引了人们大量推广种植，小麦的合理密植，产量大增，亦使种植面积进一步扩大。

1952年，邹平党和政府号召大力发展粮食生产，推广优良品种，"邹平县洋麦"（齐大195）良种曾在华东地区占优越地位，邹平县播种小麦19.8万亩，亩产平均为77.5斤，总产为1 534.5万斤。20世纪60年代，根据中央"人民公社一定要把小麦种好"的指示，积极改善农业条件，大力改进小麦种植技术，提高小麦产量。1960年，全县小麦种植面积达到68.5万亩。平均单产78斤，总产5 317万斤，占粮食总产量的35.28%。此后，粮食产量逐渐增长，而种植面积基本稳定在五六十万亩左右。1972年，全县种植56.9万亩，亩产达到229斤，总产13 009万斤。随着种植技术的提高，1975年平均亩产增加到281斤，总产增加到

---

① 郭庄村志编委会. 郭庄村志 [M]. 香港：中国文化出版社，2013：168.

16 379 万斤。

1952 年，玉米被列为高产作物，种植面积迅速扩大，邹平县种植玉米 73 437 亩，单产 90 斤，总产为 660.9 万斤。20 世纪 50 年代后期，玉米种植面积超过谷子种植面积，跃居粮食作物第二位，仅次于小麦，产量也迅速增长。1959 年，全县种植玉米 24.9 万亩，单产 140 斤，总产 3 486 万斤，占粮食总产量的 14.7%，玉米成为人民生活的主要食粮。1960—1962 年，玉米亩产量为 70 斤左右，1964 年，由于特大秋涝影响，玉米单产下降到 60 余斤。1965 年开始，全县玉米种植面积超过 30 万亩，单产超过 200 斤。1977 年，全县种植玉米达 51.8 万亩，创历史种植最高纪录，占总耕地面积的 46.1%，单产为 267 斤，总产量 13 827 万斤，占粮食总产量的 36.52%。1978 年，玉米平均单产超过 300 斤。此后，玉米的种植面积基本稳定在 40 万～50 万亩，单产直线上升。

（2）第一产业种类逐步增加

中华人民共和国成立以后，党领导全国各族人民进行社会主义建设，虽然经历曲折，但是仍在艰难探索。从广大农村来看，这一时期的乡村和城市是有着较大区别的，乡村产业也主要以第一产业为主。社会主义建设注定是一个全新的社会变革，远比新民主主义革命要艰难和复杂得多，加上对农业自身发展的特殊性缺乏足够的思想认知，因此，中国农村发展的困难程度仍然很大。这一阶段我国农村地区经济依旧比较落后，集中体现在农村产业结构的基本特征上，农村产业结构以第一产业为主，而第二、三产业内的工业和商业所占比例极低。

就产业特点来看，第一产业逐步发展的同时，国家开始重视第二产业乃至第三产业的发展，农村面貌得以发展和改善，农民生活水平得到提高。这一时期内，邹平的农林牧副渔等各个产业相应得到发展，农业始终是农村经济发展的重心，经济作物的种植面积虽然较之前有着明显增长，但是与粮食作物的增长幅度相比还相差甚远。

邹平林业资源丰富，林业用地面积占总面积的 29.3%，森林覆盖率达 16.2%。例如，邹平地形复杂，树种繁多，共有木本植物 26 棵。[①]邹平市水产养殖区域主要集中在西北部的码头、台子两个乡镇，这一时期，渔业养殖面积和产量大幅度增长，渔农经济收入也随之增长。

除此之外，邹平县政府对发展棉花生产实行了一系列保护和扶持政策，大力发展当地优势农作物。农业部门和供销社积极引进优良棉种，做好各项物资供应，提倡和鼓励种棉。1958 年，全县棉田面积发展到 31.8 万亩，收购量达 166 000 担，棉花收入占全县农业总收入的 28.46%，奠定了棉花在县国民经济中的重要地位。到了 1959—1961 年，受自然灾害的影响，棉花种植面积及产量大幅度下降。从 1962 年开始，随着国民经济的好转，棉花生产开始恢复，国家对棉花实行预购政策，大大激发了农民种棉积极性，一些非产棉区的农民也开始种植棉花。到 1969 年，全县棉花总产恢复到了 1956 年的水平，但受"以粮为纲"的影响，棉花生产一直处于下降和徘徊状态。

另外，邹平县人民政府积极发展烟草生产，扩大种植面积，引进优良品种。1955 年，长山一带黄烟种植已较普遍，种植面积达 2 108 亩，亩产 190.9 斤，总产 4 024 担。1956 年，黄烟收购改由农产品采购局负责。1957 年，由县供销社棉花经理部负责收购黄烟。1958 年，先后在长山、大由两处设收购站。1959 年，全县种植黄烟 4 831 亩，单产 175 斤，总产 8 454 担。20 世纪 60 年代初国民经济困难时期，黄烟生产受到严重影响。以后，黄烟种植逐年提高，1967 年，已扩展到 8 670 亩，亩产 249 斤，实际交售 21 667 担。后来由于突出粮食生产，黄烟生产管理不善，单产逐年下降。1975 年全县黄烟面积为 5 463 亩，亩产仅为 96 斤，实际交售 5 247 担。此后，地区不再下达黄烟生产计划，县公司也取消黄烟收购业务，县内烟田濒于绝迹，只有零星种植，以供自用。

以柏家村为例，中华人民共和国成立以前，村内开始零星种植棉花，产量极低，以自用为主。柏家村属于非产棉区，没有大片种棉的习惯，种植面积仍然不大。20 世纪 50 年代初期，全村种植面积每年在 20 亩左右。1957 年高级社时期，柏家村发展到 60 亩，单产皮棉 24 斤，总

---

① 张秋娜，宋翠环，孙延兵，等. 邹平县森林植物检疫对象普查报告 [J]. 山东林业科技，2001 (S1)：2.

产 1 440 斤。20 世纪 60 年代，种植面积保持在 40～60 亩。1964 年最多，达 78 亩，但单产一直在 20～30 斤徘徊。20 世纪 70 年代，棉花单产略有提升，1978 年，亩产达 47 斤皮棉。

（3）第二产业在夹缝中孕育生长

从 1957 年至 1978 改革开放之前的 20 年中，全国人口由 5 亿增加到 9 亿人，人口增加意味着粮食需求的增加，尽管单位面积产量和粮食总产量都有了增长，1978 年人均可供口粮与 1957 年基本持平。全国农业人口平均每人全年收入只有 70 多元，有近四分之一的生产队社员收入在 50 元以下，平均每个生产大队的集体积累不到 10 000 元，有的地方甚至不能维持简单再生产。

"在改革初期，邹平是典型地结合了人民公社和农业工业化项目，以粮食生产为主导的经济体制的产物。不仅如此，邹平还受到大跃进运动中错误的国家政策和 20 世纪 60 年代末期政治动乱的一些负面影响。邹平人民虽然贫困，但处于中国政府和国际机构所规定的生存线以上。经济基本以农业为主，只有 6% 的县劳动力在农业以外的行业工作，不到 25% 的总产量来自工业。农村人民公社格外重视粮食产量：1978 年包括农副业在内的超过 80% 的农业总产量来自农作物生产，其中大多数来自小麦和玉米生产。家庭副产品生产增长缓慢，1976 年仅占农村总产量的 4.5%。"[①]

邹平特殊的地理环境和产业特征，其传统的手工业、集体企业、乡镇工业的发展优势，为邹平未来农村第二产业的发展奠定了基础。

首先，邹平传统个体手工业发展较早且基础较好。

据记载，1932 年，邹平个体手工业主要为织布、酿酒、榨油、粉条、蒲包等，全县共 117 家，年产值 15 万余元。《中国实业志》载："鲁省造土布之县，以齐东、邹平等 70 余县为主，其中齐东县年产量在 26 500 匹以上"。20 世纪 30 年代，邹平县有机织合作社和织布厂 7 家，共有工人 194 人，年产棉布 12 600 匹。榨油业 22 家，有工人 105 人，年产值 105 628 元。酿酒业 18 家，共有资本 51 200 元，工人 157 人，年产

---

① 王兆成. 乡土中国的变迁：美国学者在山东邹平的社会研究 [M]. 济南：山东人民出版社，2008：178.

值 10 500 元。酱园业 3 家，资本 2 933 元，工人 24 人，年产值 1 900 元。陶瓷窑 5 家，年产量 75 000 余件，产值 7 500 元。印刷业 2 家，为同新号和元祥号，有工人 7 人，石印机 4 部，铅印机 1 部，年产值 1 340 元。中华人民共和国成立后，人民政府积极帮助私营工业发展生产，全县个体手工业户达到 2 429 家。1953 年，国家开始对私营工业、个体手工业进行社会主义改造，引导个体手工业及私营工业组织起来，走集体合作道路，将一些私营工业迅速改造为国营企业，个体手工业联合组织成集体企业。国家大力强调集体化道路，仍有极少数人从事个体手工业，到"文化大革命"大割"资本主义尾巴"，个体手工业濒于绝迹。

另外，邹平农民自古有农闲搞副业的习惯。

解放前，农村副业多为织布、织带、弹花、轧花、编筐篓、打帘子、编席、打苇箔、狩猎，开油坊、豆腐坊、粉坊，家具器皿维修、打铁、木瓦工，制作梳篦、发网、鞭炮、养蚕、养蜂、养鸡、养鸭、养鹅等。

相关副业的出现与邹平的资源地理环境以及悠久的历史有关。邹平境内西北部的魏桥、台子、码头等乡镇种植柳条，进行粮条间作。南部山区和中部平原多在非耕地种植桑条和紫穗槐。邹平的铁业历史悠久，各乡镇均有，尤以青阳乡为盛。中华人民共和国成立前，县内铁匠炉已有 400 余只，1 350 人，仅青阳乡就有 300 只，900 人。有些铁匠炉工艺颇有名气，青阳乡西窝陀的赵家镰、孙镇小陈村的陈家锄、好生乡姜家庄的钉子、邹平镇见埠村的"沾水"（拴牲畜口中的铁链子）等在当地颇负盛名。明家集乡一带农民多有从事小手工业者，俗称"小炉匠"或"锢漏子"，农闲时几乎村村均有，其中以惠辛庄、东左、西左、段桥等村居多。由于地靠山区，养蜂作为县内的优势产业，以南部山区的三官庙、石家庄、鲁家泉一带蜜源最佳。

其次，邹平的集体企业发展具有一定规模。

1954 年，在对私营手工业的社会主义改造中，全县组织起手工业合作社 45 个，手工业小组 15 个，共有职工 596 人，年产值 24.5 万元，占全县工业总产值的 2.9%。1955 年 12 月，手工业生产合作社发展到 88 个，职工 826 人，产值 63 万元，占全县工业总产值的 4.9%。第二个五年计划期间，县属集体工业在全县国民经济中逐渐发挥重要作用。1963年，县属集体工业经过调整，根据社会需求加强生产，总产值达到107万元。1966年年底，县属集体企业已有纺织、鞋服、皮革、木器、铁业、印刷、五金等29家。

1958年，"大办工业"，土法上马，先后发展起钢铁、化工、煤炭、机械、建材、造纸、食品等工业，全县国营企业猛增至18家。1964年底，全县保留全民所有制企业12家，如邹平发电厂、邹平窑厂、魏桥油棉厂、明集油棉厂、坡庄油棉厂、焦桥油棉厂、邹平粮食加工厂、长山食品厂、魏桥食品厂、黄山食品厂、邹平酒厂、邹平机械厂，总产值870万元，占全县工业总产值994万元的87.5%。

再次，邹平的乡镇（村）工业也有发展。

邹平县内乡镇工业起步较早。1953年，相继建立起好生五金工具厂等7处手工业生产合作社（组），有职工188人，归县供销社生产科管理，为乡镇工业之雏形。

1958年，各公社陆续办起食品、砖瓦、铁木、纺织、印刷、皮革、缝纫等社办工业274处，职工达3 280人，年产值229.6万元。此后，社办企业曾一度转为地方国营。1962年复改为集体所有制。1963年，国民经济好转，为适应生产发展和人民生活需要，城关、临池、长山、西董、焦桥、孙镇、九户、青阳、明集、魏桥、码头等公社，相继建起11处铁业生产合作社，共有职工233人，年产值23万余元。另有队办工业33处，工人330人，年产值16.5万元，产品开始销往邻近各县。1966年开始，社队企业发展呈现徘徊局面。1970年，贯彻全国北方地区农业工作会议"围绕农业办工业，办好工业促农业"的精神，黄山、礼参、韩店、台子、郑马5个公社也建起铁木厂。是年，社队企业发展为76处，从业人员1 740人，年产值53万余元。1976年年初，社办企业进行合并整顿。同年6月，合并企业，恢复前状，归属各公社管理。下半年，各公社又办起砖瓦、采石、磷肥、造纸、铸造等多种企业。

2.3 多元经营

改革开放以后，邹平县实行了家庭联产承包责任制，极大地解放了农业生产力，调动了农民生产积极性，邹平粮棉产量迅速达到一个新水平，经过连年高产稳产，农业和农村经济从此步入了稳步快速发展的轨道。随着社会主义市场经济的发展，邹平的广大农村，产业模式开始向多元化发展。

2.3.1 问题调研

材料一：

（1）说到改革开放促进了城市化的发展，造成了大量农村人口的迁移，古城村有没有进城的？进城后家里的田地怎么办？

答：改革开放初期，农业收益低，农民税费负担重，而城市工作机会多，工资较高，不少农民弃田进城务工，我们村进城的不少，但是并没有出现荒废田地的现象。进城务工人员的土地多会交给有种田经验的亲属进行耕作，而青年人去打工的多，他们对于种地的学习热情确实不高。

（2）20世纪80年代，农村实行以家庭联产承包为主的责任制和统分结合的双层经营体制，古城村是什么时候实行的？有什么变化？

答：1983年，古城大队进一步推行家庭联产承包责任制。取消原来的包产形式和自留地，各生产队把土地按人口平均承包到户。土地所有权归集体、农户经营使用，实现了土地所有权和经营权的分离。农产品也由"统购统销"逐步放开走入市场。国家也积极推进农业和农村的产业结构调整，一方面鼓励发展多种经营，优化种植业结构，以种养业为主的传统农业走向农林牧副渔业全面发展的市场农业；另一方面鼓励农民从事工商业等非农产业活动并发展乡镇企业。农村经济由单一的农业向第一、二、三产业综合发展。八仙过海各显神通，农村中的能人也越来越多。

（3）郭庄村实行承包责任制后，都有承包什么项目？有发展什么作物吗？

答：土地承包，有承包林木、道路、塘坝还有沟、渠道。20世纪80年代，县里提出"要想富，近靠棉花远靠树"，郭庄村也开始多种棉花、多栽树，但是没发展起来。后来村里又组织种果树，苹果、葡萄、桃树，那一阵山上都是果园。但是赚钱不多，没发展起来。

（4）20世纪80年代以来，中国乡镇企业获得迅速发展，古城村附近有乡镇企业吗？给农村、农民带来什么影响？

答：有，乡镇企业能容纳大量农村剩余劳动力，给农民提供工作机会，增加除务农之外的家庭收入，利于改善农民生活。乡镇企业充分利用乡村地区的自然及社会经济资源，促进乡村经济繁荣，改变农村单一的产业结构、改善工业布局、逐步缩小城乡差别和工农差别，对建立新型的城乡关系有重要意义。

（5）您能讲讲古城村村民在20世纪90年代都做什么工作？

答：20世纪90年代古城村各类民营企业蓬勃发展，多种经营异军突起，村民不仅仅种粮了，很多村民纷纷进城务工，办厂子、经商、养殖、从事建筑，各种各样的行业，各种工作的都有。

材料二：

（1）柏家村调研材料

"20世纪80年代初，响应县人民政府的号召，在'要想富，近靠棉花远靠树'的思想影响下，棉花种植面积大增，1982年，全村棉花种植面积460亩，占总耕地面积的近40%。"[①]

"20世纪90年代，曾搞果树粮食间作，在果树小尚未结果前，间作效益明显。1995年以后，田间作物密度加大，农作物间作面积甚少。间作方法：玉米间作大豆，同时播种，同时收获，一般为2行玉米，1行大豆，也有2行玉米1行大豆或2行大豆1行玉米的不等。地瓜间作玉米、高粱，均为春播，垄背种地瓜，垄沟种玉米或高粱，间作比例一般为4∶1或6∶2。"[②]

① 李福林. 柏家村志［M］. 香港：中国文化出版社，2008：237.
② 李福林. 柏家村志［M］. 香港：中国文化出版社，2008：225.

（2）古城村调研材料

"1983年，古城大队进一步推行家庭联产承包责任制。取消原来的包产形式，取消自留地，各生产队把土地按人口平均承包到户，多余土地作为机动地招标承包。土地所有权归集体，由农户独立使用经营，实现了土地所有权和经营权的分离。基本完成了对生产关系的调整和生产管理体制的变革。"①

"1990年代，古城村各类民营企业蓬勃发展，多种经营异军突起，以种粮为主的产业结构被打破。村民对土地的依赖性越来越小，大多数村民纷纷进城务工，或办厂、经商、养殖、建筑及从事其他行业，创收方式和手段更加丰富多样。"②

"进入20世纪80年代后，人们的生活水平不断提高，地瓜在村内种植面积逐年减少。"③

（3）郭庄村调研材料

"2003年，根据上级的统一部署，郭庄村完成了第二轮土地承包，此时郭庄村有农业人口1 277人，承包土地1 254.6亩。还落实了林木、沟渠、道路、塘坝的承包责任制。稳定了农村的生产关系，发展了农村的经济。"④

"1983年，县委提出'要想富，近靠棉花远靠树'的口号，郭庄村这个历史上很少种棉花的地方也开始扩大棉田，种植林木。曾推行过林棉间作、林粮间作。因靠行政手段推行此事，其效果不佳。"⑤

"2000年以后，村里调整种植结构，实行宜粮则粮、宜林则林的种植原则，将村北白泥河以上400多亩土地全部作为林地，划片承包给农户。"⑥

"2000年以后，全村耕地基本上形成了小麦、玉米一年两熟的轮作模式，小麦年播种面积稳定在1 300亩左右，单产1 000斤，年总产130万斤，为中华人民共和国成立初期的15倍。"⑦

① 董好连. 古城志 [M]. 香港：中国文艺出版社，2011：150.
② 董好连. 古城志 [M]. 香港：中国文艺出版社，2011：150.
③ 董好连. 古城志 [M]. 香港：中国文艺出版社，2011：154.
④ 郭庄村志编委会. 郭庄村志 [M]. 香港：中国文化出版社，2013：145.
⑤ 郭庄村志编委会. 郭庄村志 [M]. 香港：中国文化出版社，2013：168.
⑥ 郭庄村志编委会. 郭庄村志 [M]. 香港：中国文化出版社，2013：169.
⑦ 郭庄村志编委会. 郭庄村志 [M]. 香港：中国文化出版社，2013：146.

"20世纪90年代中期，小麦联合收割机，收割、脱粒一次完成，因其割茬低，脱粒干净，每亩仅收费30元左右，深受群众欢迎。村内有农户购置过小麦联合收割机在麦收时作业。2000年以后，各种联合收割机在不断改进，现已集收割、脱粒、储备仓、运输于一机，农民在家门口等卸粮即可。郭庄村走'工业立村、工业兴村、工业富村'之路，绝大多数劳动力在工厂上班，过去购置的联合收割机都已处理，现没有经营农机作业的专业户，农作物收割全为雇用他村的机械来村作业。"①

2.3.2 特征分析

1978年年底，党的十一届三中全会顺利召开，农村实行"大包干"制，摆脱过去"三级所有，队为基础"的人民公社管理体制。引进市场机制，又保留政府对市场活动的有效指导，新的产业政策模式逐步成为推动计划经济向市场经济转变的重要方式。20世纪80年代末，邹平开始全面推行乡村产业政策，进一步推动经济发展。

（1）美国学者对邹平的产业考察

在邹平市孙镇冯家村，两幢外观一致、结构相同的二层小楼引人注目，这是当年一群美国学者曾住过的地方。20世纪70年代，经国家多部门考察遴选，确定邹平县城以及以冯家村为中心的9个村镇，成为首批对美国学者开放的调研地点。

据邹平县外事办的记录，自1985年至2008年的20多年中，美国历史学家、经济学家、社会学家、环保学者和农科学者等500多人次到邹平进行了20余年的连续性、蹲点式社会研究，其中包括不少来自哈佛大学、哥伦比亚大学、卡特中心和美国环保署等有影响的机构。邹平成为美国学者在中国改革开放的时代背景下观察并记录乡土中国政治、经济和社会发展的重要窗口。美国学者的考察范围涉及邹平16个村和69个县直部门，接触调查对象17 500人次。集中考察结束后，1992年至2012年，又有不少美国学者先后到邹平调研。1993年10月，美国匹兹

① 郭庄村志编委会. 郭庄村志［M］. 香港：中国文化出版社，2013：165.

堡大学人类学系博士傅静申请到邹平西董镇北禾村，进行了为期18个月的考察。她吃住都在村里，与北禾村民建立了深厚友谊，被村民们亲切地称为"北禾村的洋村民"。1997年7月25日到28日，美国前总统吉米·卡特及夫人等一行专程到访邹平。在邹平期间，卡特就农村经济发展、水利灌溉、环境保护等问题进行了调研。

美国历史学家艾恺曾在回忆录中写道，1986年，县城的"中心"是东关。东关的东面有几处大的建筑物如轧棉厂，但当时大部分地区是村庄。从1986年到2008年，东部的城市扩展以及城镇的总体绿化一直以几何级数持续发展。魏桥纺织厂的厂房及职工住房、黄山另一侧整个新城镇的建设和黄山公园的竣工完全改变了城镇的面貌。2006年从黄山顶上望县城，已经完全看不到1986年的样子了。

艾恺回忆，1986—2008年的县城绿化计划也在不断地加快速度。县城中建了两个大型的公园：一个在县城的最西边，并且修建了喷泉和水池；另外一个建在了黄山南面的"新城"里。"1999年的考察期间，我居住在黛溪山庄，这个宾馆完全达到了国际标准。2002年，我居住的宾馆里每个房间都有宽带连接，浴室里有从瑞典进口的洗浴设备。我不无惊讶地意识到，在美国住过的宾馆中还从未见过如此便捷的互联网连接和如此豪华的浴室！"[①]

1999年在邹平考察期间，艾恺教授居住在黛溪山庄，艾恺教授完全被邹平镇和一些村的面貌所震惊了，这些村有西王庄、马家庄，而且他们都已完全实现了工业化。从村子步行穿过（首先经过一个家具厂，又经过一个养蜂场），两次听到了湖南话，了解到原来两处企业里都有来自湖南的员工。1991年邹平能有外来务工人员的想法在当时都是荒唐的。而在1999年，这一现象却非常普遍了。在与本地人的交谈中，对话者没有像在1991年时那样彼此都有所顾忌或保留。21世纪初期，一流的饭店在县城已经到处可见，很多高档服装店也出现在县城的街头，而过去那里甚至连一个像样的商店都没有。

乡镇企业在邹平经济的发展中扮演着十分重要的角色。迈克·奥克

---

① 王兆成. 乡土中国的变迁：美国学者在山东邹平的社会研究 [M]. 济南：山东人民出版社，2008：113.

森伯格教授（1938—2001，以下简称"迈克"）曾经到乡镇企业局同相关领导座谈，了解邹平乡镇企业的整体情况和发展规划，此外他还十分关注当地的"龙头企业"。在考察期间，迈克专门前往魏桥棉纺织厂考察企业的管理、人员培训、技术革新、原材料来源和产品销售等诸个环节。魏桥棉纺织厂是邹平的出口创汇大户，曾被山东省政府命名为"明星企业"。当得知魏桥系列棉纱、棉布等产品远销美国、日本、马来西亚、新加坡、韩国和中国香港等20多个国家和地区时，迈克更是赞不绝口。交谈过后，迈克还下到生产车间，实地了解生产情况。

"外向型经济持续发展，邹平利用外资的规模不断扩大。我们曾在宾馆邂逅日资企业的老板和其助手兼翻译。迈克就饶有兴趣地和他们交谈起来。这家日资企业生产的是温室蔬菜，产品主要向韩、日两国出口。在与日资老板的交流中，迈克问及企业的生产状况、产品加工出口以及效益等情况，听取了外资老板在邹平投资的感受，以便了解外资企业在邹平的发展状况。"[①]

（2）第二产业多元化发展

改革开放初期，邹平县工业基础薄弱，几乎没有一家像样的企业。统计资料显示，1978年邹平县的全部工业产值只有4 226万元，利税只有445万元。从全国看，1978年、1980年、1985年和1990年，中国农村经济按照一、二、三产业划分的比例分别为1978年68.6%、26.0%、5.4%，1980年68.9%、25.9%、5.2%，1985年57.1%、35.7%、7.2%以及1990年46.1%、46.3%、7.6%，以农业为主的第一产业在农村所有经济结构中的比例降低了20多个百分点，而以工业和建筑业为主导的第二产业则呈现出迅猛的上升势头，以运输业和商业为主的第三产业也在逐步发展。第一产业的劳动力比例也从之前的92.9%下降到81.6%，这说明越来越多的农民开始从第一产业的农业流动到第二、三产业的生产和经营中。[②]

这一时期，邹平农村的产业发展虽然以农业为主，但是与之相对应

---

① 王兆成. 乡土中国的变迁：美国学者在山东邹平的社会研究 [M]. 济南：山东人民出版社，2008：49-50.

② 国家统计局农村社会经济调查司. 中国农村统计年鉴（1978—2011）[M]. 北京：中国统计出版社，1979—2012.

的第二、三产业逐步得到发展。

1978 年邹平人均产值为 376 元，基本和国家的平均水平 379 元相持平。邹平的工业几乎完全以棉纺织业和食品业为主，几乎处于中国农村地区的平均水平以下。国家范围内的农业人均产量为 81 元，邹平为 73 元。①改革开放之后，由于推行农村承包责任制，调整农业生产结构，稳定粮食生产，大抓经济作物，由于水利、化肥、农业机械等条件的改善，小麦种植面积虽有所减少，但平均单产却有较大突破。1982 年，全县种植小麦 44.2 万亩，平均单产 330 斤，总产 14 592 万斤，占粮食总产量的 43.31%。1985 年，全县小麦种植面积又增加到 57.8 万亩，平均单产达到 502 斤，总产达到 29 044 万斤，占粮食总产量的 51.46%。

改革开放之后，邹平如同全国各地乡村一样经历巨大的产业变迁，邹平乡村经济获得了前所未有的巨大成就，邹平在山东乃至全国县域经济发展中近年来始终稳居前列。2006 年，邹平县城建成区面积达到 45 平方千米，人口 34 万，城市化水平达到 54%。2011 年邹平政府工作报告显示，邹平成为全国县域经济基本竞争力百强县之一，中小城市科学发展百强排名分别跃居第 15 位和第 11 位；城市化水平进一步提高，城市规划总面积拓展到 385 平方千米，长山、韩店、好生、西董纳入县城区规划范围；全年完成地区生产总值 630.2 亿元，增长 16.7%；三次产业结构分别调整为 4.9%、65.8%、29.3%。2012 年 12 月 10 日，第十二届全国县域经济与县域基本竞争力百强县（市）名单在北京揭晓，邹平位列第 13 位，较上一届提升 2 个位次，邹平县连续 9 年入围，继续以强劲势头引领山东省县域经济稳步发展。邹平已经成为全国最大的棉纺织工业基地，位于韩店镇西王村的西王集团是全省最大的农副产品加工基地，位于魏桥镇的魏桥创业集团是世界最大的棉纺织企业，使曾经工业极度落后的邹平，一跃成为山东乃至全国县域经济的领头羊。与 20 世纪 30 年代的邹平乡村相比，今天的邹平乡村已经发生了翻天覆地的巨变。乡镇企业的强势突起积极拓展了农村产业结构的范围，农民不仅可以从事正常的农业耕种和生产，而且也被允许创办私人企业。在这一段

---

① 王兆成. 乡土中国的变迁：美国学者在山东邹平的社会研究 [M]. 济南：山东人民出版社，2008：179.

时间里，农村产业结构发生了极大的变化，开始从单一的农业产业结构向包括农业、工业以及商业在内的多元化产业结构迈进。

改革开放以来，邹平始终把工业作为县域经济发展的主体和第一推动力，强力推进工业化进程，整体上培植起了"三个一批"：一是培植了一批支柱产业。初步形成了纺织印染服装、食品医药、制造冶炼、造纸、化工等五大支柱产业，被命名为"中国棉纺织名城"和"中国糖都"；二是培植了一批大型骨干企业。截至2007年，全县规模以上企业发展到380家，其中利税过千万元的65家，过亿元的12家。拥有全球最大的棉纺织企业——魏桥创业集团和亚洲最大的淀粉糖生产企业——西王集团。三是培育了一批知名品牌。邹平有34种产品获省级以上名牌产品称号，拥有中国名牌3个、驰名商标2个、国家免检产品4个、山东名牌产品20个。魏桥纺织、西王糖业、群星纸业、宏诚家纺和三星油脂5家企业成功上市，累计融资70亿元，上市企业个数、融资总额均居全省第一。2007年，邹平县工业总产值达到1 089.55亿元，利税达到104.87亿元，分别是1978年的2 578.2倍和2 356.66倍。[①]

与此同时，一些非农产业也迅猛发展，乡镇企业异军突起，数量不断增加。1986年，邹平市好生镇八里河村诞生了第一家工厂——蓝天沙发厂，蓝天沙发厂的成立是八里河村经济发展向前迈进的一大步。2004年蓝天沙发厂更新升级为山东蓝天家具有限公司，大力促进产业园建成并投产使用。2012年原先的蓝天沙发厂再次升级，成为蓝天家居，并荣获"中国驰名商标"的称号。

2.4　镇域经济

众所周知，中国到今天已发展成为世界第二经济体，成为世界第一制造业大国。受益于经济的快速增长，农村百姓生活从普遍贫困迈向了全面小康，居民财富形式也从单一的基本生活资料，扩展到如今的银行存款、股票、房产、互联网理财产品等多种多样的形式。其中，人们的

---

① 王兆成. 乡土中国的变迁：美国学者在山东邹平的社会研究［M］. 济南：山东人民出版社，2008：213-216.

生活质量和观念处于不断演变之中，并经历了从无到有、从好奇到接受的过程，乡村的产业发展也从多元经营向特色产业过渡，其中邹平的镇域经济得到新发展。

2.4.1 问题调研

材料一：

（1）现在古城村里种地的多吗？年轻人种地吗？都是什么年龄阶段的人种地？

答：现在村里有不少不种地的，基本上有劳动能力的都打工、上班，年轻人更没有几个种地的，都在公司上班，不少年轻人上完学直接留在了外地，偶尔农忙的时候才会回来帮忙。现在村里种地的都是40岁以上的。

（2）村里有菜园子吗？有大规模种植蔬菜，以种菜为生的吗？

答：有，现在基本都是老人种着菜园，自己种着菜方便省事。我们村没有大规模种菜的，都是自己种了自己吃或者分些给亲戚好友，拿到集市上卖的挺少的。

（3）之前村里都养鸡、养猪等等，现在还有吗？

答：现在也有，但是很少了。现在养殖区单独划了一片地，我们这边算是居民区，顶多养小狗、小猫、小兔子当作宠物。那边养殖小区，有养鸡卖鸡蛋的，养猪的，也有养貂的。之前有一阵养貂很火，现在这几年利润少了，养的也少了。

（4）村里有采摘园、农家乐、休闲观光旅游等的发展吗？

答：我们村还没有发展起来，在别的村有草莓采摘园、葡萄采摘园等等，也有的村通过与艺术结合形成了文化特色村，从而促进了乡村旅游业的发展。

（5）2012年到现在，农业农村发展得怎么样呀？

答：党的十八大以来，政府加大加强惠农富农政策力度，实施乡村振兴战略，促进了农业发展；完善农村土地所有权承包权经营权"三权分置"，引导土地经营权有序流转，发展农业适度规模经营，提高土地产出率、劳动生产率和资源利用率，推动现代农业发展。农业进一步由种养业向农产品加工、休闲观光旅游农业、民间工艺制作和服务业延伸，农业农村发展取得了很大的成就。

材料二：

"望京村2014年小麦亩产量最高达到1 200斤。随着农业科学技术的发展和提高，小麦优良品种在不断地更新换代。"①

2.4.2　特征分析

新时代，村域经济与镇域经济一脉相连，互为支撑。大力发展由村域经济不断辐射的镇域经济或县域经济，是实施统筹城乡方略的重要环节，更是加快农村经济高质量发展推动乡村振兴的战略需要。2018年，中共中央、国务院印发的《乡村振兴战略规划（2018—2022年）》指出"加强规划引导、典型示范，挖掘培养乡土文化本土人才，建设一批特色鲜明、优势突出的农耕文化产业展示区"。②2019年中央一号文件把农业农村发展放在优先布局位置，强调"加快发展农村特色产业""创新发展具有民族和地域特色的乡村手工业""支持建设一批特色农产品优势区"。③这赋予了乡村振兴战略新的内涵，也为农村产业发展指明了方向，还为农村产业结构和经济布局调整、重塑提供了契机。

（1）传统产业不断升级

产业兴旺是乡村经济振兴的前提和基础，是促进农民脱贫增收的关键所在，是乡村振兴的内源性动力支撑。没有产业兴旺的乡村振兴，无异于无源之水，无本之木。产业兴旺必须结合村内实际情况，立足当地资源优势，发展特色产业，促使传统的农村产业进一步升级。农村特色产业是指在乡村振兴战略背景下，最大限度地发挥农村特有的自然资源、人文资源、区位、交通、村民、科技、社会组织等要素的整体优势，形成农村特色的产业发展形态，以推动农村经济高质量发展。

① 赵承宏. 望京村志［M］. 济南：山东省内部资料性出版物准印（2016年滨州第009号），2016：207.
② 新华社. 中共中央 国务院印发《乡村振兴战略规划（2018—2022年）》［N］. 人民日报，2018-09-27（001）.
③ 新华社. 中共中央 国务院关于坚持农业农村优先发展做好"三农"工作的若干意见［EB/OL］.［2019-02-19］. https://www.gov.cn/zhengce/2019-02/19/content_5366917.htm.

从邹平产业的历史发展脉络来看，当前正是农村特色产业发展的大好时机，这对于加快转变农村经济发展方式，优化农村经济结构，提升农村经济发展质量，增加农民收入，夯实乡村振兴的物质基础，都有很大的促进作用。

作为改革开放时期的交流门户之一，邹平有着良好的外商基础，2019年，邹平货物进出口总额241.9亿元，比上年下降4.5%。其中，出口57.3亿元，下降11.3%；进口184.6亿元，下降2.2%。作为邹平发展根基的农业已经成为当地的特色产业，无公害农产品、绿色食品、有机农产品和农产品地理标志获证产品66个。[①]

当前，邹平各村特色产业发展呈现出欣欣向荣的景象，农民收入持续增长，农村民生全面改善，农民获得感显著提升，脱贫攻坚取得决定性进展，这为进一步实施乡村振兴战略奠定了良好的物质基础。

经滨州市统计局统一核算，2019年邹平全年实现地区生产总值554.26亿元，按可比价格计算，比上年增长1.5%。其中，第一产业增加值30.5亿元，比上年增长0.8%；第二产业增加值291.26亿元，比上年下降2.0%；第三产业增加值232.5亿元，比上年增长7.7%。三次产业结构由上年的5.8∶55.6∶38.6调整为5.5∶52.6∶41.9。人均地区生产总值68 775元，比上年增长1.8%，按年均汇率折算为9 970美元。高新技术产业产值占规模以上工业的比例为20.34%，比上年提高1.03个百分点。农业生产保持平稳。2019年，农林牧渔业增加值34.1亿元，比上年增长1.0%。粮食总产量68.7万吨。全年造林面积976公顷，年末森林面积23 186公顷。全年肉类总产量61 078吨，比上年增长4.9%；禽蛋产量48 117吨，比上年增长3.0%；牛奶总产量18 094吨，比上年增长3.2%；水产品总产量3 750吨，比上年增长1.0%。

（2）生态农业出现

邹平自然资源、旅游资源丰富，南枕长白山，北濒黄河，山清水秀，地域广阔。南部长白山，因山巅常有白云缭绕而名，山势峻拔，重峦叠嶂，绵延数十公里。县域地势南高北低，西高东低，作为中国"百

---

① 摘自邹平市人民政府网站（http://www.zouping.gov.cn）.

强县"之一，邹平全县下辖13个镇、3个街道办事处、858个行政村，其中的魏桥、韩店、长山、明集通过发展工业、现代农业取得了较快的发展，相比之下，台子、码头、临池、孙镇、九户等仍然以传统农业耕作和外出打工为主，以生态农业为主的经济发展空间仍然很大。

以邹平临池镇为例，在大力发展以小麦、玉米为主的粮食作物之外，近几年，围绕地方农业发展的自然条件，一些名优特新农产品不断出现并在市场立足，名优特新农产品有瑞鑫肉鸭、山连山蜜蜂、於陵湖网箱鱼，绿色环保农产品有金淦源食用菌、黄埠泉鑫砂梨、西黄脆皮核桃、白云山红芽香椿。

邹平是山东省第一批全国农业标准化示范县，第一批棉花标准化示范区和全省畜牧业生产基地，小麦和棉花跨入全国优质小麦基地县和优质棉百强县行列。邹平被评为"全国粮食生产先进县"。邹平培植壮大了奶牛、肉牛、肉鸡、肉鸭、蛋鸡、生猪6条畜牧产业链；突出特色和优势，加快发展蔬菜、山药、杂果等优质高效农业，成为中国山药之乡、中国甜椒之乡、中国香椿之乡；实施"龙头带动"战略，全县规模龙头企业达到32家，其中省级重点龙头企业7家，被评为全省农业产业化工作先进县。

（3）旅游产业高速发展

近几年随着旅游业的发展，邹平独具特色的自然、人文景观和土特产得到很好的开发利用，形成鲁中一带颇具影响力的旅游胜地。境内现拥有"鲁中生态明珠"鹤伴山国家森林公园，有"齐鲁小灵岩"之称的佛教寺院唐李庵，有雕窝峪、丁公遗址、范仲淹读书洞等旅游景点80余处。[①]针对丰富的沿黄旅游资源，邹平在几次规划中都作了详细的阐述论证。2014年《邹平县乡村旅游发展总体规划》中提出了规划建设创意农业乡村旅游组团，主要包括建设黄河文化公园、十里荷塘度假区、黄河自驾车营地、黄河三角洲高效农业示范园等。

2017年《邹平县台子码头沿黄旅游风光带总体规划》提出将台子镇、码头镇沿黄旅游带作为一个整体，以全域旅游的概念整合沿线黄

---

① 王兆成. 乡土中国的变迁：美国学者在山东邹平的社会研究 [M]. 济南：山东人民出版社，2008：213-216.

河风光、地域文化、农业产业、乡村田园等资源，构建产品体系。连通两镇沿黄慢行道路、形成完整的"慢游"体系。2019年编制完成的《码头镇乡村旅游集群片区规划》将码头形象定位为"黄河码头、梦幻水乡"，计划以沿黄文化为主题，以乡村休闲、体验为重点，以特色项目为突破，以体育赛事为品牌，打造集沿黄文化体验、水体娱乐、精品采摘、文化娱乐、康体健身于一体的精品黄河乡村旅游集群片区。

邹平黄河文化景区的建设与发展，有效地保护了黄河水资源、黄河沿岸森林和野生动植物资源，对维护并改善邹平黄河的生态环境具有重要意义。随着景区旅游功能的进一步拓展，让政府和更多的市民认识到生态旅游资源的重要价值，进而更加支持邹平黄河文化景区的建设与发展。黄河旅游产业开发的基础是黄河工程面貌的改善，这为维护黄河健康生命起到了有力的推动作用。[1]为促进乡村旅游业的发展，码头镇努力整治镇村环境，大力发展乡村旅游，建设了码头镇省级旅游强乡镇、邵家村中国乡村旅游示范村、邵家村和前安村、炭刘村省级旅游特色村等乡村旅游示范点。通过举办各类节庆活动，码头镇利用"生态码头特色农业"微信平台以及各类媒体进行宣传报道；改变传统经营模式，引进电商销售平台进行旅游产品销售；通过开展乡村旅游工作，整合"百年枣园"等旅游示范点、"十里河塘"等优秀旅游资源，打造黄河生态观光游憩区；结合本地自然人文风貌，加入水文化元素，彰显黄河流域特色，规划好"码头一日游"旅游线路，连点成线、连线成片；立足邹平，开拓济南、淄博、滨州等周边市场。

邹平樱花山风景区占地3 600亩，由荒山荒滩改造而成。樱花山风景区尤以万株樱树十里花谷令人惊艳，每年的三月到五月，早樱、晚樱次第盛开，"山水相间、樱花漫山"的独特景观吸引了无数游人，受到众多摄影家的青睐。樱花山不断完善旅游服务配套设施，增加游客吃、住、娱乐等休闲项目，拉长游客游玩时间，开发樱花特色旅游商品，建立山东旅游生态教育基地，进一步做大做强樱花品牌，最终打造成集观

---

① 汤勇生. 美丽河湖系列丛书 中国山水 2020 黄河专辑［M］. 北京：中国社会出版社，2021：86-87.

光度假、休闲娱乐、生态养生于一体的旅游胜地。

另外，邹平醴泉范公文化旅游产业园作为文化旅游产业的发展重点，目前已拥有山中森林、坡地近1万亩，其中包括旅游区的核心景点有醴泉寺、范公祠、范公碑林、薰衣草庄园、情人谷、范公读书洞、醴泉、雕窝峪景区等，具有优越的自然环境和独一无二的人文景观。

当前，中国特色社会主义进入新时代，中国正行走在从"富起来"到"强起来"的路上，行走在从"高速度"到"高质量"发展的路上。如何通过转化和催生产业结构，更好地服务社会整体经济的发展，如何支持新经济、新产业和新技术的发展，将成为今后乡村建设的重中之重。

第3章　市场变迁

　　农村市场是农村社会经济交易的公共空间，也是衡量中国农业商品化程度和农业经济变动的重要指标。随着农村商品经济的发展，农民的消费水平不断提高，农村市场越来越受重视。邹平坚持用市场激发农村发展的内生动力，不断确立农民的市场主体地位，不断改善农村市场经营环境，从中积累了丰富的经验。邹平农村市场的变迁状况，既是农民消费状况的反映，又是农村经济发展的体现。

3.1　巷头货郎

　　旧中国，农村有80%～90%的人口是以农业生产为主的劳动者，他们主要靠耕种土地来谋生，简单讲靠天吃饭并不为过。农民最怕的是水、旱灾害，一旦粮食无收，若没有什么外来救济，多数人家只能是外出逃荒谋生。作为满足人们基本生存需要的粮食在那时实际上并不能成为商品，因而，以粮食为主的市场实际上并不存在。但是，中国的农村并不是所有人都是依靠农业为生，在当时技术不发达、经济又很落后的情况下，一些与农村生活息息相关的商业活动应运而生，从而在一定程度上解决了农民的生存问题。

3.1.1 问题调研

材料一：

（1）中华人民共和国成立前柏家村农民都是怎样销售农产品或手工业产品的？那时的农村市场是什么样的？

答：那时的农民肩挑背扛、走街串巷、提篮叫卖。中华人民共和国成立前，由于农民温饱成问题，农村市场并没有出现繁荣景象。我们柏家村从事手工业生产的人不少，有粉坊、豆腐坊、棉丝织坊，另有木匠、瓦匠等手工业者。

（2）您能详细说说柏家村的铁匠吗？是自古以来就有吗？之后发展得怎么样？

答：柏家村的铁匠在明清时期就有。我们这里靠章丘较近，章丘最出名的是章丘大葱和章丘铁锅。受章丘铁匠生意的影响，柏家村里打铁谋生的人也很多。后来，有许多人闯关东，上外地闯荡，不少人发展得不错。

（3）柏家村有窑场吗？是什么时候建造的？在中华人民共和国成立前发展得怎么样？

答：柏家村生产砖瓦有上百年历史。中华人民共和国成立前，村西一个窑场、村北一个窑场，两处窑场各有土窑一座，出产青砖、筒瓦、瓦当。在中华人民共和国成立以前，社会不安稳，两处窑场有时生产有时停产，而且只春秋生产，在村内烧窑的村民，多数只是维持生计罢了。

（4）赶集是自古以来有的吗？

答：农村自古以来有赶集的习俗，古代的集就是原始贸易市场。在没有战争的时候，不是很贫穷的农村是有集市的。中华人民共和国成立后，国家统购统销，用粮票领粮油，农村供销社"一家独大"。到了20世纪80年代初期，农村集市基本就被允许放开了。

材料二：

（1）柏家村调研材料

"柏家村个体手工业发展很早，从事手工业生产的人很多。中华人民共和国成立前，村内有铁匠、木匠、泥瓦匠，豆腐坊、粉坊、砖瓦窑及棉织、丝织等手工业作坊。以铁匠为最多，砖瓦窑生产历史悠久，棉丝织最为普遍。"①

"柏家村紧邻章丘市，受章丘人多从事铁匠生意的影响，旧社会外出打铁谋生的人很多。从明、清时候起，就有肩挑车推炉具，走村串乡以打铁为生。"②

"柏家村生产砖瓦有上百年历史。中华人民共和国成立前，有村西、村北两处窑场。"③

"中华人民共和国成立前，两处窑场各有土窑一座，产品主要有大青砖、二青砖、筒瓦及其配套瓦当（钩檐、滴水、猫头、脊瓦）等。在中华人民共和国成立以前的近百年历史中，外敌入侵，军阀混战，社会动荡，民不聊生，两处窑场时干时停，而且只是春秋两季生产，经济效益很低。"④

"明、清时期，柏家村的农家女七八岁就开始学习纺纱，十四五岁就学会织布。一到秋后，家家机杼声响，户户通宵达旦。"⑤

"中华人民共和国成立前柏家村的手工作坊大都规模小，手工作业成本高，效益低，利润微薄，经不起市场的波动和动荡社会的风吹雨打。至中华人民共和国成立时，不论是在外打铁的，还是开办工厂的，还是在村内烧窑的，多数处于维持生计状态，经营惨淡。"⑥

"柏家村地处卧牛山南坡，土地瘠薄，人多地少，靠几亩山坡地养不活全村人，村民们很早就冲破了农耕思想的束缚，把眼睛盯向工商业，学买卖、要手艺，挣钱养家糊口。"⑦

"据传，柏氏八世祖柏三万、柏三千兄弟俩打铁有了些积蓄后，便

① 李福林. 柏家村志 [M]. 香港：中国文化出版社，2008：271.
② 李福林. 柏家村志 [M]. 香港：中国文化出版社，2008：271.
③ 李福林. 柏家村志 [M]. 香港：中国文化出版社，2008：275.
④ 李福林. 柏家村志 [M]. 香港：中国文化出版社，2008：275-276.
⑤ 李福林. 柏家村志 [M]. 香港：中国文化出版社，2008：278.
⑥ 李福林. 柏家村志 [M]. 香港：中国文化出版社，2008：279.
⑦ 李福林. 柏家村志 [M]. 香港：中国文化出版社，2008：305.

买了骡马，置器具，开始做起长途贩运的生意。"①

"柏家村人多地少，历史上就是一个靠劳务输出过日子的村庄。据不完全统计，自民国初年至今，因劳务输出落户异地他乡的就有300多人。他们去的地方有黑龙江、沈阳、河北、天津、山西及本省各地。"②

（2）古城村调研材料

"古城村历史上就有豆腐坊、粉坊、铁匠铺、砖瓦窑、织布等家庭手工作坊。晚清以来，随着周村作为鲁中商埠重镇的逐渐形成，古城村近水楼台，手工业进一步得到发展。尤其随着丝绸业的日益鼎盛，古城村有很多家庭开起了机坊，也有的家庭干起了络丝，为周村及本村的丝织厂专门络丝。另外如专门加工、维修锡壶的锡坊，以制作八仙桌、罗汉床、条几为主的木业坊，酿制烧酒的酒坊等，由于这些作坊多为来料加工，家庭成员干，不成规模，收入虽然比一般家庭要高，但也只能解决温饱。"③

（3）郭庄村调研材料

"郭庄村自古就有养猪、羊、鸡、鸭、鹅的习惯。猪、羊一般为圈养，鸡、鸭、鹅一般为散养，每户养的数量都很少，猪、羊户均1~2头，鸡、鸭、鹅多为3~5只。村民饲养畜禽一是攒粪，二是挣几个零花钱，以供家庭日常开支。受经济和客观条件的限制，多少年来家庭畜禽养殖业几乎停留在分散养殖和自繁自育的自然发展水平上。"④

"明清时期，郭庄村家庭中就有手工纺织。村内农家女八九岁就开始学习纺纱，十六七岁就能上机织布。纺纱多用捻线穗或手摇纺车，纺一斤棉花，约用六七天时间。"⑤

"郭庄村到周村丝织和织带工厂做工的人也越来越多。这些进工厂做工的工人，也成了郭庄村最早的产业工人。1937年抗日战争爆发后，周村的工商业受战争影响，一蹶不振，从此，郭庄村外出打工的人也就

① 李福林. 柏家村志［M］. 香港：中国文化出版社，2008：306.
② 李福林. 柏家村志［M］. 香港：中国文化出版社，2008：309-310.
③ 董好连. 古城志［M］. 香港：中国文艺出版社，2011：164.
④ 郭庄村志编委会. 郭庄村志［M］. 香港：中国文化出版社，2013：172.
⑤ 郭庄村志编委会. 郭庄村志［M］. 香港：中国文化出版社，2013：176.

少了。"①

3.1.2　特征分析

过去，在农村集市上，经营着一些小百货店、小杂货店、小布店、小烟酒店，还有屠宰坊、印染坊、酒糟坊、豆腐坊等等，另外还有粮行、牛行的小商贩等，这些行业对活跃农村市场、方便村民的物资互换都起到了很好的作用。除此之外，一部分长期在农村乡下挑着担子叫卖的货郎担、卖油郎、卖小菜、卖豆腐和油条饼子这一些熟食之类的行业也屡见不鲜，他们以此作为农闲时刻的自由职业满足自我的需要，同时农忙时节也要承担少量土地耕种的职责。

（1）传统生活催生了巷头货郎商品的存在

邹平特殊的地理位置在农村市场孕育方面具有得天独厚的优势，这与传统的乡村市场习惯和观念具有一定的联系。受周村商业发达的影响，邹平商业的发展还是在一定程度上得到促进，人们的市场意识和商品意识并不缺乏，但推向市场的一般限于农业主要产品，主要有小麦、玉米、棉花、花生等等。比较而言，到新民主主义革命早期，邹平农村商品交易市场开始孕育并逐渐发展起来，村民们进行商品交换的渠道主要以小货郎和小商贩为主的私商方式居多，这些小货郎大多是附近村庄的农民或手工业者，在农闲休息之余，他们会携带自己生产的农副产品或小工艺品以及生活用品，在空旷的村落旁和街道两旁沿街叫卖，或者逐一摆放，任人采购。因此，以小货郎为主的市场交易方式无论在数量上还是规模上都具有一定的局限性。

这一时期，简单的农村市场呈现单一化特点。农村的商品市场的主体仍是小货郎、小商贩，由这些市场主体组成的自由的、自发的、无组织的市场属于最初级的市场，交易方式也以交换为基础，一方面是为了基本的生存谋生，另一方面是为了满足生活日用品的需求。这一时期的商品市场数量很少，规模十分有限，货郎和商贩们没有固定的经营摊位和配套设施，仅仅是一个临时的商品交易场所。由于农村交通不便，使

---

① 郭庄村志编委会. 郭庄村志［M］. 香港：中国文化出版社，2013：176.

得这一时期的农村市场的基础设施条件较差。由于乡村尤其是偏远的乡村大多是典型的小农经济和家庭手工业相结合的生产方式，大多生产规模有限，生产能力有限，因此，农民们首先要生产满足自己生活所需要的生活资料，达到自给自足，因为消费能力有限，不到万不得已不会求助于这些市场。总体看，农村富裕的地主与贫穷的自耕农的市场购买力都十分有限，他们对于市场的需求仅限于少量农产品以及日用品的购买。商品结构在数量上和种类上都十分有限，主要是一些多余的农副产品、手工业品和少量的生活用品，农副产品以种植业为主，主要售卖粮食作物和经济作物，如小麦、玉米、棉花、花生等，而一些畜牧和渔业方面的商品几乎是难见踪迹。手工业品以家庭手工业作坊为主要产出地，其工艺简单，易于制作。由于交易种类少、交易量小，因此交易双方一般采用直接交换的方式进行买卖。这种方式属于一种互通有无的交换，其交易量往往较小。这反映出此时期邹平仍然作为一个传统的农业区，工业发展缓慢、商品短缺。

另外，由于西方资本主义国家对中国的商品倾销和原料收购，以及城市现代工业的发展滞缓，进一步打破了农村自给自足的自然经济基础，农民为了满足自己的基本生活用品，不得不被动地卷入到市场交换之中，使得部分西方进口商品得以进入农村，而进口货物主要是日用消费品，其中大部分洋货直接运往农村，这些国外商品输入到乡村之后，一方面打击了农村家庭手工业，另一方面迫使农民出售自己的农产品，通过增加货币收入以购买自己所需要的生活日用商品。这种促使中国农民生活逐渐依赖市场的现实状况，实际上并没有主动地促进当地农村农业生产的商品化和市场化。

（2）以集市为主的市场交易，规模小且简陋

在邹平农村，人们看到的大多是以集市为主的商品交换场景，这是村民们比较熟悉而且比较喜欢的商品交易方式，即传统意义上的赶集，又称农村大集。农村是由村民传统聚集生活的单一村庄单位，在特定的地理约束下各自具有不同的生活需求，再加上由于各地农村产品的种类差异，于是就形成了集市。设立和维持一个集市并非随意，有物质利益和传统习惯的各种力量的妥协所在，按照集市既不要太远又不要太近的

原则，便于人们实现交换，实现相互间利益最大化。就距离而言，半径五里路大多是集市存在的前提。在此范围内，自给自足的自然经济恰巧能够容纳商品经济行为的存在，并且为农村的远近乡邻所接受。

邹平以五日一市为主，附近各个村庄集市的日期是各不相同的，大体而言，五里内不许有相同的集市，一般都遵循相邻集市的日期相互错开的原则。因为传统市集交易呈现出定期性的特点，所以集市的数量并不多，但布局相对合理，能适应农村低层次商品经济发展的需求。

邹平大集是在小农经济发展下自然形成的，清朝初期邹平城外就有了街市。据康熙年间《邹平县志·街市》记载，在康熙年间，邹平县城的东关、西关、北关、南关均已成集。集市的地点就在离城门不远的地方，每个集市每月均有六个集期，一月至少有二十四次集，为当时民众的物资交易提供了极大的便利。此时集市作为农民调剂余缺的交换场所，与自给自足的小农经济发展水平相适应，多以农产品交易为主，商品结构单一。人们多为买而卖，交易时间较短，集市日中而散。

集市具体交易的商品种类有日常食物、生活日用品、服装用品、学习文具、农业工具、娱乐品等，其中粮食和牲口是交易的大项。"城关居民约五千户，近两万人，商号五十六家，东关每逢五日一集，集场交易货物，多为牲畜粮食之类。每集交易额约在一万元以上，较各商号活动甚多。"[①]各种小商小贩自由地携货入市，照着约定俗成的标准讨价还价，进行相关交易活动，以满足不同人的消费需要。

此外，庙会是这一时期农村市场的一大特色，虽然庙会数量远低于市集，但其交易规模却远大于市集。明清时期，邹平城的庙会颇为兴盛，黄山庙会借助宗教信仰的力量聚而起集，于农历四月初八举行，此时正逢集期，摊位众多，五天一次的临时大集有时候和街道上的固定商铺相连接，往往成为农村集市具有一定规模的繁荣景象。

进入20世纪，受周村开埠及铁路交通的影响，邹平的农村商品经济有了一定程度的发展，传统自给自足式的农家生活方式悄然发生变化，不少人开始脱离以土地为生的种地行业，转而投身于市场销售等相

---

① 章有义. 中国近代农业史资料：第三辑（1927—1937）[M]. 北京：生活·读书·新知三联书店，1957：285.

关职业，人们与市场的联系逐渐增多。人们生产的多余的粮食、棉花、蚕丝、油料等农产品依赖市场销售，部分生活日用品也转从市场购买，邹平特殊的地理因素决定了邹平的农村集市在很大程度上与一般的农村集市不同。特别是胶济铁路建成之后，邹平就成了水陆交通的要冲之地，这直接影响到邹平与外界沟通的便利程度，并直接带动当地物产的商品化发展程度，因此，集市的交易量与规模较前期都有了较大发展。由于社会经济的发展，邹平大集逐渐呈现出新面貌，集市的繁荣促使众多流动摊位发展为商铺，有熟食店、酱菜店、杂货店、自行车铺等，松散的集市仍以自产自销的农产品交易为主导，手工制品相对较少。

市场是一个区域社会、经济、文化交流的纽带，是经济生活的一个重要环节，从市场贸易可以看出一个地区经济发展的水平以及社会风貌。在邹平农村，市场的基本功能仍然是调剂余缺，满足小生产者维持简单再生产和正常生活的需要，不过由于市场体系的发展，人们的这一基本需求得到了更好的满足，同时集市的其他功能也得到了进一步发展。由于地域的不同，邹平的市场产生实际上依靠的是当地自然资源的差异而催生出各种类型的市场。总体看，这种市场的规模仍然较小，功能也并不齐全，基本上都是围绕着农村农民的基本生存和生活必需品而存在。有些地方的市场相对发达，有些地方的市场相对落后，但大致都处于简单、粗糙的初级市场阶段。

（3）梁漱溟乡村改革对乡村新型市场的探索

20世纪30年代，梁漱溟先生在邹平进行了农村改革实验，在梁漱溟看来，中国是一个农业大国，农村人口占全国人口的绝大多数，农业、农村和农民问题是社会发展最重要和最困难的问题之一，要谋求民族的复兴，就必须先从乡村变革入手。让梁漱溟最终将乡村改造确定为民族自救之路的是在北伐战争期间，中国共产党领导农民在南方的革命运动使他深感震撼，受农民运动的启发，梁漱溟将乡村改造确定为民族自救的唯一途径。

1931年，在梁漱溟带领之下的山东乡村建设研究院农场种植了一种从美国引进的优质"脱丽斯"棉花，并且在小范围内挑选农户试种，一亩棉花地搞对比种植，一半种原来的棉花，一半种"脱丽斯"棉花，同样施肥同样加工同样管理，"脱丽斯"棉花苗壮，桃子大。1932年，邹平第一家美棉运销合作社成立，所有的农民都可以加入合作社，他们可以从合作社贷款，或者借贷"脱丽斯"棉种，生产出来的棉花，由合作社统一收购，集中轧花、打包，共同销售。数量多质量好的棉花脱颖而出，邹平合作社对棉价有了定价权，合作社收入增加。邹平美棉运销合作社实行了统一供应良种，统一技术指导，统一收购加工，统一销售的办法，把棉农组织起来，改变了他们的弱势地位，增加了他们的收入。到了1936年，邹平已经有了156个美棉运销合作社。

合作社发挥着一定的市场沟通和桥梁作用，棉农在播种前两个月将所需量报告合作社，由总社统一发给。收棉时依照总社的选种办法进行选种，所产棉籽，作价留社，以便推广。合作社社员种棉有困难，如买种和购肥料，合作社可提供贷款或贷棉籽。每次贷款，于秋后收棉时还款。用贷款扶持农民种植美棉，起了很大的作用。到棉花收购季节，联合会划片设立收购点，将收棉日期通知各分社，并派员分赴各乡指导办理收花事宜。开始轧花一般由各村社承担，后来，由于合作事业的发展，联合会公益金越来越多，1934年公益金可达到几千元，1935年甚至增加到3万元，可以购置一部大型机动轧花机和一部25马力的柴油机。建了轧花厂之后，指定各村社送交籽棉，集中轧花。但由于当时技术人员缺乏，而人工低廉，机器与人工相比，收效不大，因此，后来仍让各村轧花，送交皮棉，由联合会统一打包。联合会制定了《村社办理收花过秤须知》《村社办理轧花须知》等条例，分发到各村社，以确保棉花质量。

由于棉种易退化，一般社员多不知做选种工作。合作社为防止此种弊端，促进共同销售，每年年终组织人员调查，并检验各社棉种数蚕饲养合作量和等级。凡认为合格者，即通知棉农限期将棉种运交特定的棉种仓库。其余杂乱者，列为劣等棉种。棉种送到之后，按照标准验定，当场作价，付给棉农现款。梁邹美棉在当时美名四扬，省内外前去参观者和购买者络绎不绝。需棉种者大部分在当年2月份来信或来人索购，像江苏等省，有的一要就是几百斤。由于供不应求，合作社往往限量供应以满足不同需求，对于外地的用户，合作社还专门组织人员负责办理邮购棉种。

1934年春，因美棉推广已普及邹平全县，纯种不够分配，合作社又在孟家坊村西租民地135亩，专为用以繁殖美棉种子。孙镇为梁邹美棉集散地，过去每到收棉季节，周围百里农民纷纷用大车拉着棉花来卖。周村、张店、济南、青岛等地设站收购。美棉合作社成立后，改变过去棉农自己售棉的办法，由各村社统一收购、轧花，送到总社，由总社根据合同售给棉商。为了宣传种植美棉并指导合作社的工作，发展合作事业，美棉合作社联合会还办了不定期刊物《社讯》，印数千册，分发给各村社和外来参观人员，以便及时报告美棉合作社的情况。

为提高市场的便利程度，山东乡村建设研究院还成立了购买合作社。购买合作社于1936年10月12日成立于第六乡学，主要购买本乡各社员生产及生活必需品，购买采取订货制，社员收到货半月内将货款付清。购买合作社设理事5人，监事3人，各推1人为理事会、监事会主席。购买合作社由各合作社组成联合社。该乡加入购买合作社的有棉业运销、信用、信用庄仓三种共9个合作社，社员共279人。入社以每个合作社为一股，共收股金45元。入社后，联合社先将订单发往各社，统计上报后，联合社根据所需购货款向金融流通处借款，限期3个月，待货购到，按数量分配各社。

需要指出的是，虽然梁漱溟在1923年提出要"以农立国"，并举办了一批农民合作社，但是"农业立国"对梁漱溟来说只是权宜之计。他认为中国社会是千万村落的组合，农村是中国的根基，农民是人口的主体，村落是社会的基础。在梁漱溟看来，中国社会的"村落"特点，强烈影响着中国的发展。因为是"村落社会"，所以不适合走"资本"的道路。因此，他以中国属"村落社会"性质为理由，反对"商品"发展，质疑"市场"的存在。但是，其乡村改革和乡村实验的部分举措，却在客观上促进了邹平市场的发展。

3.2 国营商店

中华人民共和国成立之初，党和政府对于农村市场贸易没有过多的干预，就中国农村而言更多的是按照传统方式来管理市场。随着计划经济的实施，中国农村的市场并没有得到相应的发展，与此同时，为适应当时经济发展的需要，社会一度出现了通过粮票和布票的方式供应商品的窘境。

3.2.1 问题调研

1949年之前，经济发展长期滞后，加上过去长期战争的创伤，各地道路不畅，商品流通渠道阻塞，严重制约着工农业的恢复和发展。中华人民共和国成立后，国家实行计划经济体制，对于市场和贸易的发展产生了重要影响。

材料一：

（1）20世纪50年代柏家村有农贸市场吗？

答：20世纪50年代前期有农贸市场。那时村里还有不少小私营生产者，比如个体豆腐坊、木匠铺、铁匠铺等，这些都要通过市场进行流通买卖。集市上卖的基本上是农民自产自销的一些农副产品，如蔬菜、水果、土筐、炕席、家禽、家畜等等，物资确实不太丰富，市场不太活跃，但也解决了一些实际需求。

（2）柏家村什么时候有的供销社？中华人民共和国成立后到改革开放前，都是用"票子"领物资吗？

答：1954年，在柏家北大街西头建立了供销社。供销社里食品、百货、布匹、服装、鞋帽等等都有，有些商品还得凭票证供应。因为中华人民共和国刚成立的时候，国家物资很短缺，粮食供应非常紧张，所以国家对农村余粮户实行粮食的计划收购，对城市人口和农村缺粮户实行粮食定量配售。之后，棉、麻、油料、生猪都由供销社收购站统购统销，全凭国家印发的票证按人口定量供应粮食、布匹、食油、猪肉这些生活资料，不让个人自由买卖。

（3）20世纪60年代、70年代，农贸市场还起着作用吗？

答：到了农业社时代，特别是20世纪60年代、70年代，农民进行生产队集体劳动，没有了自由，并且农民缺粮少钱，多依托生产队自给自足，农贸市场作用并不大。所以，除了春节前的"大年集"，一般的农贸市场都很冷清。为了防止"私心泛滥"，各村常有民兵在市场口围追堵截赶集的小贩和私卖制品的社员，搞得人心惶惶，农村市场没有发展。

（4）中华人民共和国成立后古城村手工作坊有发展吗？

答：中华人民共和国成立后，古城村手工作坊有所发展。之后实行合作化，个人手工作坊不开了。后来，个人磨坊、豆腐坊、馒头坊、修车铺、理发铺、铁匠铺慢慢又开起来了。不少人家从手工小作坊开始起步，之后开了小厂子当老板，发展得还不错。

材料二：

（1）柏家村调研材料

"中华人民共和国成立后，国家三年经济恢复时期，两窑场得以正常生产。1951年、1952年各增建土窑一只，共四只窑生产，产量翻番，年产量达20万元以上。西窑场新上挂瓦制作设备一套，增加了挂瓦、脊瓦等新产品，经济效益大增。所占用劳动力也更多，对中华人民共和国成立初期村内经济的恢复，发挥了很大的作用。20世纪60—70年代，生产大队还在继续使用西窑烧砖，先后将西窑改为以啼窑、转窑，制砖、和泥也使用机器，产量大增。"[1]

"1952年以后，国家根据'积极领导、稳步前进'的方针，开始对私有商业和手工业进行社会主义改造。柏家村人在城市开办的商号、店铺都加入了国营或公私合营商业，人员成了国营或公私合营的商业职工。在村里，一切商业活动基本上都归了供销社。1954年，临池供销社在柏家北大街西头路南（现柏建申宅院处）设有门市部，从百货、布匹、服装、鞋帽到生资、五金、交电、土杂、食品都由供销社独家经营，有些商品还得有计划凭票证供应。计划经济时期，农副产品也由供

---

① 李福林. 柏家村志 [M]. 香港：中国文化出版社，2008：277.

销社收购站统一收购，不允许个人自由买卖。村内商业在很长一个时期内是供销社的一统天下。"①

"中华人民共和国成立后的20世纪50—60年代。国家强调农村以农业为主，并且实行了严格的户籍制度，村内的劳动力相对稳定下来，搞劳务输出的甚少。"②

（2）古城村调研材料

"1956年，古城村成立高级农业社后，在村东老城墙东北角，建起了一座小型窑厂，该厂以烧蓝砖为主，也兼带烧制脊瓦，所用砖坯、瓦坯皆为手工制作，经济效益低下。直到20年后的1976年，才购买了切砖机，改筒窑为转窑，产品也由蓝砖变为红砖。1973年，大队成立了木工组，为济南、淄博的一些无线电厂加工收音机盒。1974年之后，先后办起了翻砂厂、烘炉、车床加工车间，成立了建筑队。下属生产队有的买了12马力拖拉机搞运输，有的则开起了电磨坊、挂面坊等，但多为加工行业，效益一般。"③

"古城村个体私营业自1956年成立高级农业社，特别是1958年成立人民公社后，就彻底绝迹，直到20世纪80年代中期，才逐渐发展起来。"④

"中华人民共和国成立后，手工作坊一度恢复，但随着合作化的实行，个人手工作坊陆续停产。"⑤

（3）郭庄村调研材料

"中华人民共和国成立初期，社会安定，郭庄村民又开始沿袭旧时的经商习惯，肩挑车推做起了小买卖。"⑥

"中华人民共和国成立以后，在外闯荡的郭庄人大都回到了家乡，在自己的土地上辛勤耕耘，以农为主，农闲时节也靠自己的手艺赚点零花钱，贴补家用。1956年，郭庄村农业合作社结合本村的传统优势，大力发展工副业，建起了粉坊和豆腐坊，既便利了群众生活，又增加了

① 李福林. 柏家村志 [M]. 香港：中国文化出版社，2008：307.
② 李福林. 柏家村志 [M]. 香港：中国文化出版社，2008：309-310.
③ 董好连. 古城志 [M]. 香港：中国文艺出版社，2011：164.
④ 董好连. 古城志 [M]. 香港：中国文艺出版社，2011：165.
⑤ 董好连. 古城志 [M]. 香港：中国文艺出版社，2011：164.
⑥ 郭庄村志编委会. 郭庄村志 [M]. 香港：中国文化出版社，2013：205.

集体的收入。据1956年村档案记载，全年村副业总收入3 511.04元，其中粉坊收入2 896.73元，豆腐坊收入165.14元，其他副业收入449.17元。副业收入占农业总收入51 033.11元的7%。1957年，郭庄村农业合作社的收入分配表，又多了一项铁业收入。"[①]

3.2.2 特征分析

中华人民共和国成立前，邹平不少农村都有各自的手工作坊，但是大都规模小，手工成本高，效益低，利润微薄，无法经历市场的波动和社会的风吹雨打，多数处于维持生计状态，经营惨淡。中华人民共和国成立不久，不论是在外打铁的，还是在村内烧窑的，由于国家政策的变化，以及个人经营意愿的转变，不少手工业作坊趋于萎缩甚至最终停工停业。

（1）集体经济对个体手工业的挤压

中华人民共和国成立以后，在外闯荡的广大农民终于有了自己的土地，不少在外流浪的人们大都回到了家乡，在自己的土地上辛勤耕耘，以农为主，通过土地能够满足自己的生存需要，那些单纯通过个人手艺解决温饱问题的人越来越少，一些具有一定手艺的农民只是在农闲时节靠自己的手艺赚点零花钱，贴补家用，并不作为职业谋生的手段。

以郭家村为例，村中有粉坊、豆腐坊、小油坊、弹花坊等。这些较原始的农村手工加工业，规模都很小，工人都是家庭成员，收入颇微，这便是郭庄村农村手工业的萌芽和原始雏形。民国时期，周村的开埠激发了周村的工商业发展，致使用工量大增，村内许多村民开始到周村的工厂、店铺去做工、学买卖。郭庄村到周村丝织和织带工厂做工的人也越来越多，这些进工厂做工的工人，也成了郭庄村最早的产业工人。到了明清时期，郭庄村不少家庭都有手工纺织，每到秋后，农村妇女便在家织布，家家机杼声响，夜夜通宵达旦。织的布分大布、二布、裕子布、方格布、花条布等，这种农村原始的纺织，所织棉布一般为自产自用，少数多余的布匹才拿到集市上去卖。

---

① 郭庄村志编委会. 郭庄村志 [M]. 香港：中国文化出版社，2013：177.

以望京村为例，望京村传统的手工业五花八门，有纺织制作、豆腐制作、酱菜制作、面食制作，有粉工匠、木匠铺、瓦匠铺等。到清末民初时期，随着外国资本的输入，促进了民族工商业的发展。村内不少村民开始到周村街、淄川县城开设店铺，村内的烧饼铺，经营祖传烧饼。村内还有从事木工、瓦工铁匠的，他们给人盖房、打制家具，而铁匠大都出门在外以打铁为生。

中华人民共和国成立后，集体经济的发展制约了个体经济的发展，但是，人们所学手艺以及生活习惯仍然通过不同的传帮带方式延续下来，一旦时机成熟，这种通过技能和手艺投身商品经济的冲动和能力就会在短时间迸发。

（2）集贸市场的艰难生存与缓慢发展

中华人民共和国成立初期，邹平县政府成立集市管理部门，专门管理集市，打击投机，稳定物价。面对私商粮贩囤积居奇、操纵市场的混乱局面，按照国家"大购大销、吞吐结合、平抑粮价、稳定物价"的政策，政府在全县范围内开展粮食抛售业务，将市场销售价格限制在一定范围内，至1952年秋，市场粮价基本趋于稳定。同时，政府加强了对集市交易的管理，划分市场统一管理，规范了市场交易规则，在各种有力措施下，邹平集市迅速复兴，大集仍在东关大街以3日、8日为集期，小集在西关大街以1日、6日为集期，上市商品种类和人数有所增多，商品价格相对稳定。

但是，随着国家对集市政策的不断调整，"作为自由市场的集市贸易历尽沧桑，走过了一条'逐步收紧—关闭—适度放开—被限制或取缔'的曲折道路。"[①]。由于国家工业化建设的需要，随后国家开始对市场进行严密控制，集市的开闭逐渐被纳入国家计划。国家对粮、油、棉等重要物资和绝大多数工业品、日常生活用品实行"双统"，对集市上交易的商品品种、数量、价格、范围以及经营者资格等都进行了严格的限制，集市减少并且交易量锐减。在严格控制下，粮食原本属于邹平集市上交易的商品，也被列入统购物资，在完成国家计划收购粮市场开

---

① 吴晓燕. 集市政治：交换中的权力与整合——川东圆通场的个案研究［M］. 北京：中国社会科学出版社，2008.

放之前并不被允许进入集市进行私人交易，因此，集市上几乎无余粮可卖，农副产品交易量也同时下降。供销社设立之后，在一定程度上垄断了农副土特产品和日用杂品的销售，集市上可出售的东西更是非常有限。1958 年，在"大跃进"和人民公社化运动中，国家对市场的控制进一步收紧，邹平不少地方的集市发展受到更大限制甚至被完全取消。

邹平各类集市经历了中华人民共和国成立后的短暂繁荣，后来，集市贸易被当作"资本主义尾巴"再次遭受限制甚至被取缔。不仅对集市贸易上市商品实行更加严格的控制，而且棉花、土布、土线等物品也不准在集市上买卖，基本由国家进行统一购销。按照批准的数量、品种到指定的地点购买，买方与卖方都受到了严格限制，市场上只有极少量农民自产的蔬菜、私藏的鸡蛋和集体分配的水果。而且严格限制开市时间，再加上人们的收入有限，邹平存有的几个集市的相对萎缩，农村副业生产广泛受到禁止，人们无暇赶集也无钱购买，集市萧条冷落。

（3）供销社的发展和凭票时代的到来

中华人民共和国成立初期，面对复杂严峻的国民经济状况，党和政府开始倾注精力恢复城乡物资交流，下气力恢复农业生产。供销合作社这一组织形式，因为其特有的历史痕迹，加上具有革命战争年代兴办各类合作社的经验积累，同时又高度契合农业发展的现实需要，因此被确定为重点发展对象。在政策的强力动员和亿万农民的积极广泛参与之下，农村供销合作社犹如"雨后春笋"般纷纷建立，以超常规的速度迅速发展壮大，在极短的时间内建构起覆盖广大农村地区的供销商业网络，形成了一个上下连接、纵横交错的全国性流通网络，对农业的恢复和发展起到了重要支撑作用。供销合作社与计划经济体制、统购统销等制度密切配合，逐步改造和替代了小商贩、小货郎等私商成为农村商品交换的主要渠道，重塑了农村商业市场格局，涵盖了农村绝大部分行业，成为名副其实的农村物资流通"主渠道"，从某种意义上来说，在这一时期全国农村基本上实现了供销合作化。

1956 年以前，邹平县城有肉商 7 户，经过私营工商业社会主义改造，全部过渡到供销合作社。1956 年 8 月成立县食品公司，建立肉食品加工厂及零售门市部，设立基层采购供应站，负责收购活猪及供应猪肉等。1959年改为食品经理部，日常供应肉食极少。三年严重困难时期，食品供应难以为继，销量较少。1965年，县食品公司重新成立。是年，销售猪肉2 992头，共2 292担，销售家禽1 000只，销售鲜蛋181担。1978年，食品供应充足，年销售猪肉14 382头，计13 414担。调出活猪16 457头，销售家禽3 800只，调出63 800只，销调出禽蛋4 855担。1952年全县销量46吨，1958年销量达369吨。1959—1963年，食糖供应紧张，城乡居民每户每月仅供应2.5两至4两，产妇、婴幼儿及病员凭证明供应。1960年全县食糖供应量为111吨。1963年全县食糖供应量为116吨。1971年全县食糖供应量为608吨。①

随着计划经济的发展，邹平供销社成为农村商品供应的重要平台。一些日用工业品、手工业品、烟酒糖茶及副食品等生活资料，由县供销社下拨各基层社销售。私营商业亦从外地购入大小百货、文化用品、副食烟酒供应当地居民。一改过去日用消费品大多由坐商、摊贩经营的现状。由于商品的短缺，难以保证国家工业建设所用原料及人民生活所需，有一段时间，出现了凭票供应的现象。因取消农村集市贸易、取消议价、供销社并入国营商业等政策的实施，限制和影响了农村消费品流通业的发展，导致农村消费品货源紧缺、市场呆滞、渠道单一、销售网点奇缺，买难卖难的情况日益严重。特别是实际工作中的极端化，这一时期，凡利于集市贸易和商品生产的政策都被当作资本主义的东西遭到严厉批判，邹平的农村市场陷入消极和低迷的境况，影响了农村市场的发展，最后导致整个社会经济发展出现了不平衡的状态。

3.3 集市商场

随着党的十一届三中全会的召开，中国拉开了改革开放的序幕。1979年4月，中央提出对国民经济进行"调整、改革、整顿、提高"的方针，这对激发市场活力，提高农村经济具有重要意义。广大农民重新拥有自留地，家庭副业获准恢复，一个新的乡村开放市场重新孕育而生。

---

① 山东省情资料库. 邹平县志［EB/OL］.［2023-05-15］. http: //lib.sdsqw.cn/bin/mse.exe? seachword=&K=cd7&A=2&rec=363&run=13.

3.3.1　问题调研

随着农村经济体制改革的逐步深化和农村经济政策的不断调整，我国农村的非农产业伴随着农业的迅猛发展而获得发展新机，农村经济结构发生了深刻变化。在这一过程中，个体经济和乡镇企业"异军突起"，成为推动农村市场变革和发展的主要力量。

材料一：

（1）农村小卖部是90后童年的回忆，20世纪80年代，柏家村里有小卖部吗？有生意吗？

答：有小卖部。主要就是出售糖果、点心、冷饮、烟酒、日用品。当时村里人对生活用品的需求一直存在，谁家炒菜没有酱油、盐、糖了，大人从地里干完活想喝点酒抽点烟，小孩子放学回家想买点零食，都是从小卖部买，所以小卖部的生意开得挺红火。李德信在20世纪90年代也开了一个小百货商店。

（2）那小卖部是什么时候衰落的？

答：随着超市、购物中心还有网络向村里发展，村里小卖部渐渐地在2010年后衰落，加上小卖部内的商品往往没有质量保证，村里的小卖部有因此倒闭的。但是也有的小卖部走正规经营程序，办理营业执照，更新货源，从小卖部变成了百货商店和小型购物超市。

（3）改革开放后，柏家村村里村民有做什么生意的？

答：改革开放后，有开商店的，也有不少做餐饮的。

（4）改革开放后古城村有建什么工厂吗？

答：建了不少厂子，古城综合厂、面粉厂、馒头坊、冰糕厂、塑料厂，还有硫酸厂、电子元件厂。不过馒头厂、冰糕厂开得不大好，没几年就倒闭了。1988年的时候，古城村还建了个缸瓦厂，之后承包给个人经营了，还有之前开的面粉厂、塑料厂也都承包给个人了。

材料二：

（1）柏家村调研材料

"1984年3月，中共中央、国务院下发转发农牧渔业部《关于开创社队企业新局面的报告》，将社队企业改称乡镇企业，并明确乡镇企业由原社队企业的乡村两个层次扩大为乡镇、村、联合体、个体4个层次。由此，乡镇企业突破社队企业单一的集体所有制范畴，包括多种合作企业及个体私营企业。是年，被称为个体私营企业的起步年。不过那时的柏家村除几家个体小面店外，还是以村办集体企业为主。1985年，上级提出"乡镇、村办、联合体、个体"四个轮子一齐转的发展乡镇企业的指导思想，进一步明确发展乡镇企业的路子。从总体上来讲，当时还是以乡办、村办为主。"

"1999年7月，柏承悦、李于仁、柏建新、柏建通、李于祥、柏承申、柏承选、李长顺等8人合伙，买下双青村原淄博造纸厂旧址，投资120万元，建起了柏家村驻外村第一家股份制民营企业——邹平县顺通建筑陶瓷有限公司。2000年，村原党支部书记李德春又联合多人在村西，建了又一家股份制民营企业——北极星建筑陶瓷厂。民营企业的建立，为柏家村经济的发展注入了新的活力。至2006年年底，全村已有私营企业28家，其中：建筑陶瓷企业6家，耐火材料企业3家，机械加工企业4家，商业流通企业6家，饮食服务企业9家。全村大多数劳动力在企业务工或从事商贸等服务业。"

"民营经济的发展带动了村内商业的发展。村民纷纷立门市，办执照，搞经营。1995年，李德信在前道路南开办了一家小百货店。"

"2002年，王敬恒在村西头办起了益民药店。2004年，杨丙厚在村西北角去大佛塔头村的路边上，开办了仙六得饭店，李于祥在村东开办了鸿祥庄园，经营餐饮。柏启普在村内蒸馒头，卖馒头，柏继东摊煎饼，卖煎饼。李寿柱炸油条，柏承德、柏承增做豆腐。李昌荣、柏承增、柏承德等不仅做豆腐，而且卖豆浆、豆腐脑，活跃了柏家村饮食行业。"

"2005年7月2日，经有关部门批准，柏家村正式成立集贸市场。集日定为农历每旬的一、六。"

"2000年以后，柏家村办企业按照公退民进的指导思想，逐步进行了体制改革，完成了产权转移。实现了由村集体经营转为民营（私营）。原集体企业的职工变为民营企业的员工。从某种意义上讲，这也是一种劳务输出，它不是从村内向村外输出，而是村内的输出，家庭户向民营企业的劳务输出。至2006年年底，全村男女劳动力绝大多数在村内民营企业打工。也有少数人到外村甚至外地打工。"

（2）古城村调研材料

"尤其近几年来，古城村为发展本村经济，利用靠近周村的地域优势和邻近309国道、胶济铁路和济青高速路的交通优势，大力实施招商引资战略，外地来村办厂经商者大大增多，其中有生产运输、商贸餐饮、建筑安装等行业，成为古城村最主要的经济支柱。"①

（3）望京村调研材料

"1984年，大队改为村委会，望京村党支部村委会，为全面带动村民发家致富，在搞好村集体原有的企业承包工作的同时，望京村党支部、村委会又多方筹资建起了村集体企业一处，名望京耐火瓦厂。"②

"1978年，中共中央召开党的十一届三中全会，提出党的工作着重点应转移到社会主义经济建设上来，全国上下开始实行新的发展经济政策。农村开始实行以家庭承包为主要形式的农业生产责任制。1980年，望京大队遵照上级政策精神，按照临池乡政府的安排，开始了土地承包生产责任制的落实。原来属于集体的队办工副业，队办集体财产，都由村民实行公开承包和按物价给买断。"③

"进入20世纪80年代后，在发展个体私营企业的同时，望京村个体运输业也随着本地建材行业的发展而迅速兴起。"④

"望京村个体私营企业的发展源于原村办企业。20世纪80年代中期，随着改革开放政策的进一步落实，望京村两委按照上级政策精神，大力发展招商引资，利用优越的交通地理条件，并给予私营企业以优惠便利条件，自1990年至2014年24年间，先后有42家私营企业和个体业户在望京村发展，其中有规模的14家，有些企业是转包的，并且增加了承包土地。"⑤

① 董好连. 古城志［M］. 香港：中国文艺出版社，2011：165.
② 赵承宏. 望京村志［M］. 济南：山东省内部资料性出版物准印（2016年滨州第009号），2016：225.
③ 赵承宏. 望京村志［M］. 济南：山东省内部资料性出版物准印（2016年滨州第009号），2016：225.
④ 赵承宏. 望京村志［M］. 济南：山东省内部资料性出版物准印（2016年滨州第009号），2016：227.
⑤ 赵承宏. 望京村志［M］. 济南：山东省内部资料性出版物准印（2016年滨州第009号），2016：228.

（4）郭庄村调研材料

"1980以后，郭庄大队（村委）曾数次重新试办过集体企业，建过冰糕厂、收音机配件厂（加工收音机木壳）、面粉厂，也经销过饲料，但都效果不佳。1992年，在社队企业二次创业的号召下，郭庄村委决定再建电镀厂、窑厂。电镀厂建成后，由于管理不善，长期处于亏损状态，后改制为私营企业；大队窑厂在基建过程中，也因资金困难，最后也转给了私人经营。从此，村内再没有集体的工副业项目和企业。"①

"1981年，农村实行生产责任制以后，郭庄大队五七修配厂实行承包，由个人承包经营。再后来，改变经营机制，集体财产都作价处理，五七修配厂也彻底变成了私营企业。"②

"20世纪90年代后，县委、县政府提出'以发展个体私营经济为重点，推动乡镇企业二次创业'的口号，郭庄村民思想进一步解放，利用自己的优势，开始多方寻找门路，发展起了个体私营的工商业。村内一些村民看到临池镇发展砖瓦等建材的趋势，便购买了汽车、拖拉机、农用三轮车，搞起了运输业。"③

"2004年，郭庄村党支部、村委会调整发展思路，确立了'工业兴村''工业富村'的发展思路，根据郭庄村人多地少，紧靠胶济铁路和309国道的优势，以及村内私营企业的发展有了一定基础和规模的实际情况，确定在村南靠近309国道的土地上，再建立一个以吸引外地企业为主的经济开发区，连同先前建立的经济开发区，统称郭庄村工业园区。"④

"郭庄村是个历史文化名村，人们的眼界自古开阔，思想也开放。很早以前，村民便把目光聚集在工商业上，靠学买卖，耍手艺，养家糊口。"⑤

"1978年年底，党的十一届三中全会后，实行改革开放政策，对外实行改革开放，对内开放搞活，群众思想得到进一步解放。想方设法找门路，走发家致富之路。人们开始搞运输、卖服装、干维修、开商店、

① 郭庄村志编委会. 郭庄村志 [M]. 香港：中国文化出版社，2013：179.
② 郭庄村志编委会. 郭庄村志 [M]. 香港：中国文化出版社，2013：180.
③ 郭庄村志编委会. 郭庄村志 [M]. 香港：中国文化出版社，2013：182.
④ 郭庄村志编委会. 郭庄村志 [M]. 香港：中国文化出版社，2013：189.
⑤ 郭庄村志编委会. 郭庄村志 [M]. 香港：中国文化出版社，2013：205.

卖蔬菜等，一时村里重新燃起经商的热潮。"①

"村民根据地处309省道沿线的有利条件，大搞运输。开始运输工具为农用三轮车，拖拉机，后慢慢地都改换为载重汽车。村内还有经营农机的、生产资料的、饲料的、理发的，五花八门，经营范围不断扩大。从此，郭庄村的农民走上了由单一务农向务工经商、多种经营转变的致富之路。"②

3.3.2　特征分析

改革开放之后，国家采取措施开放国内市场，积极促进商品和贸易的发展，取消国家商品垄断，允许个人、集体和企业在相互接受的范围内按市场价自由买卖商品，这些措施促进了广大农村集市的热闹和繁荣。

（1）农村市场逐步繁荣

1978年改革开放以后，老百姓需要的东西基本上都可以在市场上购买，市场的交易自由度逐年上升。随着市场化程度越来越高，人们可以在劳动力市场与创业市场上自由选择，加上城市化和工业化的飞速发展，中国实现了从计划经济到市场经济的重大转变，老百姓的家庭收入不断增长。就农村而言，自改革开放之后，农村经济呈现出迅猛增长的态势，农民可支配收入也日益增加，有相当一部分群体甚至积累了一定规模的社会财富。中国农民财富追求的方式开始多元化，农民的财富随着市场经济的发展而不断提高。

首先，改革开放之后，邹平传统的商品经济得到充分发展。国营商业和供销社独家经营的渠道单一状况得到扭转，个体商业开始发展，因此，这期间农村市场首先成为改革的前沿阵地。不少地方出现了小型超市、批发市场、集贸市场等多种市场类型，并逐渐成为农村商品流通体系的重要组成部分。农村已初步形成了配套的多形式、多层次、功能齐全的市场体系，农村市场上的竞争已非常充分，私营和个体经营占市场主导地位，除化肥等一些政策性经营商品外，农村市场已由私营和个体

---

① 郭庄村志编委会. 郭庄村志［M］. 香港：中国文化出版社，2013：206.
② 郭庄村志编委会. 郭庄村志［M］. 香港：中国文化出版社，2013：206.

经营，国营企业已基本退出。

其次，市场数量总体上不断增加，市场规模不断扩大，农村市场基础设施的建设也正步入正轨，商品流通渠道实现了多元化发展。

最后，市场交易的商品从农副产品开始，逐步扩展到日用工业品、服装、鞋帽小商品和旧货，在促进生产、活跃城乡经济和满足人民生活需要方面，均发挥了重要作用。

（2）农产品全面放开

改革开放以后，国家首先解除集市贸易和家庭副业、自留地的有关经营禁令，明确规定集市贸易是社会主义统一市场的组成部分，这无疑更好地促进了农产品的全面放开。通过废除粮油统购政策，粮食、棉花取消统购，改为合同定购，生猪、水产品和蔬菜等也逐步取消派购，放宽了集市交易的产品种类。除此之外，允许发展个体商业，允许其从事自由购销的鲜活商品、农副土特产品的城乡运销和在规定范围内的贩卖业务。

在国家政策的引领下，邹平县首先恢复过去关闭的自由集市，整顿并改善了原有的农村集贸市场，按照需要新建了田家、韩家套、东杜、刘家套、里八田等14个集市和邹平、魏桥、明家集3个农贸市场，并恢复原有集期。另外，建立市场监管制度和信息咨询服务平台，对上市的固定摊位进行编号定点，要求对号设摊，亮证经营，严禁假冒伪劣商品，严禁缺斤少两行为。

政策的开放和管理方式的转变使得集市再度恢复繁荣，呈现出空前活跃的局面。邹平大集各类商品上市量迅速增加，花色品种繁多。除粮食、蔬菜、水果外，禽蛋、肉类、农产、工业品等一应俱全，牲口市、猪市也相继恢复。据记载，1980年，邹平大集开放有21个集市，上市摊位达2 300个，上市人数也有45 000人左右，摊位增加最多的当属卖布和卖熟食的。集贸市场上的产品随行就市，按质论价，议价成交，国家提供指导价，牌价与市价差距逐年缩小。另外，集市贸易业务范围大大放宽，集市上的小商小贩获得了自由发展的机会，修理、缝纫、理发、饮食、专业户加工自营销售等店铺和摊位逐渐增加，另外修鞋修伞、配钥匙、打铁补锅的各种过去取消的行业也重现集市。在邹平各个集市，经常看到人山人海，货物如潮，熙熙攘攘，车水马龙的景象，赶集成为一种休闲娱乐活动。社会经济的发展和市场经济的繁荣，加之国家政策给集市提供了外部支持与保障，邹平各乡镇集市发展水平不断提高、规模不断壮大。

（3）美国学者考察中的市场变化

邹平的发展同样也吸引了美国学者的注意，这主要表现在20世纪80年代美国学者对邹平的考察。通过连续性追踪式的考察研究，美国学者记录了邹平农村的发展过程，从而成为中国农村市场发生深刻变化的见证人。

1991年6月18日至8月2日，奥克森伯格先生和夫人一起在邹平县住了50多天，就政治、经济社会发展等内容进行了广泛、深入、细致的综合考察。他认为，邹平的变化首先就是经济的发展。作为一个以农业为主的县，邹平县在农业方面有根本的变化。"比如第一次来考察时，邹平刚刚开始利用黄河水，但还没有现在的规模，而现在全县形成了一套比较大的引黄灌溉的水利工程，80%的地方用上了黄河水。当时，全县正为遇上天气大旱而紧张抗旱。而现在，如果遇上同样的大旱，大部分农村不会有什么困难。其次，邹平县开始有了新的工业。全县搞了几家中型规模的工厂，如铜矿、范公酒厂、琥珀牌啤酒，碧云洞矿泉水公司，还有棉纺厂、油棉加工厂等，这可以说是邹平县工业化的开始，这些工业代表着邹平县的未来。再次，公路和电讯发展很快。交通方面，现在从县城到每个乡镇都有公路。邹平的电讯发展得很快，他住在招待所，他的办公室秘书在美国只用2分钟就可以打通电话给他。他在镇乡政府的办公室里还看到了传真机。最后是市场的扩大。邹平县城每10天有两次集市，这个集市比较活跃，啤酒厂等几个工厂的原料也是从市场上买的，生产的产品大部分也是在市场上卖的。这对于深化改革，都是很有益的。"①

"1978年以后，商业政策开始发生改变，政府开始提倡商品'多渠道'发展，自1981年以后，农民个人可以从事小规模商品的买卖，经

---

① 王兆成. 乡土中国的变迁：美国学者在山东邹平的社会研究［M］. 济南：山东人民出版社，2008：6-7.

营肉类、蔬菜、小杂粮、纺织品、布料等轻工业产品。1982年，政府放宽对粮食买卖的限制，允许异地粮食买卖，地方收购指标完成后，个人、非政府商业机构、企业和集体都可以从事粮食买卖。伴随着这些改革，国家规定渠道之外的贸易开始增长。这时，历史上作为农村重要商品交易渠道的集市也开始再现。尽管政府的采购计划依然存在，但计划的范围缩小了。进入20世纪80年代，很多产品不再受征收限额和配额销售的限制。虽然粮食依然受政府配额限制，但强制额度降低，计划的减少和农业产量的迅速增长扩大了商品交换的范围"。①美国学者艾恺在《我和邹平：一段回忆》说："好几个晚上，我都在夜市上边吃羊肉串、喝啤酒，边和年轻人聊天。人们对我这样的外国人的态度也同样发生了变化。与我一起畅饮、聊天的年轻人都觉得，跟一个外国人聊天没有什么不同寻常的。"②

"在1999年的考察中，我认识了一个当地的零售商，他刚刚从江西迁过来销售皮革制品。每次回到邹平，我都要去他的店里看一下。他在商业上的发展也正显示了邹平县城的变化。2002年，他的店面已经扩大，那时的经营范围也更大，商品的质量也更高。再次见到他时，他有了第二家店，接下来的又一次见面，他开了第三家店。尽管他也有点抱怨生意难做，与济南更大的商店竞争是多么艰难，然而他在邹平做生意的这10年里，不断地取得生意上的成功，原因在于这些高质量商品的市场需求在不断地增加，而这些商品在20世纪90年代初是根本见不到的。他的成功是整个社会生活水平提高的一个很好的证明。"③

斯图尔特·奥登豪在《变化中的冯家村》中说："最具重要意义的社会变革发生在家庭中。农户与村委会签订合同获得土地使用权，农户作为土地的经营者和管理者，就取得了一定程度上的经济独立。但在大的农业活动中，村委会依然负责作出重大决定，如决定耕种和灌溉时间、选择作物种类、开拓农产品市场。对主要农作物棉花和小麦尤其如

①　王兆成. 乡土中国的变迁：美国学者在山东邹平的社会研究［M］. 济南：山东人民出版社，2008：192-193.
②　王兆成. 乡土中国的变迁：美国学者在山东邹平的社会研究［M］. 济南：山东人民出版社，2008：114.
③　王兆成. 乡土中国的变迁：美国学者在山东邹平的社会研究［M］. 济南：山东人民出版社，2008：114-115.

此。然而在农业生产次要领域，农户确实有更多的自主权。他们可以决定在院子里养家禽、猪还是别的动物，可以决定播种时节棉花空地里是要种绿豆、大豆还是芝麻，还可以决定在田地里花费的时间。"①

斯图尔特·奥登豪通过亲身感受反映了邹平改革开放之后的农村变化，"村民还可以把剩余农产品在附近集市卖掉或采取实物交换的方式卖给商贩。夏季的几个月，可以经常在冯家村看到骑着自行车或赶着驴车的商贩用李子、西瓜换村民的小麦。作为家庭经济事务的负责人，村民对市场和信息越来越感兴趣。农业商业化水平也因此提高了。承包菜园的农民需要自己到附近的集市寻找买主。苹果园主为了卖掉产品，与大城市的批发商签订合同，有的远至上海、南京"。②

美国学者史泰丽在《农业商品化》一文中写道："邹平县以及其他各地的农民可以通过各种渠道以不同的价格将农产品卖给不同的买主。前面曾提到过，定期集市成为当地商品交换的重要渠道，并日益发挥着举足轻重的作用。然而，集市并不是商品交换的唯一场所，许多交易通过其他渠道进行。一些农村家庭有时会提着自家的产品直接上门销售。有的将玉米直接运到镇上的玉米淀粉加工厂，有的提着鸡蛋沿街叫卖，还有的将货物卖给国有收购商或者私营老板"。③

邹平市场经济发展的经验充分证明中国的经济改革为商业的大规模发展铺平了道路，提供了让中国乡村富裕起来的政策和条件。邹平县的商业化水平本就很高，再加上当地农民积极参与市场交易，通过市场竞争获取了财富，提高了家庭收入，进而过上了美好生活。

3.4 超市网购

党的十八大以来，中国特色社会主义进入新时代，中国式现代化必然需要农村、农业的现代化，为此，党中央明确提出了乡村振兴战略，

---

① 王兆成. 乡土中国的变迁：美国学者在山东邹平的社会研究 [M]. 济南：山东人民出版社，2008：191.
② 王兆成. 乡土中国的变迁：美国学者在山东邹平的社会研究 [M]. 济南：山东人民出版社，2008：191.
③ 王兆成. 乡土中国的变迁：美国学者在山东邹平的社会研究 [M]. 济南：山东人民出版社，2008：196.

乡村振兴成为各方关注和研究的焦点。与此相适应，以超市网购为特征的农村新兴市场正展现出新的发展态势。

3.4.1 问题调研

材料一：

（1）现在，村里有商店吗？有几个商店？您都是从哪购买物品？

答：村里有商店，现在有三个商店，一般小物品、生活物品，例如家里突然没有盐了会从村里商店买。较大的超市离着也挺近的，现在交通方便，平时没事的时候就会骑着电动车逛个超市。衣服、鞋子等一般都是去城里市场、商场、服装店、专卖店等销售场所进行购买。现在网购也很方便，从手机上看到喜欢的商品也会直接下单购买，一般两三天快递就到了。

（2）村民经商的多吗？

答：在农村做小生意的也算不少。20世纪80、90年代，小作坊、小经营店、小摊点开始在农村陆陆续续出现，卖豆腐、卖粮油、加工糕点、卖早餐、卖馒头等等，到现在村里还有，主要是向村民售卖，也有的村民在城里开了店面更大的商铺，经营范围和生意做得更大一些。

（3）现在农村集市多吗？赶集对农民来说意味着什么？

答：现在农村集市挺多的，村附近有三四个集。赶集对于普通百姓，特别是我们农村的百姓来说，是一件不可缺少的事情，我们不仅可以买东西，而且可以把自己家里的一些农产品或者是家禽拿到集市上去交易，增加自己的收入，赶集也很热闹，就算不买东西去逛逛的村民也大有人在。

（4）现在的农产品怎么销售？有农产品销售市场吗？

答：现在有批发市场、集贸市场、连锁超市还有物流配送和电子商务，农产品不仅可以在集市上销售，而且可以走中介销售，随着网络技术和交通运输业的发展，不少农户还通过互联网进行农产品买卖。

材料二：

"截至2014年年底，全村共有机械加工、修配、建材、食品、供销、菌类养殖、餐饮、化工等十个类别，34家个体、私营企业和作坊门店。"①

"2012年，村内的经营场所共计17处，有商业超市、生产资料门市部、家庭饭店、理发店、文具店、馒头房、服装店、美容店、缝纫店、小吃部等，规模都很小，但服务周到，便利了群众生活。"②

3.4.2 特征分析

发掘农村特色，创新发展思路，打造特色产业，这是新时代邹平乡村市场发展的基本特征。物流的发展以及网络的发达，直接关系到农村市场的辐射能力以及直接决定着商品能否引进来与农产品能否走出去，从而关系到农村市场现代化的构建质量。

（1）城乡同步化的市场特征

进入新时代农村市场的最大变化就是城乡市场的差距正在缩小，可以说在一定程度上出现了城乡同步的繁荣局面。

首先，农村市场硬件逐步完善。政府加大了供水供电、交通运输、邮电通信等基础设施的建设力度，有的地区还推进现有农贸市场的提质改造，市场的规模化、产业化程度进一步提高。除了原先一些规模较小的专业市场发展成为区域性大商场，同时还存在相当数量的小超市，一些专业合作社、行业协会等中介组织发展迅速，除了供销合作企业这些传统的市场主体外，许多社会资本也进入农村市场。借助连锁经营、物流配送等新型流通方式的现代农村流通网络，初步实现了工业品和农资下乡、农产品进城的双向流通，极大地满足了广大农民放心消费、实惠消费、便捷消费的愿望，从而改善了农村消费环境，规范了农村市场秩序。农村市场从环境狭窄、规模小且收益不高的小店逐步改造提升为具有一定规模档次、环境改善且收益有所提升的超市或商场，城市的商品在农村同样应有尽有。农村的市场设施进一步改善，软件管理以及服务态度都有了质的飞跃。在市场管理上逐步采用电脑管理，逐步采用电话、传真等现代通信手段，增添交通工具和客货电梯等，一些市场还逐步创造条件退摊进店，扩大市场交易场地，实行看样订货等现代交易手

① 赵承宏. 望京村志［M］. 济南：山东省内部资料性出版物准印（2016年滨州第009号），2016：227.
② 郭庄村志编委会. 郭庄村志［M］. 香港：中国文化出版社，2013：207.

段。市场的规模日趋扩大，农民的购买力大幅提高，原先一些规模较小的专业市场发展成为区域性大商场，经营范围从农副产品和日用品拓宽到瓜果蔬菜、水产海鲜、进口零食、日用百货、服装服饰等等，批零兼营当地资源及加工产品。众多不同规模的农村市场相互连接，构成庞大的商品流通网络，为大规模、长距离的商品流通奠定了基础。随着智能手机在农村的普及，农村网民人数扩大，淘宝和拼多多等平台的惠农性质网店入驻农村市场，为农村市场注入了源源不断的活力，农村电商市场得以有序发展。

其次，农村商品数量迅速增加。就农副产品来看，种植业产品的比例呈下降趋势，而畜牧、渔业等养殖业产品的比例呈上升趋势；就种植业这个层次来看，粮食作物的比例呈下降趋势，经济作物的比例呈上升趋势。农村市场的工业消费品随着农村消费需求的日趋城市化而日渐增大，大件耐用品升级成为农村市场的主要需求，尤其对食品、化纤、服装、家用电器、建筑材料、家庭用具等工业品的需求特别突出。

再次，农村市场的范围进一步扩大。互联网的使用使农村商品市场信息化水平显著提高。连锁经营、电子商务、冷链物流等方式发展较快，出现了电商平台等新科技市场，随着国家政策的倾斜，农村市场与国际接轨化程度提高，国际交流更加密切。

（2）农产品市场渠道不断拓宽

市场是农村农民之间、城乡之间关系的重要集结点，是促进农村商品生产发展的重要阵地，是实施"以工促农、以城带乡"战略的主要据点。农产品市场的不断发展有利于加快农村市场体系建设，有利于调整优化农村经济结构，有利于开发农村生活消费品市场，对于促进农业产出的增长、农民收入的增加、农村经济的繁荣都有着重要的作用。

邹平县曹家坪村供销综合服务社是在曹家坪村和山东经销联有限公司多次沟通协商下共同建立的，面积336平方米，服务辐射周边7个村、1个社区，共计5 000余人。曹家坪村委会负责提供经营场所，山东经销联有限公司负责服务设施配备及运营，成立村支部书记任主任的监督管理委员会，对综合服务社服务措施的实施、运营计划的落实、经营效益的分配进行监督，盈利双方按5∶5分红，亏损由合联超市有限公司承担。这种村集体与供销社共建、共管、共享的合作模式，有利于提高服务社规范化建设水平，有效降低村集体风险，保证村集体收入的稳定可持续性。"我们村提供场所，公司负责经营，盈利五五分，亏损算公司，这种模式是我们双方经过协商确定的，能够稳定增加村集体收入。"曹家坪村党支部书记张波说。同样，这种模式还通过"供销代销"助力村民的增收致富。东张村的王大哥，提着一箱鸡蛋来到服务社，验货、称重、计算货价，一套收购流程下来，服务社工作人员把钱如数交到王大哥手上。农户自产的土鸡蛋出售给服务社，鸡蛋很快销售一空；家里的废旧家电拿到服务社代销，服务社不收任何手续费；周边果农把滞销的葡萄送至服务社，滞销变畅销。服务社利用自身销售渠道广、抗风险能力强等优势，每日通过微信群、公示栏等线上线下方式，发布产品供求、农产品市场行情等信息，为农户提供农产品收购、代销服务，形成了"服务社—农户—市场"的销售模式，实现了"农超对接"，解决了当地农户销售难问题。①

"以前买东西都得跑到镇上，现在超市开到了家门口，真是方便极了。"滨州邹平市明集镇曹家坪村村民张大妈手里提着一袋新鲜的蔬菜，喜盈盈地告诉记者。她说的超市是曹家坪村供销综合服务社，自入驻以来，为周边村民提供了各种惠民便民服务项目，被村民亲切地称为"农民贴心社"。②

2019年，在邹平市焦桥镇后三村新盖的两个蔬菜大棚中，17 000余棵"美容黄瓜"完成种植，这些黄瓜将在管理人员的精心照料下，春节前"登陆"全国各大超市。邹平市焦桥镇后三村大棚管理员曲修洪告诉记者："现在我们已经种上黄瓜了，占地在15亩左右，我们在种植过程中，都是实行水肥一体化，种高标准的无公害蔬菜，大约春节以前下来蔬菜，下来以后我们准备通过镇创业电商平台向全国各地进行销售"。③

① 耿悦，李蓓蓓. 滨州邹平市明集镇："农民贴心社"开启助农便民"加速度"[EB/OL].［2021-10-29］. https://baijiahao.baidu.com/s? id=1714935256363307957.
② 耿悦，李蓓蓓. 滨州邹平市明集镇："农民贴心社"开启助农便民"加速度"[EB/OL].［2021-10-29］. https://baijiahao.baidu.com/s? id=1714935256363307957.
③ 吕敏，邹平台，刘通，等. 71秒 | 滨州邹平推动乡村产业振兴 促进农民增收致富[EB/OL].［2019-01-09］. http://binzhou.iqilu.com/bzminsheng/2019/0109/4161381.shtml.

近年来，邹平市坚持把绿色有机农产品和畜产品作为现代农业产业发展的根本方向，焦桥镇在稳定粮食种植面积的基础上，做强黄瓜、鸡蛋等农畜产品品牌，为全镇农畜产品统一注册"焦桥牌"商标，依托镇综合创业服务中心，进行统一推广，统一销售，提高产品收益。目前，休闲采摘已成为绿蔬源农民专业合作社水果种植的主要销售方式，围绕邹平市精心打造的休闲农业生态园项目，绿蔬源农民专业合作社还发展了多种果蔬种植。邹平市绿蔬源农民专业合作社负责人甘冲介绍："我们绿蔬源农民专业合作社，有草莓，有猕猴桃，有黄金梨，还有雪桃，实现一年四季都有果蔬采摘，不仅能够增加合作社的整体收入，而且能够带动周边老百姓共同致富"。

2020年，在滨州邹平市九户镇北郭村绿园生产专业合作社的蔬菜种植基地里，菜农们忙着拾掇菜苗，嫩绿的菜苗郁郁葱葱、一派生机。告别种植小麦、玉米等传统粮食作物，九户镇北郭村村民发展起了特色农业，村里家家户户建起了蔬菜大棚，从过去在阳光下耕作到现在在温室里忙碌，全村村民的生活发生了崭新变化。截至2020年，北郭村已建起蔬菜大棚100余个，种植面积达到500余亩，种植的蔬菜包含黄瓜、茄子、菜花、青椒等10多个种类，村民们每年都有可观的收入。①

每年的寒冬时节，邹平市码头镇李坡韭菜基地的5 000多亩韭菜开始上市销售，迎来节前销售旺季，每天收获的5万余公斤鲜嫩清香的韭菜吸引山东各地以及周边地区的客商前来收购，供应春节市场。李坡村以及周边农村的农民在韭菜合作社的带领下，不断开拓市场，李坡韭菜基地成为北方地区重要的韭菜供应基地，韭菜种植成为当地农村的支柱产业，推动乡村振兴。②

（3）农村电商各显其能

农村市场现代化体现农村内部市场的现代化和农村域外市场的现代化。近年来，有些农村发展起了相应的产业，农产品质量与数量有了保证，但是农产品走不出去，出现滞销的情况，导致这种情况发生的主要

---

① 左明玉 杨少杰. 山东邹平：特色种植铺就农村致富路. ［EB/OL］. ［2020-03-31］. https：//www.sohu.com/a/384396998_120551352.
② 滨州日报/滨州网. 山东邹平：寒冬韭香［EB/OL］. ［2022-01-20］. https：//www.sohu.com/a/517850874_120742091.

原因是相关措施不到位、与市场对接不够、物流网络不健全等。

伴随全球化经济的发展,农业经济已得到较为广阔的发展空间,促使农产品逐渐迈向国际市场,基于此背景,就要求农业经济发展与农业市场相适应,以满足市场发展的具体需求,从而促进农村经济良性发展。新的消费需求和新的物质产品,不断催生中国农村市场新形态的出现,顺应科技发展的需要,邹平加快引进和培育数字经济新动能,落实各项优惠政策,进一步提升数字经济产业基地的品牌效应和承载能力,助推电商产业集群聚集,赋能全区产业高质量发展。

农业信息大数据的运用与建设为我国农业发展奠定了有力基础,借助数据分析的结果可指导农业生产活动,促进农业产业带动农村经济发展,使传统农业转变为新时代农业,争取在短时间内完成新农村建设,实现农民共同富裕。信息化技术正在不断渗透农业领域,数据运用成为了农村现代化和乡村发展的有力助手,计算机网络的到来使得交易互动平台成为当下人们用来交易的重要渠道。利用网络平台宣传多样化农产品,可有意想不到的销售效果,因此保证农村网络畅通,保证无交易故障对农产品的市场销售具有深远意义。

据《2021年邹平市国民经济和社会发展统计公报》(邹平市统计局2022年3月14日发布)数据来看,2021年邹平市消费市场复苏加速。实现社会消费品零售总额141亿元,比上年同期名义增长13.5%。按销售单位所在地划分:城镇实现113.6亿元,增长13.6%;乡村实现27.8亿元,增长13.2%。线上消费拉动有力。纳入监测统计平台重点网络零售企业943家,全年新增160家,实现农村电商网零额15.5亿元,同比增长2.4%。居民生活水平稳步提高。其中:城镇居民人均可支配收入42 096元,增长7.4%;农村居民人均可支配收入23 686元,增长11.1%。全体居民人均消费支出21 829元,增长9.3%,其中:城镇居民人均消费支出24 846元,增长7.4%;农村居民人均消费支出16 359元,增长13.2%。

2022年9月22日,由邹平市人民政府主办的"2022金秋双节直播季邹平市首届全民直播电商节开幕式"在邹平市电商公共服务中心成功举办,这有助于贯彻落实国家乡村振兴战略,充分发挥电子商务进农村综合示范带动作用，深度融合一、二、三产业，发展农村电子商务，带动农业市场化，推动农业标准化、规模化、品牌化，推进农业转型升级、农村经济发展，农民增收致富。品牌是农业竞争力的核心标志，是建设现代农业的重要引擎。邹平市坚持品牌强农、营销富民，农业品牌化取得明显成效，当地特色产业蓬勃发展。为了更好地推动品牌培育工作，进一步推广和规范全市特色产品品牌，邹平市探索建立线上线下相融合的品牌农特产品营销体系，打造邹平商品特色品牌。在新的时代发展环境下，数字经济在广大农村也得到充分发展。农村干部群众创新发展思路，不断寻找打通内贸和全球贸易的双循环渠道。直播带货作为一种新型销售模式备受消费者的青睐，借力移动互联网创新电子商务形式，邹平农村正逐步培育一批带货达人，充分利用手机直播平台、社交媒体、移动电商平台发展农产品电商经济，将带有邹平元素的产品通过直播带货的方式销往各地。

据了解，邹平市高新街道山旺埠村有大小企业20余家，产业涉及餐厨用品、包装材料、家具制造等多个领域。企业要出路、村庄要致富，山旺埠村党支部尝试在两者之间找寻一个互利共赢的平衡点。成立电商合作社，引导村内的企业主通过电商平台线上开拓市场的思路在党支部书记李海涛心中滋生。"刚开始，我们找了一些代表性企业做工作，由党支部代售产品，都抱有顾虑，抑或是不看好，也让我们吃了不少'闭门羹'。"李海涛说，村"两委"都没打退堂鼓，开始还是处于观望的态度，但在看到一次次直播分红后也逐渐转变了观念，火车跑得快，全靠车头带。在全村的电商创业热潮下，孟庆林成为第一个注册淘宝网店的党员，销售海绵等产品，开店第一个月销售量就突破了100单，此店也逐渐发展成为山旺埠村走向全省、走向全国的产品形象店。随着电商合作社发展模式的逐渐成熟，服务对象也逐步由本村辐射到全市，黄山水杏、长山山药、青阳小米、明集老粗布等20余种邹平特色农产品也通过合作社销往全国，销售网络覆盖全国20个省市地区。电商合作社运营机制，能够吸引更多群众投身于电商创业，把当地的特色产品变成网红产品，让合作社的"小舢板"真正变成服务乡村振兴的

"大帆船"。①

2020年，受新冠肺炎疫情影响，部分农产品出现一定程度滞销。滨州邹平市高新街道积极引导农户利用互联网思维，通过"直播带货"的方式，及时缓解了销售困境，并拓宽农产品销售渠道，助力农民增收。果农袁秀芬年前存放在冷库的3吨葡萄滞销，一度愁坏了袁秀芬，"网红"志愿者刘红梅的出现，帮她解决了这一难题。刘红梅结合学员的业务特点，从直播特点、视频制作、对话技巧等方面，讲解了如何利用网络直播等形式来推介产品。为了确保学员更好地接受讲解内容，刘红梅邀请各农户走进直播间，现场向网友推荐了种植的草莓和葡萄。利用"线上+线下"的销售模式，在帮助农户解决滞销困境的同时，也切实拓宽了农户的销售渠道。在"网红"志愿者的带动下，不少乡村农产品实现了应销尽销。

2020年5月18日晚7点，由滨州邹平市妇联主办的"平姐好品 直播助农"网络直播活动开启，在直播现场，邹平市各镇街妇联带来了当地特色农产品，长山山药杏仁酥、台子无花果、黄山水杏、明集有机面粉、好生铝制家具等纷纷亮相登场，市领导和各妇联主席客串主播，通过"一分秒杀"和"三折促销"等活动，质优价廉的特色产品深受网友热捧。这次直播活动精选12家邹平企业和57种邹平特色产品，直播历时三个半小时，观看人数达到66万，接收订单近2万单，出售商品价值达63万元。"平姐"是邹平妇联打造的巾帼特色志愿服务品牌，主要由妇联执委和巾帼志愿者组成，在引领、联系、服务妇女等方面发挥作用，而"平姐好品 直播助农"活动就是通过发挥"平姐"影响力，以可信赖的"娘家人"形象推介邹平特色产品。在邹平，类似"平姐"这样讲究诚信的形象代言人很多，她们立足本职工作，致力于把邹平的农副产品推荐出去，助力乡村振兴。

从"修路"到"通车"、从"虚拟"平台到"真实"保障，邹平在新时代探索到了一条驶向"共同富裕"的新发展之路。在互联网时代，电商产业已成为当下邹平社会经济发展的新引擎。围绕市场转型，邹平

① 刘雪纯. 邹平市高新街道山旺埠村："虚拟"电商带来更多"真实"保障共同富裕谱写新篇章［EB/OL］.［2022-09-26］. https://www.binzhouw.com/xq/system/2022/09/26/030230749.shtml.

正积极布局和加速推进数字经济产业，未来，邹平农副产品产业资源及电商新零售渠道资源进行整合，新的乡村振兴的电商直播平台将逐步构建并发挥重要作用。

第4章 礼俗变迁

礼俗，是人类在共同的生活中积久相传、约定俗成的风尚、礼仪、习惯的综合体，规范着人们的衣食住行、婚丧嫁娶、生老病死、岁时节庆、文化娱乐、宗教信仰等各种行为处事的方式。中国社会是乡村社会，中国传统文化的根在乡村，在历代相传的过程中积累着中华民族的高度智慧，在岁月的磨砺中不断加固着特有的约束力和权威性。礼俗表现的形式在不同地域、不同时代反映着人们不同的精神风貌，邹平社会礼俗变迁是由当时社会的政治、经济、文化发展中诸种因素综合造成的，从传统到现代的变化是礼俗变迁的重要特征。

4.1 梁漱溟的破旧立新改革

随着社会历史的发展，每个时期的礼俗也在不断地变化发展，一段时期的礼俗面貌能够深刻反映出一段时期的文化内涵，通过礼俗的变化可以清晰地反映一个地区的社会历史文化变迁。

4.1.1　问题调研

材料一：

（1）中华人民共和国成立前，郭庄村里有庙宇吗？您还听说邹平的各村里有什么的庙宇？您能讲讲吗？

答：有，郭庄村里就有。老年妇女信奉泰安奶奶，称碧霞元君。元宵节后，人们结伴步行到泰山进香，以苦行示虔诚，求来世福报。别的地方听说还有观音菩萨庙、炎帝庙。有的在家里设佛龛，供奉痘神娘娘、送生娘娘，碰上小儿生痘疹、妇女难产，就供香火，许制神衣，求保佑。

（2）中华人民共和国成立前，村民都是与谁来往？有地域限制吗？

答：在交往习俗上，中华人民共和国成立前，包括中华人民共和国成立后一段时间，一般都是亲戚、乡亲邻里的交往，有着严重的地域限制，由于交通不便、出行工具少，都是本地人、邻近村里人之间来往。

（3）中华人民共和国成立前都是父母之命媒妁之言吗？村里的婚嫁礼仪风俗有哪些？

答：农村传统的婚嫁风俗主要分为聘媒求婚、送礼订婚和娶亲出嫁三个方面。旧社会农村基本上实行旧式婚礼，父母作主，请媒说定，然后择日"下柬"。在最早的时候，说媒这个程序是非走不可的，无论是两小无猜还是青梅竹马都需要媒妁之言。"下柬"日时还得宴请媒人并向女家转致聘礼。迎娶择吉日，贴喜联，挂彩绸，门顶放红纸包砖两块。迎娶前一日换庚贴，第二日向女家送四包食品及大枣、栗子、花生等。迎娶时有鼓乐前导，新妇穿婚服，冠蒙头巾。落轿后，新娘由两女宾扶着走红毡，有的地方还要过火盆，到天地桌前鸣鞭炮，拜天地，拜父母，夫妇交拜，入洞房。晚上新婚夫妇同饮"合卺酒"，盛行闹新房。新妇坐床三日谓之"坐庐床"。三日后祭祖先，到男方外祖家拜墓。新妇第一次回娘家叫"回门"，在娘家住三日、六日。

（4）中华人民共和国成立前，村里有什么丧葬礼俗？

答：农村的丧葬习俗是几千年来一代代流传下来的，有很多已经消失了，也有很多依旧在沿用。在中华人民共和国成立前农村传统的丧葬礼俗比较繁杂，主要包括报丧、设灵堂、斋事和出殡入葬。过去在农村丧礼中有不少习俗，比如说准备后事要准备棺材和寿衣；入殓时会在老人口中含口饭，也有的会将钱币含在故去老人的口中；在农村为了表达对死者的哀悼，一般子女和族亲都要戴孝，凡是戴孝者皆穿白鞋，子女披麻，女儿、儿媳脚踝缠白绷带，男性晚辈戴孝帽；除了烧纸，还烧纸扎的牛、马、轿以及金库、银库、童男童女等。穷苦人家讲究不了很多的，就一身布衣、一副棺材或一领秫秸箔，就能下葬。

材料二：

"旧时，郭庄村内建有3座庙宇，分别是泰安祠、关帝庙、土地庙。"[1]

4.1.2　特征分析

梁漱溟先生于20世纪30—40年代在思考中国乡村建设的目标道路时，主张要重建中国乡村的"社会构造"与"社会秩序"，必须首先重建中国乡村的"礼俗"。他在论及中国乡村建设的具体目标时曾说："所谓建设，不是建设旁的，是建设一个新的社会组织构造，即建设新的礼俗。为什么？因为我们过去的社会组织构造，是形著于社会礼俗，不形著于国家法律，中国的一切一切，都是用一种由社会演成的习俗，靠此习俗作为大家所走之路（就是秩序）。"乡村建设就是建设"新的社会组织构造，建设新的礼俗"。因此这一阶段的邹平农村礼俗习惯呈现出一种整体性破旧立新的面貌。

（1）区分传统与陋习

梁漱溟在邹平创立山东乡村建设研究院，采用改良的办法，来拯救乡村，并希望通过乡村建设来拯救全中国。在梁漱溟的思想中，"礼俗"对于乡村建设有着重要作用。但是，他所主张的乡村建设，并不是简单地恢复中国乡村传统"礼俗"。因为，他主张的乡村建设，需要"建设新的礼俗"。"新礼俗"应有新的内容，"建设新礼俗"[2]需要新的实践途径。"乡间礼俗的兴革，关系乡村建设问题者甚大。不好的习俗不去

---

① 郭庄村志编委会. 郭庄村志［M］. 香港：中国文化出版社，2013：462.
② 梁漱溟. 梁漱溟全集（第一卷）［M］. 济南：山东人民出版社，2005.

除，固然阻碍建设；尤其是好的习俗不立，无以扶赞建设的进行。"①
当时的新礼俗就是结合中国固有精神与西洋文化的长处，实现两者事实
上的沟通与调和，而新礼俗建设主要就是在传统的文化习俗中区分出陈
规陋习，进行约束和规制。这些被明文列出的陋习包括：

①婚姻陋习。20世纪30年代初，在"多子多福"和"传宗接代"
思想的作用下追求早婚，与早婚相对应的还有悬殊的"男幼女长"婚配
结构以及由此可能带来的伦理问题。

②女子缠足。因为邹平长期受到封建传统观念的影响，所以女子大
多以小脚为美，大脚为耻。女子从六七岁就开始缠足，人们都认为脚缠
得越小越好，从而严重危害了妇女的身心健康。

③奢侈浪费。当时，邹平乡村许多人好虚饰奢。每次婚事或丧事，
铺张浪费严重。结婚时有两种大的宴席：一种宴席是十碗、八碟四大
件。四大件有硬大件、软大件，或二硬二软之分。硬大件是指鸡、鸭、
鱼、肉等荤菜；软大件是指黄瓜、木耳、鸡蛋、虾米汤等素菜汤。一种
宴席叫两开两吃席，俗称两半截子席，即：先上酒菜十碗八碟，喝酒之
后，稍休息一会，然后再上菜吃饭。乡村普通宴会，每席有四五元之消
费；上边两种大席，消费就更多。这对贫困的农民来说，负担是很沉
重的。

④男子留辫子。民国初年，男子开始剪辫子，至20世纪30年代，
男子留辫子的已经不是很多，留者多是年岁大的人。

（2）以行政法令和乡约的形式禁止陋习或违法行为并辅之以适当处罚

为了禁止妇女缠足，政府成立放足督察处，她们会同乡理事、村理
事、邻长一起负责组织检查，对继续缠足的妇女给予批评处罚。

对那些不听劝说继续吸毒者，通常采取强制措施查禁，查禁吸毒的
工作一般由各乡学的乡队长负责。他们带领联庄会会员，先到各村调查
摸底，搞清村里谁吸毒、谁贩毒，毒品存放地点，然后采取突击行动，
把吸毒贩毒者抓起来。对一般的吸毒者，教育、批评、警告后放回；对
那些也抽也贩的，特别是屡教不改的人，必须送到县里的戒烟所（又称

---

① 梁漱溟.山东乡村建设研究院设立旨趣及办法概要［M］// 梁漱溟.梁漱溟全集（第
五卷）.济南：山东人民出版社，1992.

农民自新习艺所）进行学习改造。时间有半年的、一年的不等。放回去再吸毒的还可再抓回来，县里的戒烟所，成立两年多，戒清的瘾君子有三百多人。

为了改变奢侈浪费之风，有的乡成立节俭会，制定宴会公约，规定婚事或丧事每席以四盘四碗酒一壶为度，抽旱烟而不抽纸烟，有人逾此规定则处以罚金。这种反对铺张浪费，提倡节俭的倡导，深受群众欢迎。

（3）对陋习或违法行为采取先教育后惩戒

对于各种陈规陋习的惩戒都是在劝说和宣教之后进行的，就像对当时还留着辫子的男子，首先劝告他们自己剪掉，对不听劝告者则采取强制措施。除此之外，还会定期组织人员到村中、集市中检查，遇到留辫子的男子，马上给其剪掉。

对各种婚姻陋习，主要通过宣传教育，提倡晚婚。研究院通过自编的《乡农的书》加以宣传，其中就有专门的"戒早婚"一文："男婚女嫁，人生大事。女满十六，男足二十；合乎生理，必有子嗣。若论古人三十而娶，再晚三年五年亦不迟。"

在劝赌方面，是先进行教育劝导，对不接受劝导者给予处罚。各村还设立青年训练部成人部，农闲时组织大家读书学习，引导青年人走正途，无暇赌博。

总而言之，该时期的新礼俗在建立过程中，通过一系列的宣传教育，婚姻陋习如早婚、年龄相差悬殊、彩礼过多等现象得到改善。女子不再以"三寸金莲"为美，女子放足，促进了妇女们的身心健康。乡中实施一系列戒毒措施，有毒瘾的人大幅度减少，社会风气大有改观，如铺张浪费、低俗趣味的戏剧、男子留辫子，整个乡间因受到新礼俗的改造，变得更加和谐安定，邻里之间更加和睦。

在这一过程中，教育的作用功不可没。无论是从意识中区分哪些是传统，哪些是陋习或违法行为，还是推行劝诫方式方法，以及结合乡土实际进行的惩戒措施，当时的乡村建设研究院与散布各个乡村的辅导员们都发挥了重要的作用。他们将抵制陋习的宣传编成歌曲传唱，编成课文教学生和乡民，使抵制陋习的观念家喻户晓，尽人皆知。当处理乡间经常出现的民事纠纷时，研究院一方面在文字上进行宣教，在村学乡学须知中，就有对调解的专门解说："若讼到官，结怨益深，不但耗尽家财，此后子孙亦难共处，乡村不祥之事，莫大于此。同村之人，均有劝诫；而调解之责尤在学长。学长必须抱定两个主义：一是主持公道，偏私不讲理之人，必折之以正义；二是化凶怨为祥和，乡内自了，不必到官。"而且还对处理的方式方法进行了详细安排，认为"学长非必是要亲自奔走双方，可先由村中明白能了事之人，劝解调解到八九成，学长再出面。"这种做法，本着教育为先的理念，联合乡理事或其他学董，对当事人加以劝诫，晓以利害，委曲婉转，使争端化解，配合以各村学长的现场见证，使当事双方心悦诚服地解决问题。

在该时期的移风易俗过程中，整体上呈现出以知识分子为主导，国家政府相辅助的教育督导模式。乡村建设的研究者和施行者们拥有较为先进的理论和知识，能够提出更加符合现代社会发展的理念和观点，在区分新旧礼俗、割除落后风习的方面也能够提出合理的、渐进的、易于实行的方式方法。而政府的政策法令的强制性配合，使得知识分子的行动得到了有力保障。

4.2 追求现代文明的新社会

中华人民共和国成立后，中国的政治制度以及社会形态都发生了翻天覆地的变化，自然也带来了社会文化和社会风尚的变化。该时期礼俗的变化除了对封建传统陋习的改造，还有对现代化生活习俗的融合，涉及社会生活的各个层面。

4.2.1 问题调研

材料一：

（1）过春节的时候，郭庄村有什么传统礼俗吗？

答：除夕夜不能大声说话、不能说不吉祥的话、不能打骂孩子；年夜吃水饺，吃到有硬币、糖、枣的水饺表示一年有好福气。春节庭院放香案祭天地鬼神。大年初一天亮时开始拜年，先从同族姓开始，然后在村内串拜。晚辈向长辈拜年，长辈要给小儿"压岁钱"。旧时拜年行叩头礼，现在行拱手礼或说些吉祥话就行。

（2）在你们这里媒婆重要吗？

答：过去在男女婚姻中媒婆是不能少的角色。在老一辈人的脑海中，至今还保留着关于媒婆形象的记忆："扎着小髻子，点着小痦子，摇着小扇子。"媒婆在之前起着重要作用，"媒婆是杆秤，两头都平衡"，男女双方相互说和全靠媒婆。比如彩礼，女方要得多了，媒婆就帮着男方压一压；男方抠了些，媒婆就帮着女方多要点儿，总之是为了小两口过好日子。但是从20世纪80年代开始，自由恋爱兴起，媒婆的作用大不如前。

（3）从中华人民共和国成立到改革开放前，寿诞礼俗对比以前有变化吗？庆祝人群有哪些？在那时送什么祝寿礼物？宴席丰盛吗？

答：在中华人民共和国成立初期，寿诞礼俗基本是对解放前传统礼俗的继承，村里人都觉得应该庆祝寿诞礼。这一时期庆祝人群以家人及亲戚为主，宴席仅是比平常的饮食稍丰富，礼物基本都是食物，比如寿面、寿食、糕点等。后来，传统的寿诞礼俗有所淡化，在当时政治环境的压制下村民的观念有所变化，庆祝人群缩小至直系亲属，寿诞礼物和宴席则变化不大。

（4）村里丧葬礼俗什么时候变化最大？

答：中华人民共和国成立后，特别是20世纪70年代以后，村里丧葬礼俗发生了很大变化，"设道场"基本上不再存在，开始实行火葬。之前在出殡前往墓地的路途中，亲友需要备酒果、焚香，送至茔坟，到之后一般亲友随送葬队伍哭一程就可以了。再之后丧事从简，花圈代纸幡，骨灰盒代棺木，佩戴黑纱代素服。

材料二：

过去郭庄村一带传承下来的禁忌有：

院中忌栽桑树、柳树、桃树、柏树等，以其谐音而寓意不祥。

大门前禁忌种杨树，因风吹杨叶哗啦啦响，俗说财物往外扬（杨），流传着"前不栽桑，后不种柳，门前不种呱哒手"（呱哒手即杨树）的说法。

用筷、勺、端茶、倒水亦有些禁忌。吃饭忌将筷子插在碗内饭上，直立插筷，意指死人享用的"倒头饭"。吃饭忌用筷子敲打空碗，俗说长大没有饭吃。吃饭忌用手托着饭碗，说这是讨饭端碗的姿势，会一辈子受穷。

盛饭菜忌勺子往外翻，称是对犯人的舀法。

饭桌上有人未吃完饭，忌收拾碗筷，对人不礼貌。

忌讳从窗口为人递送食物。

客人来了冲茶倒水，忌将茶壶嘴对着人，一是不礼貌，二是说这样不顺心。给客人倒茶不能太满，倒酒不能太浅。

结婚、祝寿贺礼忌送钟表，因为与送终谐音，很不吉利。

父母给女儿送嫁妆，忌送剪和刀，怕误解为"一刀两断"。

结婚所用物品、礼物，忌单不忌双。

结婚忌在本命年（属相之年），日期更不能定在生日。

走亲看病出远门，忌在农历每月的初一、十五。当地有"待要走，三六九；待回家，二五八"之说。

看望病重老人，忌下午，俗说：下午属阴，看后病人的病会加重。

遇农历一年两个立春日，忌讳结婚，传说："一年两个春，死了丈夫断了根"。

过春节的语言禁忌甚多。除夕夜禁大声说话、不祥之语和打骂孩子；年夜水饺下破后，不能说"破了"，要说"挣了"；包完饺子要说"包满"，不能说"包完了"；除夕至初三圆年，忌讳打碎物品，一旦不慎打破摔坏，忌斥责打骂，要笑说"岁岁（碎碎）平安"。[①]

4.2.2　特征分析

自中华人民共和国成立后，中国就开启了如火如荼的社会主义现代化建设奋斗历程，这也促进了中国乡村礼俗的变迁。中华人民共和国成立初期的礼俗演进与历史上任何一个时期相比都更为彻底，具有极其强烈的革命色彩。

---

① 郭庄村志编委会. 郭庄村志 [M]. 香港：中国文化出版社，2013：464-465.

（1）一些传统礼俗继续延续

历史的发展表明，文化具有传承性和延续性，因此文化之中的各种礼俗也具有十分顽强的生命力，所以在中华人民共和国成立后，大量的乡村生活依然延续着传统的生活节奏，遵循着各种礼俗的规制。比如，那些重要节日的活动和人们过节的方式，基本上保留了原先的主要内容。以春节的各种传统活动为例，在这一时期，邹平农村依旧是按照传统的节俗行事，其中包括：

①打扫卫生。春节打扫卫生的意义有多种，一种是保持卫生，确保家人的身体健康；另一种是去旧迎新，清除秽气；还有一种是扫尽霉运，招来好运。寄托着人们破旧立新的愿望和辞旧迎新的祈求。

②贴春联。春联，又称"春贴""对联""门对"，是中国特有的文学形式，也是中国民间庆祝春节的一件重要习俗。每当春节将近时，家家户户都在大门两边贴上崭新的春联，这些春联红底黑字，稳重而鲜艳，表达一家一户对新年的美好愿望，诸如"六畜兴旺，五谷丰登"之类；或与中华民族干支纪年文化相关联，春联中嵌有"鼠""牛""虎""兔""龙"等生肖物名，如"锦鲤飞身酬远志，祥羊跪乳感亲恩"等；有一些春联还注意反映不同行业、不同家庭不同的"幸福观"，它们以对仗工整、简洁精巧的文字描绘美好形象，抒发美好愿望。春联上下联字数不限，但必须对等，且两边要互相对应，中间的"横批"贴于门楣的横木上，表达了中国劳动人民对辟邪除灾、迎祥纳福的美好愿望。

③吃饺子。一家人欢聚在一起，一边包饺子，一边叙旧话新，共话一年的艰辛，期待来年的吉庆祥和。饺子形状似元宝，因此有财源滚滚的意思；吃饺子寓意着吉祥如意，和谐美好，幸福团圆。

④守岁。过除夕，所有房子都点上灯烛，还要专门在床底点灯烛，谓之"照虚耗"，说如此照过之后，就会使来年家中财富充实。在邹平，守岁是从吃年夜饭开始，这顿年夜饭要慢慢地吃，从掌灯时分入席，有的人家一直要吃到深夜。在这"一夜连双岁，五更分二年"的晚上，家人团圆，欢聚一堂。

⑤拜年。拜年，中国民间的最古老的传统习俗，在春节时期亲戚之间交流感情的活动，是人们辞旧迎新、相互表达美好祝愿的一种方式。

⑥走亲戚。邹平大年初二回娘家，初三开始，姑家、姨家、老娘家、表兄弟、姐妹、同窗好友等开始互相串门拜望。20世纪50年代，走亲戚带的礼品大多是自家蒸的馍馍、年糕、米面等食品。①

（2）部分不合时宜的习俗被消弭

新时期提倡新风尚，很多旧习俗与新时期倡导的新风尚格格不入，因此在党和政府的宣传教育下，逐渐消失不见，逐渐成为人们的记忆。每年正月初一至十五之间，青年及成年人要几人一组去邻居和亲戚家中磕头，这段时间，家中正屋挂着家谱牌位的画卷，门前摆放供人磕头的席子。客人来时，首先站在家谱牌位前，拱手祭拜三次，再跪下磕头三次。然后给年长并且辈分大的人磕头三次。如果有儿童参与，并且与被磕头的人有非常亲密的亲戚关系，就要给儿童压岁钱。磕头大体分两波，第一波在初一起早的时候，主要去邻居家。第二波在初一以后的几天，拜访其他亲戚时进行。中华人民共和国成立后，在城市和一些开明的乡村，如邹平，给长辈磕头拜年的风俗已经很少看到了。②

再比如求神拜佛的风习，伴随着新社会大力破除迷信，拆除庙宇，也逐渐消失在人们的生活场景中。作为祖辈传下来的，求神拜佛，祈福祈财祈寿的传统习俗，虽然体现了人们对幸福的渴望——怀着虔诚的心，焚上一炷香，或期盼家庭和睦，或期盼家中多子多福，人丁兴旺。春节祭祖，庙会烧香，不同时节的社祭、游神等各种活动相沿成俗，在乡民中影响极大。早在民国时期，为了推翻帝制，农村就已经开始在地方上批判封建迷信，不仅取消了地方官员组织的各项祭典，连庙宇、祠堂也被拆毁，有些改为学校、仓库或乡、镇公所。中华人民共和国成立后，大力提倡破除封建迷信，在各级政府组织的宣传教育下，群众觉悟不断提高，自觉拆毁庙宇，也不再搞各种祭神仪式，求神拜佛、烧香磕头的传统习俗也逐渐消失不见③。

一些充斥着迷信色彩的禁忌习俗逐渐被人们遗弃，比如过去清明节的时候，民间忌用针，忌洗衣，还有些地方妇女忌行路。傍晚以前，要

---

① 郭庄村志编委会. 郭庄村志 [M]. 香港：中国文化出版社，2013：450.
② 郭庄村志编委会. 郭庄村志 [M]. 香港：中国文化出版社，2013：456.
③ 郭庄村志编委会. 郭庄村志 [M]. 香港：中国文化出版社，2013：461.

在大门前撒一条灰线，据说可以阻止鬼魂进宅。[1]随着科学知识的普及，民众受教育的范围扩大，这些习俗逐渐也就失去了市场，很少有人相信，更不用说遵照行事了。

中华人民共和国成立前黄山长山杏村等地有庙会，黄山碧霞元君庙会为最盛，届时，远近香客赶来进香还愿。过去邹平农村把每年的四月初八日定为"浴佛节"，中华人民共和国成立后，庙会废止，人们把每年的十月初一定为"寒衣节"，家家上坟祭祀祖先，焚烧纸衣，此日又称"鬼节"。官府祭邑厉坛，民间作小馒头，傍晚撒于荒郊野岭，焚化纸钱，俗称"祭孤魂"。小儿争抢馒头，俗说吃了可以长寿，中华人民共和国成立后此习已绝。[2]

中华人民共和国成立前，农村多建有庙宇，如关帝庙、观音菩萨庙、炎帝庙、土地庙等，各种迷信活动一般以庙宇为场所，遇旱灾有祈雨打醮活动。家宅不安，祸福未定，多祷神占卜。久旱不雨，群众除敲锣打鼓，祈神降雨之外，还有"打旱魃"之俗：于古墓、石井、墙角阴暗处偶见少许潮湿地，即认为旱魃作祟，群起而掘之。订婚嫁娶、建新拆日、修坟安葬，都要请阴阳先生查年命、择日子、看风水、定房基。[3]

中华人民共和国成立后，此类迷信活动已基本根除，经过社会改良后的传统礼俗得以保留并发挥作用。

（3）积极改良传统习俗逐步适应新社会

还有一些传统习俗在国家和政府的政策干预下逐渐改良，去其糟粕，留其精髓。其中以对于婚礼和丧礼的改革最为显著。

结婚，在邹平被认为是家庭三大喜事之一，普遍受到重视，因此烦琐铺张的婚礼成为其隆重的标志。中华人民共和国成立后，妇女翻身得解放，旧社会的婚俗逐渐被废除。《婚姻法》颁布后，实行一夫一妻制，废除包办买卖婚姻，实行婚姻自主，自由恋爱。邹平的婚俗发生了极大的变化，从相亲到结婚，一系列烦琐的仪程被大大简化。一般情况是先由他人介绍，然后安排男女双方见面。如双方初步同意，女方便到

① 郭庄村志编委会. 郭庄村志 [M]. 香港：中国文化出版社，2013：463.
② 山东省邹平县地方史志编纂委员会. 邹平县志 [M]. 北京：中华书局，1992：854.
③ 山东省邹平县地方史志编纂委员会. 邹平县志 [M]. 北京：中华书局，1992：858.

男家相宅子，与男方面谈，增进互相了解。经过一番了解后，双方即约定时间定亲。定亲日，女方到男家认亲。男方邀请亲友，并赠送女方一定数量的衣物，男女照订婚像。结婚前，男女双方要持本村介绍信，到政府领取结婚证书，后约定日期举行婚礼。20世纪50、60年代，由于提倡节俭，彩礼和陪嫁也相对简单，大多只是一张方桌，两把椅子，两个大箱，几条被褥和衣物就够了。

在邹平的传统文化中，丧葬礼仪十分隆重。作为人的一生中最后一项仪式，它不仅仅是为了避免死者尸体腐烂而加以掩埋的活动，也是活着的人对死者表示悲哀悼念的礼节习俗。传统葬礼的主色调为白色和黄色，故亦有白事之称，与红事（喜事）相对。随死者的信仰和经济情况，在整个过程中经常伴有有关的佛教、道教或风水仪式。在过去，邹平的传统丧礼和婚礼一样非常烦琐。但由于丧主的经济状况不同，亦有繁简之别。普通丧葬的礼俗有守灵、入殓祭奠、送丧、安葬、谢恓等环节。中华人民共和国成立后，邹平村民破除封建迷信，提倡丧葬从简，烦琐的丧葬礼俗也不断被废除。坟头不断平掉，死人棺材深葬。以后推行殡葬改革，实行火葬。"文化大革命"期间大队盖了存放骨灰的地方，叫骨灰堂，有的采取深埋。人死后，子女亲属臂戴黑纱，亲朋好友送花圈、挽联，亲友按礼俗举行简单的祭奠以示告别，然后将尸体运至火化场火化，丧葬礼俗较为简化。①

（4）倡导新社会新礼俗

在新社会的新礼俗中，最为突出的就是出现了大量新兴的节日。由于采用公历纪年，这些节日也被称作公历节日。在这些节日中，有国际性的，也有我国特有的，比如新年、"三八"国际妇女节、"五一"国际劳动节、"五四"青年节、"六一"国际儿童节、"七一"建党节、"十一"国庆节等。②以上这些公历节日，随着时代的发展，都留下了历史的印迹。农村民众生活虽较清贫，但民众生活安宁祥和，他们热爱祖国热爱党，走集体化道路的热情非常高涨，人们对公历节日怀有一种敬重的心情。村内干部根据上级的统一要求，举办一些群众性的庆祝活动，

---

① 中共望京村党支部望京村村民委员会. 望京村志［M］. 济南：山东省内部资料出版物准印，2016：285.
② 郭庄村志编委会. 郭庄村志［M］. 香港：中国文化出版社，2013：74.

相关宣传口号大都按照上级统一部署而定。如庆祝国际劳动节标语口号"全世界无产者联合起来""劳动最光荣""向工人阶级学习"等。还有一些节日会根据要求组织活动，如"三八"国际妇女节，邹平妇代会根据上级布置，组织妇女举行各种活动。自实行人民公社化以后，节日的内容紧跟运动的中心，不断变化着，大多是挂横幅，贴标语，开庆祝会或各单位青年演出自编自演的小型文艺节目。"文化大革命"期间，公历节日，基本是清一色的政治口号。从党的十一届三中全会以后，随不同公历节日，根据上级布置，分别由村党支部共青团、村妇联、民兵、学校举办一些形式多样的小型活动。①

中华人民共和国成立初期，伴随着新生政权的诞生，民族得到解放，人民翻身成为自己的主人，中国社会也面临着方方面面的转型。尤其是1949—1956年，在短短的7年时间里，中国社会制度发生了两次巨变。一是由半殖民地半封建社会到新民主主义社会，二是由新民主主义社会到社会主义社会。社会制度以及阶级结构的巨大变化，对中国农村社会的礼俗变化产生了重大影响。总体而言，这一时期的社会习俗主要是通过政治力量自上而下地向全国推广，具有普遍化、全国化和全民化的特征。所以，在某种程度上说，该时期的风俗演变是一个有计划的社会变迁，而不是一种自然而然的转型。这种自上而下的移风易俗运动如火如荼地展开，使得农村社会礼俗呈现出一种被动而快速的变化形态。

首先是对于各种封建迷信思想的清算。中华人民共和国成立初期，社会经济受到战争的严重冲击，社会秩序急需整顿和维护。而各种封建迷信思想的普遍存在，对于树立科学观念，认同和建设新生活有着巨大的反作用力。因此，对于各种封建迷信思想的清算就是从禁止这些习俗开始的，包括废弃寺庙道观，遣散从业人员，禁止举行各种进香、祭拜、供奉等仪式活动。各地通过强制打击、说服教育、舆论宣传、群众动员相结合的手段，多管齐下，很快就从实体层面将这些旧习俗消弭一空。

---

① 中共望京村党支部望京村村民委员会. 望京村志 [M]. 济南：山东省内部资料出版物准印，2016：285.

其次是对于与之相关的传统习俗活动的改造。封建迷信观念之所以对社会和民众有着深刻的影响，是因为其往往与民众的日常生活紧密相连，诸如婚配中的八字、居家建筑中的风水、人生礼仪中的厚葬，还有面临生病不测之时的求神问卜等。在长期的传统社会生活中，人们已经习惯了这样的处事方式，所以在中华人民共和国成立初期的移风易俗过程中，需要在传统习俗生活中剔除掉这些带有迷信色彩的因素，将其改造成更为积极健康的生活方式。在这一时期，春节活动中的祭祖行为的弱化就是这种改造的结果。

再有就是倡导与新时代相适应的新风尚，让新观念与新礼俗占据生活的重要方面。比如在婚恋习俗中，倡导自由恋爱，反对包办婚姻；倡导从简的革命化婚礼，反对铺张浪费等，就是力图从根本上消除旧礼俗的生存土壤，在民众的内心建立起对新观念、新礼俗的自觉认同。

礼俗的形成发展毕竟经历了几千年的历史，是一种持久而深刻的影响力量，即便在实际生活中有了各种禁令，也往往很难在人的心理深处完全消弭无形。这也导致了很多旧习俗虽然在表面上看不到了，但在实际生活中依然顽固地出现在村民的头脑和行为中。在邹平的不少乡村，庙宇虽然没有了，但私下拜神、祭祀的行为其实一直存在。

4.3　回归传统与追求现代化并行

这是回归传统与追求现代化并行的改革开放时期，改革开放之后，邹平的经济、社会、信仰、民俗文化等发生了许多新的变化，不少前一时期被按下暂停键的习俗并没有迎来最终的没落，反而借改革开放给农村带来的文化活跃之势出现了复归的趋向。

4.3.1　问题调研

材料一：

（1）改革开放后，柏家村交往习俗有什么变化？

答：改革开放后，出去打工、学习的人多了，有了朋友、同学、同行，认识的人也多了，不同县的、不同省的人们也有来往。

（2）以前，村里人都是怎么叫父母？改革开放后，对父母的称呼有改变吗？还有其他新的称呼吗？

答：在称谓上，以前对父亲称"爹""爷""大大"，对母亲称"娘"。在改革开放后逐渐称父亲"爸爸"，称母亲"妈妈"。正式的"同志"或官职称谓在村民之间则很少用，"老板""小姐"等新称谓在当时的农村多带有一种戏谑的意味。

（3）改革开放后，这里的结婚礼仪是变简化还是变烦琐了？

答：改革开放后，一些人开始流行自由婚恋，许多年轻人简化传统烦琐的结婚礼仪。不过，送礼、迎亲、婚宴、闹房等传统风俗在村里还是继续存在的。随着改革开放，部分农民富起来，在婚姻消费上大操大办、铺张浪费，一些带有封建迷信色彩的婚嫁礼仪有所回升，至今未绝。

（4）1978年以来，村里的寿诞礼俗有什么变化吗？

答：20世纪80—90年代初期，传统寿诞礼俗有所恢复，人们又开始重视寿诞礼俗，寿诞礼物开始变得丰富，庆祝宴席也稍具规格。新世纪前后，传统的寿诞礼俗开始变得兴盛，业缘形成的好友关系也加入庆祝人群，生日蛋糕和金钱都成为寿诞礼物，庆祝宴席也日益丰盛。

（5）改革开放后柏家村里基本都是火葬了吗？陪葬品都有什么？

答：在20世纪80年代，政府继续提倡移风易俗，1981年民政部提倡节俭办丧事和进行火葬，农村的丧葬礼俗发生了一定变化。农村有给死者扎纸牛、纸马等陪葬品，到改革开放后，尤其是新世纪以来还加上了扎各种纸家电的做法。

4.3.2　特征分析

这一时期的农村礼俗发展，既保留了大量传统因素，又深受城市现代化文化的影响，呈现出进步、文明与复古、怀旧并存的发展趋向。传统习俗在中华文化的传承中扮演着举足轻重的角色，传统习俗承载着中华文明的精髓，邹平人对传统习俗的延续和传承是结合时代特征赋予其新的生机，以此来弘扬中华优秀传统文化。

（1）某些传统礼俗活动重新恢复和改造

这一时期，一方面是经济的飞速发展，一方面是人们思想的日渐活跃，乡民们开始期望能够自由选择自己的生活方式，那些历经千年的传统经历了一段时间的沉寂，却没有在人们头脑中消除，因此，这一时期，很多传统的礼俗活动如雨后春笋般重新兴起，其中比较突出的就是年节的祭祖活动。

年节祭祖本是中国传统习俗中一项延续千年的活动，其中一些形式和观念由于与新时代的风尚不相匹配而在中华人民共和国成立后一度被禁止。但是以慎终追远为目的的祭祖活动在邹平乡村民众心目中一直占据着重要的位置，所以在改革开放之后，在宽松的乡村文化氛围之下，邹平祭祖活动悄然恢复。祭祖的时间主要有两个，一个是春节期间，在大年初一的子时时分，家家户户的老老少少都换上新衣、新帽、新袜、新鞋，在供奉祖宗的神位前面，点烛、烧香、焚纸、放炮，子孙跪拜如仪，称为"发纸接种"。[①]而且在祭祖供奉的传统食物之外，还有的会加上极具现代感的鲜花。另一个重要的祭祖时间则是在清明节，通过这些庄严的仪式，邹平人对先人的思念之情有了适当的表达方式，获得了内心的平衡与宁静。祭祖不仅是人们表达对逝去亲人的孝敬或怀念，而且成了巩固亲情，联络和团结族人的方式。

（2）物质攀比之风影响到礼俗的发展

改革开放活跃了农村经济，给农民带来了更多的机会，无论是在家务农还是外出打工，农民的经济收入都比以前有了显著提高。越来越宽裕的生活状态，难免给一些常见的风俗活动带来相应的影响。婚礼的场面越来越大，葬礼越来越隆重，人情往来的名目越来越多，给这一时期的农村礼俗发展蒙上了一层攀比的阴影。

以彩礼为例，20世纪50、60年代的一张方桌、两把椅子，加上被褥和衣物的彩礼，变成了20世纪80年代的"24条腿、三转一响"，"24条腿"即挂衣橱高低橱、写字台、沙发，"三转"即自行车、缝纫机和手表，"一响"即收音机。[②]

---

① 中共望京村党支部望京村村民委员会. 望京村志［M］. 济南：山东省内部资料出版物准印，2016：331.
② 郭庄村志编委会. 郭庄村志［M］. 香港：中国文化出版社，2013：451.

一些常见的份子钱也水涨船高，由几块钱到几十元、几百元乃至上千元。从婚丧嫁娶、添丁增寿、升学就业到盖房搬家等都要凑份子。似乎随着生活条件的变好，人们随礼的理由也变得越来越多，"份子钱"本是亲朋好友间沟通情谊、传达祝福的手段，"礼多人不怪"的现状却让它失去本来的意义，由原来的一种心意变成了一种负担，从而形成了一种我拿赴宴买人情，改天你再拿钱赴宴还人情的恶性循环。有时候，人们为凑这名目繁多、三六九等的份子钱，有苦难言，不得不省吃俭用，最终影响了正常的生活。

（3）新生活促发诸多新礼俗

随着经济生活水平的提高，很多依赖现代化设备的新兴礼俗随之形成，其中最有特色的当属看春晚这一习惯。这是在现代技术影响下形成的新的春节习俗。由最初的全村人集中在一家或几家，到普及电视后的家家户户，中央电视台的春节联欢晚会成了改革开放后村民春节一项必不可少的活动，属于典型的新兴节日习俗。过去散状的守岁体验，如今被一种统一的仪式、情绪、氛围代替了。

春晚制造了一种"人人有感受"的共同语境话题。过去过年，大家串串门，张家长李家短聊一气，但这种信息平时都了解得差不多了，也没有什么新鲜意味，见面聊天会觉得话题匮乏，素材欠缺。现在有了一台共同观看的节目，大家见面拜过年之后，第一句话肯定首先要聊到昨晚看的春节晚会，通过畅所欲言，每个人都能找到感兴趣的节目话题，找到自己发挥见解与观点的兴趣点，每个人都在展现自己的评论和见解中获得满足。①

（4）外来习俗开始影响人们的正常生活

这一时期的对外开放，让中国人看到了越来越多外面的世界，新鲜的外国习俗也在不断被国人所认识和接受，这些习俗也在悄悄地影响着邹平的乡村生活，尤其是在青年人心目中格外具有魅力。

最先表现出来的影响就是婚礼的礼服。传统中式婚礼的礼服为红色喜服，是中国的传统嫁衣改良之后的产物，有斜襟和对襟两种，上面有

---

① 根据醴泉村村民郭某的访谈记录整理。

龙凤纹饰的刺绣，也有使用红色旗袍这种传统服饰作为礼服的习惯。不过，由于这一时期青年的审美更加开放和西化，西式婚礼上雪白的婚纱和西式礼服特别吸引那些即将步入婚姻的追求浪漫的小夫妻。但是在西方，新娘的白色礼服象征着真诚与纯洁，这个颜色却与传统的中国文化不相符合。因为在中国传统文化中，白色是丧服的颜色，红色才是吉服的应有之色。因此在邹平乡村那些比较前卫的采用西式婚纱的婚礼上，常常能见到红色的婚纱，也算是中国文化对外来习俗的改造了。也有的人家则是两种礼服都穿，白婚纱在婚礼仪式上穿，红色礼服或者旗袍，则在婚宴上穿。既包含了白色的纯洁、忠贞，又不缺红红火火的喜庆之意。①

随着改革开放的不断深入，中国百姓对于外来文化的了解也越来越深入。一些"洋节"也开始进入乡民的生活，比如情人节、圣诞节，伴随着商家的各种促销活动，这些节日的传说、习俗、活动在青年人的圈子里慢慢流行，已经是耳熟能详了。

总体而言，改革开放不仅给中国农村带来了经济、政治、社会等多方面的转型，更引起了传统乡村礼俗的剧烈变迁。这一时期对乡村礼俗的变化影响最大的因素当属经济的发展。一些原有礼俗的重新兴起，如婚礼的大操大办、人际往来的相互攀比，往往基于经济上的宽裕。

同时，乡村原有的自然经济基础逐步消亡，商品经济的影响日渐扩大，农村人口流动性不断增强，城市化进程的影响逐渐扩展到乡村，这些对农村家庭的生产与生活方式都带来了不可避免的影响。尤其是传统民俗赖以生存的文化空间不断被现代城市文化入侵，乡土社会礼俗的现代化转型也自然而然地随之展开。与经济发展相适应，这一时期民俗流变的方向呈现由城市流向农村、由发达地区流向发展中地区、由沿海地区流向内陆地区的趋势。

因此，在这种流变方式中，新一代农村居民发挥的作用尤为突出。改革开放后，中国的农村教育得到了长足发展，农村义务教育普及率不断提高，新一代农民的受教育程度远远高于他们的父辈，对于现代文明

---

① 郭庄村志编委会. 郭庄村志 [M]. 香港：中国文化出版社，2013：304.

的接纳度极大提高，为观念的更新提供了强大的内在支撑，这一时期的农民，主要是青年农村居民的素质普遍提高。因此这一时期农民在生产、交易、消费、娱乐等方面的认知和行为习惯也更加趋近城市，其中参与过城市化流动的农村青年人的思想更为活跃，观念更新也更快。这才有了各式各样的新礼俗成长的空间，才会在传统的婚礼上出现白色的西式婚纱。

另外，传统礼俗的结构也在潜移默化中被一些市场观念所改变，乡村礼俗文化的表达方式也在发生积极改变。例如农村收入提高带来的电视的普及，改变了日常的人际活动轨迹，对娱乐、节日、人际交往产生了多重影响，电视里的影视剧、新闻等传递的观念也如涓涓细流循序渐进地影响着人们的日常观念和行为。

不过，由于长期的积淀，乡村民俗文化中的传统因素依然拥有较大比重。这些传统因素在观念上往往落后于当前社会，难免在日常生活中产生诸多不平衡和不适应。比如在乡村青年的婚恋过程中，自由恋爱与高额彩礼并行，白色婚纱与红色礼服在婚礼上同现等。在移植现代习俗的过程中，社区的性质决定了乡村不具备全部吸收的条件。并且，从骨子里来看，乡村社会对现代文化的价值体系的态度是双重的，即既吸纳又否定，因此，该阶段的乡村礼俗呈现出一种现代化与传统因素杂糅的状态。

4.4 继承中发展的新时代

这是在继承中不断求得发展的新时代。进入 21 世纪，中国乡村已经被纳入了城乡一体化发展的进程，无论是政治还是社会、文化、科技的城乡互动较以往都更加紧密，多重因素对乡村礼俗文化的发展有诸多积极影响，但同时也带来了乡村原有的礼俗社会面貌的变化。

4.4.1 问题调研

材料：

（1）现在村里婚嫁礼仪有什么特点？还有跨火盆、拜天地等习俗吗?

答:现在村里婚庆礼俗呈现新旧结合、中西结合的特点。结婚仪式上出现亦新亦旧、亦中亦洋的趋向,旧时普通婚俗有简化但也存在。以前婚礼用五谷杂粮撒向新娘、做驱邪纳福仪式,然后会撒糖果、撒钱,现在大多用彩色纸屑撒向新娘以致庆贺。

如今,农村在婚礼现场是穿白色婚纱,在敬酒时新娘会换上红色敬酒服,新娘跨火盆、踩碎瓦片的习俗基本消失。在司仪主持的现场上还会拜父母,但不用磕头。在婚礼现场问誓、交换戒指等仪式是借鉴西式婚礼,有时候中式婚俗与西式婚俗可在同一婚礼上呈现。

(2)现在村里重视给老人过生日吗?

答:重视。现在村里老人过生日村里会发一箱鸡蛋,还有蛋糕卡。随着生活条件越来越好,现在寿诞礼物各种各样,生日蛋糕、酒、茶、奶、保健品、衣服、鞋子、手表、电子设备等都可以作为寿诞礼物。庆祝宴席看个人喜好,有喜欢在家温馨吃饭,也有去饭店庆祝的,宴席十分丰盛。

(3)山东作为礼仪之邦,之前抖音上磕头拜年、集体跪拜的视频很火,现在村里还有吗?您是怎么看待磕头的?

答:现在我们村里已经没有了,在一些村还有。拜年祝福、婚嫁喜事、丧葬白事、祭祀祈福时的磕头跪拜礼俗逐步退出历史舞台。

磕头跪拜是表示礼貌尊敬,这里面包含的是人们对一个人的最大礼节,给长辈磕头怀揣的是敬与爱,是孝道,是一种传统美德。随着时代发展,有年轻人不爱磕头,这也没什么,真正尊重老人、孝敬长辈,讲文明、懂礼貌这才是最重要的。

(4)在尊重老人长辈方面,邹平这些村里还有什么礼俗?

答:敬重老人是传统良习。一同走路的时候让老者居先。同桌吃饭的时候长者或辈分高的长辈坐上位。斟酒满茶,也先给长者,然后按照辈分来。而且在咱邹平这些村里一般都是按辈称呼,不管年龄大小,就看辈分高低。

4.4.2　特征分析

改革开放40多年来，尤其是进入新时代后，市场化和流动性极大地改变了农村居民的生活环境，中国传统的礼俗行为有些趋于消失。

（1）传统礼俗行为在日常生活中不断消失

随着中国城镇化的不断发展，越来越多的农民走出家乡，进城务工。一年里生活在城里的时间远远多于在村里的时间，因此，各种生活习惯逐渐向城市靠拢，传统的礼俗行为大量减少，串门拉呱走亲戚、赶集听戏年节扮玩，包括人与人之间的关系维系的方式方法，都与传统的乡村习惯不一样，回乡秉承的礼俗认同与曾经的乡村礼俗观念大相径庭。过去，春节一定是要回乡过的，不论春运的车票多么难买，不论归家的路程多么遥远，哪怕大部分时间耗费在路上，也要在除夕那天与家人团聚；正月初一拜大年是一定要亲自登门拜访的，不论天气是否恶劣，都要给一年不见的长辈亲戚祝贺新春。但是现在，不少在外工作的邹平村民的子女春节未必都要回到家乡，也有的选择一家人在这个难得的假期举家出游；至于拜年，随着网络的发达也未必非得登门拜望，电话、短信、微信、QQ拜年也逐渐被人接受，交往方式由过去的"面对面"交流变成了现在的"网联网"交流①。

经济水平的提高也带来日常生活的诸多变化，影响着以往的传统礼俗行为。在过去，一些特定的食物由于制作不易，原料难得只有在年节才能享用，比如春节的饺子、十五的元宵、端午的粽子和中秋的月饼，但是现在这些节令食品早已工厂化生产，可以随时随地满足人们的口腹之欲，因此，这些原本重要的节日特色饮食的地位大大下降，也逐渐淡化着人们在心目中对于节日味道的浓烈感受。

（2）继承弘扬中华优秀传统文化不断创新礼俗

伴随着大量传统礼俗行为的消失，并不是人们对于传统文化的背离。相反，在这个过程中，很多乡民更加深刻地意识到守住传统的意义所在，这种坚守尤其体现在各种年节的时点上。节日文化不仅是个人生

---

① 根据醴泉村村民李某的访谈记录整理。

活的节点，而且是传统礼俗和文化的重要组成部分，体现了中国的历史文化和风俗特点，更体现了中华民族的价值取向——生生不息、崇尚贤哲、团圆美满、国泰民安……重要的节日纪念日不仅是放假休闲的好时光，而且是宣传中华优秀传统文化，再塑中国精神的重要节点。这些在21世纪无论是民间还是政府都有清晰的认知。因此，《全国年节及纪念日放假办法》明确规定将清明节、端午节、中秋节定为法定节日。作为由国家法律统一规定的用以进行庆祝及度假的休息时间，法定节假日制度是国家政治、经济、文化制度的重要反映，体现了自上而下对于传统文化礼俗及观念的重视。2012年修订的《中华人民共和国老年人权益保障法》在法律上明确规定，每年农历九月初九日作为老年节，虽然政府早在1989年就已经将农历九月初九正式定为"中国老人节""敬老节"，但是在法律上的明文规定，无疑是对这个节日最重要的保护。这些节日的规定背后，其实恰合了民间对于家庭稳定和睦、孝老爱亲的不懈追求，因此得到了民众的普遍欢迎和大力支持。

（3）致力于甄别传统礼俗的精华与糟粕

对于传统的甄别取舍其实早在20世纪三四十年代就已经开始了，当年对于大量封建陋习的取缔和改良，在新世纪的今天，依然任重而道远。文化的发展和文明的程度有时是不一致的。现代化的生活条件有时也会催生不和谐的行为习惯和风俗礼仪。因此在今天的中国乡村，甄别精华与糟粕，去除那些不利于社会稳定发展和文明进步的习俗，避免一些习俗死灰复燃，仍然是一个需要面对的挑战。

"风俗，天下之大事也"，随着人们的生活日益富足，传统的陋习也往往有了复辟的途径，比如，天价彩礼导致一些适婚家庭债台高筑，酒席泛滥让人情债不堪重负。一言以蔽之，移风易俗，利国利民，众望所归。党的十八大以来，中央农村工作领导小组办公室、农业农村部等11个部门联合印发了《关于进一步推进移风易俗 建设文明乡风的指导意见》《开展高价彩礼、大操大办等农村移风易俗重点领域突出问题专项治理工作方案》，对移风易俗工作进行全面安排、专门部署。各地区各部门加大力度，扎实推动，高价彩礼、人情攀比、厚葬薄养、铺张浪费等陈规陋习得到有效遏制，婚事新办、丧事简办、孝老爱亲、勤俭节约等文明风尚更加浓厚，不断焕发乡村文明新气象。[1]比如，受到传统面子文化的影响，邹平婚丧嫁娶一度出现各种大操大办现象，相伴而来的"高价彩礼""人情债"也让很多村民不堪重负。不少人感叹随礼负担太重[2]，面对彩礼越来越攀比、礼金越送越高等人情消费畸形化，就需要各级基层组织加以引导，从制度上进行约束，由党员干部带头，广大群众响应，开展一系列治理行动，推进移风易俗，革除高价彩礼、盲目攀比、铺张浪费、低俗婚闹等陈规陋俗，弘扬健康文明、简约适度的婚俗新风貌。

新时代，网络化与全球化带来了更多开放与互动，给人们的交流增加了更多便利性，让中国文化越来越多地融合了来自世界各地的文化，不免让人有一种传统文化日渐式微的感觉。

纵观历史，任何一种民族的风俗习惯都不可能是一成不变的。时代的变化导致民俗存在的时空环境相应改变，当然也是必然影响民俗的存在方式。进入新时代，乡村礼俗的变迁首先呈现出来的趋势就是外部机制的影响越来越大。外部机制，就是指新时代的礼俗文化更易受到异质文化的传播、移植的影响。相对于乡村礼俗，异质文化包括现代文化、城市文化以及世界其他国家与民族的文化。由于传统乡村社会不具备创造出新民俗的能力和机制，而现代社会是以城市为中心的社会，因此城市作为产生现代文化的源头，对传统乡村具有极强的辐射作用。生产力的提高、教育水平的提升、新兴媒体的出现，多方面为乡村民俗文化变迁提供了充足的动力，在物质层面和精神层面上都做好了接受现代城市文化的准备。

其次，乡民们的主体记忆逐渐式微，也使得传统礼俗文化日渐衰落，也更易为新兴风俗所取代。乡民的主体记忆指的是乡民作为文化主体对当地的地理环境以及人文历史的记忆和怀念，其实质是对乡村历史、文化的保留和传承。其中既包括村落的遗址，又涵盖传统的信仰和风俗等。这种主体记忆伴随着城市化进程的加快会不断减弱。在实际生活中表现为各种文化主体对礼俗文化认同的强弱差异，老年人与年轻

① 顾仲阳，常钦. 焕发乡村文明新气象［N］. 人民日报，2022-10-06（004）.
② 根据西王村村民张某的访谈记录整理。

人、固守乡土的居民与不断流动的居民，都具有这种差异。在城市化进程日益加速的时代，前者在数量上越来越少，在乡村话语体系中的重要性也越来越低，乡民的主体记忆自然日渐模糊，传统礼俗文化的影响也会越来越淡化。

不过，即便如此，在邹平的乡村礼俗文化调查过程中，依然能够发现传统礼俗文化存在和发扬的价值和空间。值得一提的是，在各种新时代的礼俗文化创新中往往要借助传统的力量。这是因为主体选择机制在文化创新中依然重要。作为乡村民俗文化的主体，新时代的乡民们正纷纷转移到非农产业，他们的社会角色也在不断变化。传统的农民阶层分化成农业劳动者、乡镇企业工人、城镇雇工、私营企业主、自由职业者等等。他们与传统乡村文化出现了时空上的背离。乡村生活和礼俗已经不再是他们的唯一选择，但是，要他们完全脱离世代生存的文化氛围也是不可能的。在这种杂糅的文化状态下，礼俗文化的"变"还是要基于民俗承载群体的认可程度和心理需求，故而在调查中可以看到乡民们正在不断调试乡村民俗文化和现代文化，使之相互适应，和谐共处。

此外，新时代的优秀礼俗文化本身就应该是兼容并蓄的，只有这样才能具有强大的生命力，从而适应新时代的发展。

中华优秀传统文化是广大劳动人民在长期的艰苦求索中形成的，是人们汗水与美德的结晶，是希望与祈祷的产物，是文明与发展的承载。无论社会如何发展，礼俗如何变化，我们都需要深入了解传统乡村的优秀文化，梳理那些富有浓厚的地域特色的民风民俗，这些有助于我们强化文化身份的认同，铭记民族的历史文化。只有这样，才能正确把握农村文化建设方向，更好地把那些优秀的传统文化形式保存下来，传承下去。

第5章　娱乐变迁

　　随着国家经济社会的发展，大多数农民在温饱已经解决、农业生产劳动强度不大、休闲时间变多的情况下，必然对文化娱乐生活有所需求。农民精神文化生活的变迁也反映着经济发展水平、居民收入等物质基础的变化。分析邹平百年文化变迁，不难看出，不同的年代虽然娱乐条件和方式不同，但农民对闲暇时间的娱乐休闲兴趣不减，休闲消费结构不断升级，总体上是沿着从单调到丰富的演进过程加以变迁。

5.1　秉承农耕时代的传统娱乐

　　休闲娱乐方式变迁的历史过程反映了农村居民生活质量的状况，旧中国，受制于落后的物质生活条件，人们的休闲娱乐方式同当时的经济窘迫状况相吻合，人们的精神追求无法得到保障。娱乐活动的独特性和滞缓性特征并未伴随着社会经济的急剧变化而发生深刻改变，这一时期，人们的娱乐方式仍以杂要为主，保留着农耕时代的传统色彩。

5.1.1 问题调研

材料一：

（1）中华人民共和国成立之前，村里人的空闲时间怎么度过呢？

答：过去，绝大部分农村人民的生活都是十分单调的，白天务农在地里干活，后晌没有电灯加上娱乐方式的缺乏就早早上床睡觉，基本都是日出而作，日落而息，没什么休闲娱乐的时间。白天的时间一家老小都忙着生计，只有啥活也帮不上忙的小娃娃能在村里玩玩。

（2）中华人民共和国成立前，柏家村里条件富裕些的农民会有什么休闲娱乐？

答：中华人民共和国成立前，柏家村只有个别外出的人在城市里听说过有电影之事，而真正看过电影的人很少。看皮影戏、去戏院茶馆游乐场都是十分奢侈的娱乐，更别说听戏剧、听小曲了，这些都是达官贵人、有钱人的享受，村里人是不会接触到这些的。

（3）中华人民共和国成立前，柏家村里有人读书习武吗？有人进行体育锻炼吗？

答：中华人民共和国成立前，柏家村里读书习武的人不多。也有读过几年书的，个别学武术的是为了生计，给人看家护院或者是出去谋生的时候防身用。那个年代村里人都为了生活拼命干活，没有人像现在一样锻炼，平日里干活爬的山、走的路都是运动，没有人专门为了锻炼去爬坡、跑步、散步的。

（4）中华人民共和国成立前，古城村有剧团吗？村民有听戏的吗？去哪里听？

答：中华人民共和国成立前，古城村没有剧团。有钱的大户人家有喜庆事会从外地请戏班子搭台唱戏，村民会去看看。再有就是去周村城里看戏。

（5）中华人民共和国成立前，古城村里有人读书习武吗？有人进行体育锻炼吗？

答：中华人民共和国成立前，古城村的普通村民没有人书读，只有大户人家和读书人家才有人读书。古城村从清末民初到中华人民共和国成立初期，村民一直习武，我们村是长白山一带的武术之乡。

（6）100年前，邹平农村有庙会吗？庙会有什么活动？

答：有。100年前，我国还是贫穷落后状态，除少数大城市外，乡镇农村的文化娱乐基本是空白，在这样一种状况下，庙会丰富了广大群众的生活。中华人民共和国成立前的庙会以祭神祈神为主，有一些祭祀仪式，也有杂耍、戏曲等文艺活动，绝大部分是人们自发组织形成的，样式丰富，但也很简陋。再有就是部分小商贩、小手工业者也会在庙会上搞些物资交流，销售各种日用品。中华人民共和国成立后不让搞迷信活动，庙会就成为了物资交流会。到1958年关闭集市贸易，庙会也跟着取消了。

材料二：

（1）柏家村调研材料

"中华人民共和国成立前，柏家村只有个别外出的人在城市里听说过有电影之事。真正看过电影的很少。"①

"清末及民国年间，村民个人收藏图书的甚少，只有读过几年书的人有些藏书，多系四书五经、唐诗宋词、戏曲、古典名著、武侠小说、天文地理和私塾课本等。"②

"中华人民共和国成立前，柏家村民以农为主，天天下地干活，进行体育锻炼的人很少。"③

"个别人曾学过武术，为的是看家护院和外出谋生防身。村内的体育项目仅有清明节时打秋千和冬季里女孩子踢毽子。但柏家地处丘陵山区，走路、干活天天爬坡，村内打铁的人多，用生活和劳动代替了体育锻炼。"④

（2）古城村调研材料

"中华人民共和国成立前，古城村的体育活动主要以习练武术为主，从清末民初到中华人民共和国成立初期，古城村村民习武成风，乃长白山一带闻名遐迩的武术之乡。"⑤

---

① 李福林. 柏家村志［M］. 香港：中国文化出版社，2008：356.
② 李福林. 柏家村志［M］. 香港：中国文化出版社，2008：358.
③ 李福林. 柏家村志［M］. 香港：中国文化出版社，2008：365.
④ 李福林. 柏家村志［M］. 香港：中国文化出版社，2008：366.
⑤ 董好连. 古城志［M］. 香港：中国文艺出版社，2011：196.

"中华人民共和国成立前，古城村拥有图书者多为大户人家和读书人家，一般群众无书可读。"①

"古城村历史悠久，文化底蕴深厚，曾诞生过不少有影响的文化名人和文学作品，陈仲子的《於陵子》十二篇，篇篇珠玑，影响深远。"②

（3）望京村调研材料

"中华人民共和国成立后，望京村戏曲爱好者达到40余人，主要以王元祥等人为主，组织人马在春节、元宵节期间演出。"③

（4）郭庄村调研材料

"中华人民共和国成立前，郭庄村就有许多戏曲爱好者，在冬闲时自发地组织起来，演唱周姑子戏（又称五音戏）。"④

"郭庄村玩龙灯历史悠久，据传，在清代村内就有人会扎制龙灯，每逢传统节日遇有喜庆之事，龙灯爱好者就在村里玩龙灯，以示庆贺。"⑤

"1949年，为庆祝中华人民共和国成立，郭庄村成立秧歌队、高跷队到王村大寺湾参加会演。"⑥

5.1.2　特征分析

20世纪30、40年代，外来的与内生的、现实的与历史的、人为的与自然的各种危机纠缠并存，影响着广大农村。极度贫困成为这一时期农村普遍的社会现象，吃饭是农家生活的首要问题。在当时的农村，娱乐是极其奢侈的一件事，几乎少见有专门的娱乐花费。而村民们能够感受到的快乐和欢愉，大多是生活中一些重要事件的附属品，是在沉重生活压力缝隙中寻找到的零零点点的快乐。

（1）年节娱乐是最为重要的娱乐节点

日常生活的艰难不易，使得广大村民少有闲暇和欢娱时光，因此，

① 董好连. 古城志 [M]. 香港：中国文艺出版社，2011：195.
② 董好连. 古城志 [M]. 香港：中国文艺出版社，2011：193.
③ 赵承宏. 望京村志 [M]. 济南：山东省内部资料性出版物准印（2016年滨州第009号），2016：311.
④ 郭庄村志编委会. 郭庄村志 [M]. 香港：中国文化出版社，2013：229.
⑤ 郭庄村志编委会. 郭庄村志 [M]. 香港：中国文化出版社，2013：230.
⑥ 郭庄村志编委会. 郭庄村志 [M]. 香港：中国文化出版社，2013：231.

年节的各种集体娱乐活动在邹平乡民的心目中就显得格外重要。这些特定场合中的集体活动往往担负着祈福求吉的美好愿望，是乡村社会不可或缺的集体生活的组成部分。邹平地区衍生出来的不同形式的娱乐活动，被群众称为"闹玩"或"扮玩"的杂耍，一般在春节、元宵节和其他重大节日、喜庆事件时演出。扮玩的时候，先是在村内沿街串巷，打场子表演，有时也到周围村庄、乡镇驻地甚至县城演出。这种巡回演出俗称"送玩艺"，比如长山镇的芯子、古城镇的竹马等。[①]

邹平长山镇的"芯子"自光绪年间至今已有100多年的历史，主要集中在甘埠村一带。每年从正月初三，长山人就开始张罗着迎泰安奶奶回娘家，自初三开始至正月十五，长山人便开始一年一度精彩的社火祭祀表演。长山芯子是一种民间古老的传统杂耍技艺，它分为单人芯子和双人芯子（后来也出现了多人扮演，用车拉着走）。单人芯子有的由一人肩扛，有的由两人平抬，比较简单。据传是聪明的长山人看到点燃后的蜡烛，由蜡芯上火苗的摇摆受到启发，并结合龙灯、狮子、竹马、旱船等表演，逐步研制而成，故称之为"芯子"。[②]

临池镇古城村的竹马形成于清代中叶，鼎盛于清末民初，乃原长山县三大著名杂耍之一，是一项元宵节期间以扮玩杂耍为主要形式的民间习俗。扮玩者均着满族人衣帽，节目亦以清朝为背景，在9位骑马者中，为首者名称"老汗王"，身份为清朝顺治帝，另8人则分别代表8位皇子（亦有8位皇爷之说）。

高跷与龙灯也是邹平农村比较盛行的年节娱乐活动。高跷是一种双足踩着木跷做舞的杂耍形式。木跷高矮不一，矮者一、二尺，高者五、六尺。踩高跷又分文武两种，文者重于踩和扭，武者主要是特技表演，要求演员具有较高的武功，如肩上驮人、单腿跳步、后折腰、劈叉坐地跃起、翻筋斗、跳凳子等。一般二三十人为一队，踏着锣鼓节奏，边踩边舞，变换队形。舞者多扮演"唐僧取经""八仙过海""梁山伯与祝英台""哪吒闹海""白蛇传"等传说故事中的人物。人们用竹木扎成船形，外罩彩绸或布，船上插莲花蓬。表演者居其中，用布带将船系于腰

---

① 郭庄村志编委会. 郭庄村志［M］. 香港：中国文化出版社，2013：230.
② 张鸿旭，高金龙. 百年舞动的长山芯子，世代传承的技艺绝活［EB/OL］.［2016-02-23］. http://sdzp.wenming.cn/zixun/tpyw/202107/t20210705_3283807.shtml.

部，装假腿盘放船上，船顶用彩绸围饰，一般由两人表演，一人扮渔夫，另一人扮演渔妇，渔夫划桨，渔妇坐船。一般表演节目有荡舟歌唱、与风浪搏斗等。龙灯是用竹篾扎龙架，装上龙头，外面用糊纸或用绸布缝成圆筒，饰成龙的形象。龙体内置蜡烛或彩灯，下面装有木柄，舞者手持木柄挥舞。龙前一人持彩绸"宝珠"，施放烟火，引龙戏舞。四周以云灯配舞，夜晚舞动，格外壮观。龙灯表演节目主要有"垛龙""龙打滚""龙摆尾""浪中游""龙闹海""跳龙门""龙盘柱"等。龙灯耍舞时，灯火闪耀，鞭炮齐鸣，龙在万点火花中滚进滚出，显得金光灿烂。龙灯队常为双龙齐舞，配以锣鼓，气势更为壮观。邹平地区的焦桥、长山、孙镇等乡镇的龙灯尤佳。

黛溪中兴龙灯共有2条，一条蓝色，一条绿色，舞龙的道具包括龙身、神珠、龙门等，龙灯讲究自己扎，自己画，龙衣色彩自己染，不用市场货。中兴龙灯龙头较大，龙身较粗，龙身共7节，舞龙时龙头需5人轮换，龙尾需34人轮换，中间五节每节需2人轮换。[①]

郭庄村还有一种扮玩形式叫云彩灯。由多块云彩道具组合而成，每块云彩道具用竹子扎成云彩样式，外用绸纱或纸裱糊，绘上云彩图案。道具内嵌一支蜡烛，演出时点燃蜡烛，每人手持一块云彩道具在指挥的示意下，忽跑忽停，摆出绚丽的图案。常用的套路包括"单串花""双串花""辫麻花""翻云"等。云彩灯是一种集体表演项目，最适宜晚上表演，烛光晃动，时东时西，犹如流星赶月。队形一会变为长龙，一会缠绕不分，场面壮观，气势恢宏。[②]

（2）娱乐活动与民间信仰活动往往联系密切

由于经济的拮据，这一时期的邹平乡村很少有专门的娱乐活动，各种能够给人们带来欢愉的活动往往与其他更为重要的生活事项联系在一起，其中联系最为紧密的应该是各种民间的信仰活动，在这些祈福求吉的仪式活动中，人们能够找到特别的兴奋和快乐。

传统的庙会融合了宗教信仰和民俗文化，其本来目的是敬奉各种神灵，常常伴随着复杂的宗教仪式，不过，在郑重其事的宗教仪式之外，

---

① 佚名. 中兴龙灯［EB/OL］.［2013-12-13］. https://www.dzwww.com/2013/sdwsdt/bzwsdt/zpwsdt/fsmq/201312/t20131213_9340116.htm.
② 郭庄村志编委会. 郭庄村志［M］. 香港：中国文化出版社，2013：231.

各种戏曲表演、民间赛会也为乡民提供了难得的娱乐项目。

庙会的娱乐休闲活动可以分为观赏类和农民参与类两种。庙会期间，最普遍的观赏类节目是唱戏，它可以调剂乡民日常贫乏的生活，消弭村民生活的贫乏枯燥。而庙会上的农民亲身参与类的活动大多是一种群体性信仰活动。人们通过举行一些仪式来取悦他们所信奉的神，祈求丰收、祈求子嗣繁衍等。乡民通过祈祷和祭奠等活动抒发自己的情感，满足自我的精神需要。

此外，庙会作为大型的人群会聚，适应了农业季节性强的特点，每年举行数次，多在农闲期，常常伴有大型集市贸易，配合着农民生产活动的节奏，满足对生产生活资料的购销需求。因此逛庙会或赶庙会成为村民在日常生产之余调节生活、放松身心的休闲方式之一，以调剂"日出而作、日落而息"的枯燥和乏味。庙会为农民提供了一个休闲的理由，也为平时辛苦忙碌的农民提供了一个享受闲暇的公共空间。由于这一时期信息传递不便，亲戚往来只能选取特定年节，而庙会这种辐射范围相对较大的定期的人群聚集，自然也就成了一年见不到几次的亲戚能够见面相聚的合适时机，对于封闭的乡村社会的人际交往起到了重要作用。

在邹平诸多庙会中，红庙庙会是最具代表性的。农历六月初六是一年一度的邹平县临池镇红庙庙会。红庙庙会产生于明朝后期，至今已经有400多年的历史，它是由红庙、高旺、兴安三村联合组织、周边上百里的群众共同参加的民间盛会。红庙是为纪念正德年间红庙村13岁的孝女高大姑而建。相传高大姑的父亲因抗击倭寇战死于大海之中，高大姑日夜哭喊，感动了上天，上天特意派一神人交给她一把勺子，嘱咐说舀干海水后就会寻到父亲的尸体。高大姑手持铁勺，一勺一勺地舀，夜以继日，其父的尸体终于浮出，高大姑收殓起父亲的尸体，扶枢归葬故乡，自己也殉父而卒，乡亲们将其葬于父亲墓边的一侧，此后她"千里寻父"的感人故事被后人争相传颂，并在红庙村修建了一座红庙供世人瞻仰。每年的六月初六红庙庙会，都会举行孝戏演出、大型祭祀等活动，成为周边地区著名的庙会之一。[①]

黄山庙会规模大，时间长，集期从农历三月二十八日到四月九日十几天不等，也有说是从农历四月初一直到四月十五，每年一次。黄山庙会始自明代，起码有 600 年的历史。有人说庙会就是年集，似乎也不妥，确切地说应该是依托三、八大集，借黄山庙会声望，进行各种物资交流的大型商品交流会。传说农历"四月八日"是佛祖释迦牟尼的生日，黄山上有盂兰会，届时不仅有远近的善男信女祈愿进香，更有文人墨客会集于此吟诗作赋，南北商贾亦来此交流物资，终日人山人海，煞是热闹。黄山庙会期间，尤以各地前来交流药材的药商为众，远至东北、两广、云南、贵州等地的药商，亦不辞远行前来赶会，从而形成了海内闻名的黄山药会，成为邹平县一年一度的盛事之一。

六月初六这天的醴泉寺庙会迎来了客流最高峰，一大早大批游客便纷纷涌进醴泉寺风景区的各个景点游览祈福。有时候，一天的客流量能超过 15 000 人次。醴泉寺庙会历史由来已久，已经成为集旅游、民俗、各种文化演出为一体的文化盛宴。[②]

（3）集市成为定期的娱乐中心

集市作为一种社会形态，具有多重的社会功能。邹平大集为每 10 天两个集，每旬的逢三、八即为大集日（曾有一个时期还有一、六小集）。县城周围乡镇和一些较大的村庄也都有集，按照"一六""二七""四九""逢五排十"而定。在不远的十几里地之内，基本每天都有集，县城的大集和周边的小集形成了一种互补，基本满足了群众生活的需要。

中华人民共和国成立前，邹平是一个以农为主的中等小县，定期集市的特点充分体现了与农业生产的密切关系。1933 年，美国芝加哥大学的一名学者曾经来邹平做过长期的集市调查和考察，回去后他撰写了博士论文《中国北方的集市经济》。据其论文记载，当时邹平大集和孙家镇牲畜交易在一年中有三个高峰期，其中两个高峰期是农作物播种季

---

① 佚名. 红庙庙会［EB/OL］.［2013-12-13］. https://www.dzwww.com/2013/sdwsdt/bzwsdt/zpwsdt/fsmq/201312/t20131213_9340170.htm.
② 李薇. 邹平："六月六"传统庙会人气旺［EB/OL］.［2014-07-03］. https://www.zpgd.net/zpxw/10389.html.

节和大田需要牲口的季节，第三个高峰期是农作物收割全部完毕的时候，较贫穷的农民需要卖掉牲畜，以节约冬天和早春农闲之际喂养牲口的草料花销。地主和牲口投机商这时以低价买进，并在价格再次上升的下一季把牲口卖出，在完全靠人力和畜力进行生产的农村，牲畜对于一个家庭的重要性不言而喻。他还记载，在播种季节，肥料、锄、犁和其他与季节有关的农具，在集市上随处可见。在收获季节，集市上摆满了镰刀、捆庄稼的草腰子、打谷脱粒用的席子；而一旦收获季节过去，农活暂时不忙了，集市上又到处摆放着鞋样子、棉线、织梭等织布纺线的用品，以及丝线和其他缝衣工具，这一切又能使勤俭能干的农村妇女们可以把空闲时间利用起来。此外，定期集市是把外来商品送到当地人手中的重要通道，同时又是本地产品集合起来，运往外地的主要集中地。通过商人，少量的粮食、家畜、鸡蛋、丝绸、土布、布鞋，从无数的农民和小生产者那里集中起来，变成大宗商品运往远方的中心。

除了经济生产活动的功能，定期的集市也为寡淡的日常生活增添了一抹亮色，成为村民们一种放松的场所。在不是赶集的日子里，村子或城镇，通常是平和安静的。但在赶集的日子里，它却好像复苏了一样。黎明刚刚爬上地平线，农民、手工工匠以及买卖人，一个个带着可以卖出的东西，手拿的，肩背的，牲口驮的，小车推的，大车拉的，从四面八方向集市所在地汇集而来。他们沿着主要大街集合起来，在路边摆开货物，或摆放在临时木架上，等待着顾客的到来。与此同时，买东西的人也开始云集，快到中午时，买东西的人和卖东西的人已成千上万，安静沉寂的村庄或城镇被集市的喧嚣声淹没，变成一幅人声鼎沸、热闹非凡的画卷。在平日空无一人的街道上，挤满了挨肩擦背的人群，人们在讨价还价中，满足着自己的需求，同时透着一种兴奋与激动。

中国传统乡村的娱乐活动，长期以来呈现出一种公共性的特征。在传统农业社会中，相对低下的生产力使得农民不得不将大部分时间用于土地经营，而有限的土地也只能勉强维持基本生存需要。因此，对大部分农民来说，用于休闲娱乐的时间非常有限，私人性的娱乐生活往往被各种生产劳动压缩，表现为一种与生产活动相适应的闲暇节律，即闲暇活动与岁时节庆相关。这种将民俗节日作为休闲娱乐时刻的习惯，往往伴随着全民参与的特点，具有公共性与狂欢性的特征。各种节庆的民间游艺活动，庙会上的有组织的娱乐活动都带有这种特性。

这种公共性的娱乐活动，往往又有强烈的民间信仰。众所周知，传统节日作为生产、生活的节点，其实大多与祭祀有关，更遑论那些本来就是为了祈福消灾的庙会活动。所以，节日的发展，从一般意义的祭祀性质到欢娱行为的演变，可以说是一种普遍的文化现象。相应地，娱乐化也丰富了节日的意义，使原有的时间节点，变成了真正的节日。人们在这些特殊的时间点，一方面告慰祖先，一方面享受现世的欢乐。节日给人们提供了一个机会和空间，让他们得以心安理得地聚集起来，狂欢娱乐。高跷、龙灯、旱船、芯子……各种民间游艺活动，让人们暂时从日常生活中解脱出来，身心都沉浸在这难得的欢愉之中。

在传统社会中，人们投身于这些集体性娱乐活动，不仅满足于放松自己的身心，而且存在着一定的比赛、竞争的意识，主要体现在各个村落的高跷、芯子等扮玩队伍之间，竞争的内容既包含了排场、技艺的较量，又包含着精神的比拼。这种竞赛性质反过来又强化了传统乡村社会娱乐的集体性和公共性。

传统乡村社会的娱乐方式往往受制于乡村的经济条件，低下的生产力水平以及有限的家庭收入，使个体家庭无法分配更多的财力用于个人娱乐活动。而集体性的活动摊薄了娱乐的花费，聚集的狂欢同时还能放大娱乐的效果。从经济方面考虑，这种公共性的娱乐活动是最节省花费的。农耕社会低下的生产力水平与难以预测的各种自然灾祸，使得传统乡村社会的民众常常不得不面对生活中纷至沓来的各种苦难。生存不易，何谈娱乐？这就导致在传统社会中几乎没有单纯性的娱乐活动。所有能够给人带来欢愉的活动和行为一般是与各种生产生活紧密相连的，尤其是与信仰活动联系密切的。面对变幻莫测的自然环境，个体的力量往往如此渺小，任何祈求都会显得微不足道。在乡民的心目中，集体的祈祝相对来说影响力更大一些，效用可能也就更为显著。人们愿意在集体的祭祀中出钱出力，获得心灵的慰藉，也愿意在各种祭祀、戏曲、游艺活动中获得愉悦与快乐。

5.2　强调集体性与政治性的新娱乐形式

中华人民共和国成立后，实行全面的土地改革，打破了原有的封建土地所有制，农民手中有了可供自己支配的土地。合作化运动要求农民共同占有生产资料、共同分配劳动果实，在生产力水平相对低下的情况下，农村出现的是一种均等的贫困状态。"大跃进"和人民公社化运动，使农业生产者逐渐从个体小农转变成公社社员，当农村中的各种关系出现集体化的时候，农民的娱乐生活也呈现出一体化的特征，从而表现出强调集体性与政治性的新娱乐形式。

5.2.1　问题调研

材料一：

（1）中华人民共和国成立后，柏家村村民的闲暇时间是如何度过的？

答：普通村民的闲暇时间主要还是在家中度过，或者有空去走走亲戚、串串门、聊聊天、睡大觉、下棋、打牌、看戏、吹拉弹唱，再就是等到传统节日如春节、元宵节、端午节、中秋节等，以及家族中的有纪念意义的日子如婚、丧、嫁、娶、长辈生日、新生儿满月等放松一下。

（2）在村里看戏是什么样的情景？

答：中华人民共和国成立初期，农村里说书唱戏十分热闹。说书唱戏的活动一般都安排在冬天庄稼人收完了粮的时候。那时候还不时兴打工，周围各大队会请大戏班子唱大戏。入夜，人们聚集在空地上，走南闯北、卖艺为生的戏班子就开唱了。一台大戏能招来方圆几里地的村民来观，男女老少，人山人海，人们下午干活回家，如果哪个村有唱戏的，吃完晚饭就结伴去几里外的村子看戏。柏家村有个杂耍戏《八仙过海》很出名，不少村民就会演里面的角色。

（3）中华人民共和国成立后柏家村里的群众文化活动有什么特征？

答：柏家村里有演杂耍戏的，逢年过节有踩高跷、扛芯子、舞狮子、扭秧歌、耍龙灯、打花杆等。

（4）柏家村的广播是什么时候有的？都广播什么内容呢？

答：20世纪60年代末柏家大队通了有线广播，大队办公室和一些社员家里安了喇叭。县广播站一天早、中、晚三次播音。广播不像收音机可以调很多个频道，它只有一个频道，播放什么节目我们就听什么节目。现在有的村里还有大喇叭广播。

（5）您知道柏家村里的第一部收音机是啥时候有的吗？

答：柏家村第一个拥有无线电收音机的人叫李于训，他在外地工作的时候买回来了收音机。20世纪50、60年代的时候，收音机在我们这很稀奇，大家都上他家里听收音机。到20世纪70年代，很多户村民买了收音机，晚上大家都收听刘兰芳的《岳飞传》《杨家将》。

（6）村里来过说书的吗？

答：农村不忙的时候，也会有走村串乡的说书艺人，老艺人领个小徒弟，见哪个村庄大，就进村找一厚实之家，讲明来意，由这家给提供茶水和食宿。师徒二人支好鼓架一通敲打，吃过晚饭的人们听到鼓响，知道说书的来了，都会自带板凳倾家而出，早早去场地占前排位置。

材料二：

（1）柏家村调研材料

"柏家村群众的文化活动历史悠久，形式多样，以演出《八仙过海》杂耍戏最为有名"。①

"节庆文化活动是柏家村群众文化活动的又一个特色。每年春节元宵节期间，村内许多文艺爱好者，组织起来排演传统杂耍节目，有'踩高跷''跑旱船''赶毛驴''扛芯子''云彩灯'等。"②

"节目练好后，先在村内表演献艺，再到周围村庄演出。表演队伍走街串巷，村民们扶老携幼争相观看。演员生动活泼、滑稽可笑的演出，给农村的节日增添了喜庆和欢乐的气氛，赢得观看群众的阵阵笑声，受到广大群众的喜爱。"③

"柏家村的高跷与其他地方大同小异，是用双足踩着木跷表演的一

---

① 李福林. 柏家村志［M］. 香港：中国文化出版社，2008：344.
② 李福林. 柏家村志［M］. 香港：中国文化出版社，2008：344.
③ 李福林. 柏家村志［M］. 香港：中国文化出版社，2008：344.

种形式，木跷高矮不一，矮者离地面1~2尺，高者离地4~5尺。"①

"芯子最早起源于周村附近，后流传于柏家村一带，是一种奇特的民间艺术。芯子是利用铁制的支架，把小孩固定在高竿或其他造型之上。因铁支架如灯芯在内支撑，底部又固定在类似灯台的底座上，所以称芯子。"②

"另外，柏家村也玩狮子舞，耍过龙灯、腰鼓、秧歌、打花杆、花棍等民间舞蹈。"③

"柏家村喜爱艺术的人很多，有的受家庭、环境影响，有的则是天生喜爱。从事的艺术种类有绘画、雕塑、书法、盆景、文学、音乐、烹饪等，有一定造诣和取得一定成就的有文学、书法、根雕和盆景等项。"④

"当时只有县城周围的村庄通了广播。1958年，广播线路进了村，柏家大队通了有线广播，安装了舌簧喇叭。"⑤

"1967年，临池公社建立了广播放大站，安装了TV-250瓦广播机，广播效果很好，柏家大队再次通了有线广播，大队办公室、小队和部分社员家中都安装了喇叭。"⑥

"到1976年，全大队收音机普及率大幅提高，尤其是著名评书表演艺术家刘兰芳播讲的《岳飞传》，于1979年在电台播出后，反响强烈。以至于轰动大江南北，刺激了群众购买收音机的欲望，全大队几乎每家都有一台收音机。"⑦

"1954年，淄川县电影队来王村放映电影，柏家村村民赶到王村去看，让人们第一次领略了电影这一科技新玩意带来的风采。从此，周边村庄只要有放映电影的，不管十里八里，村民都会赶去观看，村民上周村，去济南，只要有时间，都会到电影院看场电影。"⑧

"1957年后，邹平县成立了电影队，不定期地到各公社和生产大队

---

① 李福林. 柏家村志 [M]. 香港：中国文化出版社，2008：347.
② 李福林. 柏家村志 [M]. 香港：中国文化出版社，2008：348-349.
③ 李福林. 柏家村志 [M]. 香港：中国文化出版社，2008：349.
④ 李福林. 柏家村志 [M]. 香港：中国文化出版社，2008：350.
⑤ 李福林. 柏家村志 [M]. 香港：中国文化出版社，2008：353.
⑥ 李福林. 柏家村志 [M]. 香港：中国文化出版社，2008：353.
⑦ 李福林. 柏家村志 [M]. 香港：中国文化出版社，2008：355.
⑧ 李福林. 柏家村志 [M]. 香港：中国文化出版社，2008：357.

巡回放映，村民们开始享受免费电影。20世纪70年代后，公社成立电影队，经常来村放映电影，每次都是大队派人用手推车前去迎接，因为放映机和发电机非常沉重。不等太阳落山，电影放映场已经挤满观众。等待着天黑，等待着白色的幕布高高挂起，等待着那有节奏的发动机嘟嘟响起，等待着大队的领导坐在电影机前，在喇叭里做简单讲话以后，宣布放映马上开始，接着是观众激动的掌声和孩子们的惊叫。"[1]

"电影好像是那个时代人们所有的精神寄托。人们盼望看电影，盼望电影队的到来，甚至跟着电影队一个村一个村地反复看，从不厌烦。许多电影演员的名字也都耳熟能详、老少皆知。"[2]

"中华人民共和国成立后，上学读书的人逐年增多，村民文化素质不断提高，购书藏书的渐多。20世纪50年代，青年人除购买学习课本和辅导读物外，喜欢购买、收藏革命长篇小说，如《青春之歌》《林海雪原》《春》《秋》《家》等。少年儿童喜欢购买连环画，如《武松打虎》《梁山一百单八将》《岳飞传》等。村内读书的气氛渐浓。"[3]

"20世纪60年代，国家出版的图书种类更多，村民购书藏书的选择余地更宽、更大。除购买长篇小说、历史名著和名家著作外，种地的开始买科普书籍，行医的买医学书籍，村团支部兴办了图书室。"

"中华人民共和国成立初期，村内基本没有订报的习惯。1958年《邹平县报》创刊，上级要求生产队订县报，从此，村内有了邹平县报。但邹平县报发行一年多时间便停刊了。20世纪60年代，村里有了党支部，生产大队每年订阅《人民日报》《大众日报》《中国青年报》《红旗》各一份。后来，上级放宽订阅《参考消息》的范围，村里开始订阅《参考消息》。"[4]

（2）古城村调研材料

"古城村群众文化活动历史悠久，形式多样，在长白山一带颇负盛名。每逢喜庆、节日及农闲时节，村内文艺骨干都会组织、召集文艺爱好者开展各种文艺活动，以戏曲、曲艺、杂耍为主。"[5]

① 李福林. 柏家村志［M］. 香港：中国文化出版社，2008：357.
② 李福林. 柏家村志［M］. 香港：中国文化出版社，2008：357.
③ 李福林. 柏家村志［M］. 香港：中国文化出版社，2008：358.
④ 李福林. 柏家村志［M］. 香港：中国文化出版社，2008：359.
⑤ 董好连. 古城志［M］. 香港：中国文艺出版社，2011：190.

"古城村历来有玩杂耍的传统，每到冬闲时节，村内爱好文艺的民众会自发组织起来进行排练，春节、元宵节期间先在本村表演，然后在邻村及周村城区演出。"①

"只是古城村人习武成风，参与玩竹马者多身怀武艺，特别是'总领队'，更是武艺超群，'飞脚'能打到数米之高，从而使这一融合了武术的传统杂耍更具有观赏性，使其他'竹马'队伍相形见绌，古城'竹马'由此独树一帜，称雄长山、周村一带百余年。"②

"抗日战争爆发后，古城竹马停演，直到中华人民共和国成立后才得以恢复，但在1958年后，因各种原因未再演出过。"③

"古城村还有高跷、旱船等杂耍，最兴盛时期演出人数达数百人。"④

"到20世纪90年代末期，黑白电视机基本被淘汰，彩色电视机拥有量达到95%以上。到2009年6月底，古城村98%以上的家庭拥有了彩色电视机，很多家庭购买了29英寸以上电视机、液晶电视机、家庭影院等数字化设备。"⑤

"20世纪60年代，古城村始订阅报刊，主要有《人民日报》《大众日报》《红旗》等，个人订阅者极少。"⑥

"中华人民共和国成立后，随着文化教育的普及和经济的发展，买书读书的人越来越多，《林海雪原》《铁道游击队》《青春之歌》《创业史》《红日》等长篇小说成为人们争相阅读、收藏的书籍。"⑦

（3）望京村调研材料

"1964年5月10日，望京大队业余剧团到王村耐火厂为工人们慰问演出了大型歌剧《血泪仇》和喜歌剧《吹鼓手招亲》及大合唱、女声小合唱等剧目。"⑧

---

① 董好连. 古城志 [M]. 香港：中国文艺出版社，2011：190.
② 董好连. 古城志 [M]. 香港：中国文艺出版社，2011：192.
③ 董好连. 古城志 [M]. 香港：中国文艺出版社，2011：192.
④ 董好连. 古城志 [M]. 香港：中国文艺出版社，2011：192.
⑤ 董好连. 古城志 [M]. 香港：中国文艺出版社，2011：194.
⑥ 董好连. 古城志 [M]. 香港：中国文艺出版社，2011：195.
⑦ 董好连. 古城志 [M]. 香港：中国文艺出版社，2011：196.
⑧ 赵宏. 望京村志 [M]. 济南：山东省内部资料性出版物准印（2016年滨州第009号），2016：312.

（4）郭庄村调研材料

"1950年春节，为庆祝全国解放和中华人民共和国成立，郭庄村成立了业余剧团和秧歌队，到王村大寺湾参加淄川县第六区文艺汇演，郭庄村排演的剧目叫《拾棉花》。"①

"20世纪60年代初期，郭庄村生活处于十分困难的境地，演出缺少服装、布景、道具等，大队团支部书记王秀珍动员发动团员青年，到北河滩内开荒种蓖麻，解决资金短缺的困难。至今村民记忆犹新。"②

"20世纪70年代，村业余剧团以演出革命现代戏为主。排演的剧目有《红灯记》《智取威虎山》《红嫂》。以演的《红灯记》《智取威虎山》最为精彩。"③

"郭庄村爱好杂耍的人很多，杂耍的历史悠久，形式多样。群众俗称杂耍为'闹玩'、或曰'扮玩'。一般在春节、元宵节和其他重大节日、喜庆事件时演出。先是在村内沿街串巷，打场子表演，有时也到周围村庄、乡镇驻地甚至县城演出。这种巡回演出俗称为'送玩艺'，喜闻乐见，雅俗共赏，实为一项重要的群众文艺活动。郭庄村的杂耍项目主要有龙灯、高跷、旱船、竹马、枝子灯、云彩灯等。以舞龙灯、走高跷、跑旱船、赶毛驴最为精彩。"④

"20世纪70年代，郭庄小学还有腰鼓队、秧歌队，村内有重大活动或喜庆事项，腰鼓队、秧歌队都要到场助兴。"⑤

5.2.2 特征分析

随着"三级所有，队为基础"的人民公社制度的建立，中国农民的生活呈现出集体生活的特征。这一时期，农民的休闲娱乐活动常常由集体统一安排，很多活动内容带有强烈的革命与斗争色彩，比如通过看革命电影、唱革命歌曲等活动激发农民对生产劳动的积极性，增强农民个体对集体、国家的认同感。

---

① 郭庄村志编委会. 郭庄村志 [M]. 香港：中国文化出版社，2013：229.
② 郭庄村志编委会. 郭庄村志 [M]. 香港：中国文化出版社，2013：229.
③ 郭庄村志编委会. 郭庄村志 [M]. 香港：中国文化出版社，2013：29.
④ 郭庄村志编委会. 郭庄村志 [M]. 香港：中国文化出版社，2013：29.
⑤ 郭庄村志编委会. 郭庄村志 [M]. 香港：中国文化出版社，2013：32.

（1）日常生活中的自得其乐

这一时期农村生产继续维系着传统方式，农民的劳动与闲暇时间依然受自然季节的支配，休闲娱乐主要集中在农闲时节；再者，由于物质资料的匮乏，该时期农民的闲暇活动方式比较简单。日常的闲暇主要在家庭中度过，串门、聊天是在此时期最常见的娱乐方式。

在邹平农村，日常聚集通常分为两种方式，一是邻里家的唠嗑，尤其是关系较好的左邻右舍之间。此时期村内房屋互相毗连，前边房屋的后墙就是后边房屋的正面墙。左邻右舍，墙房相连，对户而居，中间相隔一条街道，这为邻里乡亲的唠嗑提供了极大的方便。另一种是村头聚集，男性以打牌为主；女性一边干着手里的活计，一边拉呱。老年人则喜欢靠在有阳光的墙根晒太阳。这种闲暇之余的聚集放松了心情，还能传播信息，成为乡村生活信息的重要交流方式。①

（2）传统艺术与新生活相结合的寓教于乐

在邹平不少乡村本来就具有长期的文化娱乐传统，比如在古城村，群众文化活动历史悠久，形式多样，在长白山一带颇负盛名。每逢喜庆、节日及农闲时节，村子里都会组织、召集爱文艺好者们开展各种休闲娱乐活动，以戏曲、曲艺、杂耍为主。

1948年古城一带人民政权建立后，古城村60余名文艺爱好者自发组织民间剧团，以庆祝解放和人民政权的建立。排演内容除少量传统剧目外，多为自编节目。为配合土地改革运动，村民解乐全编写了戏剧《两算盘》《罗汉钱》《小放牛》等。为宣传妇女解放，解乐全又编写了《婆婆王》《善变郎》等，其中《婆婆王》于1949年在长山县召开的首届妇代会上演出，受到长山县政府嘉奖，颁发了奖旗。抗美援朝战争期间，古城村根据报纸新闻素材创作编排了《血海深仇》《失汉城》等京剧。以上两剧在本村演出后，又应邀到附近驻军和其他村庄演出，受到广泛欢迎。②1959年，《中共中央关于一九五九年国民经济计划的决议》发表后，根据文件中关于"水、肥、土、种、密、保、管、工"（简称《农业八字宪法》）的精神，解乐全特编创了说唱剧《八字宪法》，为宣

---

① 根据红庙村村民魏某的访谈记录整理。
② 董好连. 古城志［M］. 香港：中国文艺出版社，2011：190.

传、推广科学种田起到了良好的作用。其后又根据当时的政治形势，编演了《无法治》《柳树井》等富有时代气息的戏剧。以上诸剧因村内无人能够谱曲，一般都是套用传统剧目曲谱演唱。

据翟守春（86岁）、朱成业（83岁）等老人回忆，人们不计报酬完全自发自愿，参加演出的人员最多时能达到80多人。演出所需要的锣鼓、道具、服装，除大家集资购置或捐助外，也通过开荒种田卖粮添置。1960年至1968年，剧团解散，演出活动停止。到1969年，古城大队又组织成立了文艺宣传队，最初演出的剧目有歌剧《白毛女》《三世仇》等。除在本村演出外，还先后到周村解放军148医院及其他部队演出。后来，宣传队排演了庆祝粉碎"四人帮"的小戏曲《放鞭炮》及山东快板、相声、数来宝等曲艺节目，还重新排演了说唱剧《八字宪法》。①

1972年5月3日，《山东省革命委员会政治部批转省革委政治部文化组关于全省文化工作的意的通知》强调各级文化部门要有计划地继续大力普及革命样板戏，认真学习和普及《海港》《龙江颂》《红色娘子军》等剧本，地方戏曲剧团要积极移植革命样板戏，此时期革命样板戏独占舞台，其他戏剧禁止演出。

（3）新兴娱乐在农村的推广

这一时期，一方面是传统娱乐形式的继续发展，如地方戏剧、传统武术、年节的狮子龙灯等；另一方面，现代化娱乐开始出现，比如广播、电影走进广大农村，文体娱乐不断丰富多彩。在农闲时节，农民通过听书、看戏等丰富自己的业余生活。

电影成为向广大群众进行宣传教育和活跃农村文化生活最有效的工具。当放映群众喜闻乐见的《红色娘子军》《孙悟空三打白骨精》《梁山伯与祝英台》《奇袭》《战上海》等影片时，放映队每到一处都得到广大观众的热烈欢迎，在放映前还邀请驻地工作队、大队干部、模范人物进行讲话，介绍先进经验和模范事迹，内容丰富多彩，形式多种多样。现实主义影片诸如《燎原》《革命家庭》《红日》《抓壮丁》《野火春风斗古

---

① 董好连. 古城志［M］. 香港：中国文艺出版社，2011：192.

城》《李双双》《五朵金花》《铁道游击队》等也大受欢迎。①

20世纪70年代开始，公社成立电影队并定期来村放映，群众观看的电影场次从此增多，种类也多样起来，有故事片如《地道战》《地雷战》《南征北战》，戏剧片《智取威虎山》《杜鹃山》《沙家浜》等。1981年，古城村购置一台16毫米电影放映机，并选派人员赴县电影公司学习电影放映技术，学成后担任村电影放映员。自此，古城村民每月都能看到电影，电影放映场次及观众人数在其后数年达到最高峰。1988年，因电视广泛进入民众家庭，电影观众日趋减少，古城村电影队解散。其后，古城村以包场形式，每年邀请临池乡（镇）电影队来村放映电影3～6次，放映影片12部左右②。

中华人民共和国成立以后，邹平的电影放映从无到有，从黑白到彩色，不断发展。作为重要宣传工具和农村文化事业重要组成部分的电影，发挥了重大作用。

广播也是这一时期在邹平农村地区广泛发展起来的一种新型娱乐教育方式。以古城村为例，古城村有线广播始于1958年。1967年，临池公社建立广播放大站，有线广播再次进村，大队部、生产小队部和大部分社员家庭安装舌簧喇叭，每天早、中、晚三次收听邹平县广播站转播的中央广播电台、省电台的节目及自办节目，成为古城村社员群众了解党和政府政策、国内国际形势，学习科学知识，丰富精神生活的重要渠道。③

20世纪70年代初，无线收音机开始进入古城村群众家庭，并很快普及，几乎每个家庭都有了收音机。由于无线收音机收听节目多，且不受时间和场地限制，因此，受到村民的青睐，后来有线广播的收听率迅速下降，于20世纪70年代末基本撤销。

（4）儿童游戏日渐丰富活泼

除了成年人的娱乐活动，村子里的孩子也有自己的乐趣。从古至今，游戏是儿童的基本生活，是生命中最重要的组成部分。同时，儿童游戏作为社会文化的重要组成部分，在另一个侧面展现着不同时代、不

① 董好连. 古城志 [M]. 香港：中国文艺出版社，2011：193.
② 董好连. 古城志 [M]. 香港：中国文艺出版社，2011：194.
③ 董好连. 古城志 [M]. 香港：中国文艺出版社，2011：195.

同地域的社会生活。他们的活动有户外的体育游戏、益智游戏，比如丢手绢、跳大绳、踢毽子、丢沙包、跳房子、撞拐子（又称斗鸡）、抽陀螺、拔河、攻城门、滚铁环等，此外还有一些竞技游戏如打弹弓、弹玻璃珠、打板儿、抛石子在本地也极为盛行。其中"打板儿"和"弹玻璃珠"两种游戏的流行程度并列第一。也有室内的益智类游戏，20世纪六七十年代，流行度较高的益智游戏有翻花绳、七巧板、猜谜语、跳棋、五子棋，其中跳棋的流行度最高，其次是五子棋。儿童的游戏种类丰富，户外活动居多，游戏场所多在室外，与现代游戏相比，当时的儿童游戏与自然的关系更为密切。[①]

中华人民共和国成立后，从合作化到人民公社，新的基层社会组织不断建立完善，从而取代了传统的社会组织。在这种趋势下，村民的日常生活与国家政治活动之间的关系也就愈来愈紧密。一方面，国家通过各级基层组织以集体化的形式来统一安排村落的经济生活以及相应的公共事务，主要表现在调动农民的一切时间进行社会主义生产建设，特别是人民公社时期，在农忙时节，农民们白天以生产队为单位出工，晚上则参加各种思想政治学习。到了农闲时节，农民们则被安排参与农田水利等各种基础设施建设活动，因此，农民的闲暇娱乐生活被大量压缩。另一方面，国家希望通过乡村的娱乐文化活动对农民原有的意识形态进行教育和改造，从而尽快建构起农民对于国家的政治认同。这一时期的传统民俗娱乐活动被大大压缩，庙会活动基本被取缔，集市逐渐萎缩，生活中的节日也只保留下最基本的部分，因此，涉及祖先祭拜的内容基本被禁止，年节的赛会扮玩活动也不再举办，取而代之的是大量的政治色彩浓厚的公共文化活动，比如样板戏演出、革命歌曲演唱等。这些成为这一时期乡村社会公共娱乐文化活动的主流方式。据《郭庄村志》记载，20世纪70年代，郭庄村的业余剧团除了排演样板戏之外，《海岛女民兵》《红色娘子军》《洪湖赤卫队》等一系列革命影片也被来到郭庄插队落户的知识青年们改编排练，登上了村庄的舞台。[②]

该时期乡村电影放映成为乡民们最为喜爱的一种大众娱乐形式，不

---

① 根据古城村村民张某某的访谈记录整理。
② 郭庄村志编委会. 郭庄村志［M］. 香港：中国文化出版社，2013：229.

过该时期的电影放映，带有明显的政治色彩，其主要功能是对于当时的革命文艺思想进行宣传。放电影本身就是乡村社会基层组织的一项政治任务，这种以喜闻乐见的电影形式进行的政治动员和政策宣传无疑能够更自然地对乡民进行爱国主义教育。在邹平的农村，往往在放电影的开始和结束的部分，会伴有领导讲话或者是文件的宣读，这个时期，邹平的乡村文化娱乐生活表现出一定的政治性特征。

5.3　娱乐活动日渐家庭化

党的十一届三中全会以后，传统农村社会发生了极大变化，家庭联产承包责任制度在农村逐步推行，拉开了农村社会村民自治的帷幕，农村村落传统文化随之复兴。在这种背景下，原来的休闲方式发生变化，农民休闲呈现生活化特性。随着市场影响力的不断彰显，农民休闲开始呈现生活化倾向，社交型休闲也在村民内部流行起来，成为农民人际交往及利益表达的重要载体。

5.3.1　问题调研

材料一：

（1）柏家村里有露天电影吗？是什么时候流行的？

答：有。露天电影在20世纪70年代开始流行，在一片空地上放上白幕布，大家就知道有电影队来村里放电影了。村里人都早早吃完后晌饭就端上凳子去看电影。每当村里要放电影的时候，小孩子们饭也顾不得吃了，很早就去放电影的地方，放上自己从家里搬来的凳子占好座位，等着放映员放电影。

（2）什么时候古城村里有的电视机？

答：20世纪80年代初，个别条件好些的家庭，添置了录音机和黑白电视，《霍元甲》《陈真》《射雕英雄传》等电视剧强烈吸引着孩子与大人。20世纪90年代有不少家庭买上了彩电，2000年以后，开通了有线电视，现在家家户户基本上都有大液晶电视了。

（3）除了听录音机、看黑白电视机，村民还有什么娱乐方式？

答：随着社会发展，学习、读书、看报纸、听音乐、玩乐器等进入了农民的闲暇生活。20世纪90年代，部分富裕农民也开始热衷于卡拉OK、看电影、打台球、收藏、旅游等娱乐方式，VCD、DVD、彩电也成了大众消费品。

（4）电脑是什么时候进入村民家里的？

答：21世纪，数码相机、电脑等高科技产品开始飞入寻常百姓家，人们不出屋也能欣赏精彩的文体节目或玩游戏。我们家是零几年买的电脑，算是比较早的，那时候电脑显示器带着"大肚子"，现在随着科技发展，电脑显示器越来越轻薄，越来越智能化。

材料二：

（1）柏家村调研材料

"随着各种收音机和电视进入百姓家后，有线广播的收听率大大下降，至1993年，全县17个乡镇广播站全部被撤销。"[①]

"1978年，大队购买了一台14英寸昆仑牌黑白电视机，轰动全村。这是柏家村有史以来最早的一部电视机。"[②]

"20世纪80年代后期，黑白电视机村内普及率已达50%。1990年以后，村内彩色电视机逐年增多。1994年8月，村委投资8.4万元，安装一套共用天线闭路电视卫星接收系统，可接收卫星节目9套，自办节目一套，开始向有线电视迈进。"[③]

"2000年以后，县里实施有线电视村村通工程，村内彩色电视机普及率达90%。同时，随着光缆线路的架设，家家户户开通了有线电视。至2006年底，全村有电视机486台，户均1.5台，绝大多数为彩色电视。有线电视接收率达90%。"[④]

"2006年，柏家村集体订阅的报纸有《人民日报》《大众日报》《农村大众》《滨州日报》《人民政协报》《老年报》等，杂志有《求是》《山东政报》《党员干部之友》等，比往年有所减少。个人订阅无指标、无任务，完全按个人意愿自主决定。"[⑤]

---

① 李福林. 柏家村志 [M]. 香港：中国文化出版社, 2008：354.
② 李福林. 柏家村志 [M]. 香港：中国文化出版社, 2008：355.
③ 李福林. 柏家村志 [M]. 香港：中国文化出版社, 2008：356.
④ 李福林. 柏家村志 [M]. 香港：中国文化出版社, 2008：356.
⑤ 李福林. 柏家村志 [M]. 香港：中国文化出版社, 2008：361.

（2）古城村调研材料

"2008年，为建设文化强村，丰富群众文化生活，古城村党支部、村委会积极对享誉百年的优秀民间艺术进行搜集、挖掘、整理，并于2009年春节期间组织人员进行排练演出，受到广泛欢迎。"[①]

"2009年，古城竹马被滨州市批准为市级非物质文化遗产。"[②]

"随着经济和社会发展，人们的文化需求和文化层次进一步提高。2000年，微机开始进入古城村村民家庭。2002年，临池镇网络开通，古城村王彬、宁治春等村民成为第一批网络用户，到2009年8月，古城村已拥有微机130多台，网络用户110余户。"[③]

（3）望京村调研材料

"近年来，村内戏迷又组织了'京剧票友协会'，经常自发地组织起来，演唱京剧，自娱自乐。"

"2003年2月15日，望京村文艺演出队去周村区小尚村、大尚村、栗加村等村庄进行新春文艺演出，受到当地广大村民的热烈欢迎。"[④]

（4）郭庄村调研材料

"村里的电视机普及得很快，至20世纪80年代末，黑白电视机村内普及率已达50%。1990年后，购买彩色电视机的逐年增多。至20世纪90年代末，电视机普及率已超过90%。"

"到2012年，全村有电视机500多台，户均1.2台，绝大多数为彩色电视机，有线电视接收率达100%，电视成为村民了解党的方针、政策、国内外重大新闻的主要途径，也是村民学习科学文化知识和文化娱乐的主要形式。"[⑤]

"2000年以后，跳舞的人渐多，以现代舞为主，健身强体。不仅青年人跳舞，中老年妇女也开始跳舞。2008年，村内建起了中心文化广场，购买了高档音响，为群众跳舞者提供了场所和条件。每天晚饭后，成群结队的舞蹈爱好者便拥向广场，随着那熟悉的音乐，不由自主地跳

① 董好连. 古城志［M］. 香港：中国文艺出版社，2011：192.
② 董好连. 古城志［M］. 香港：中国文艺出版社，2011：192.
③ 董好连. 古城志［M］. 香港：中国文艺出版社，2011：195.
④ 赵承宏. 望京村志［M］. 济南：山东省内部资料性出版物准印（2016年滨州第009号），2016：313.
⑤ 郭庄村志编委会. 郭庄村志［M］香港：中国文化出版社，2013：236.

起来，有时夜深方归。"①

"1983年以后，郭庄村的群众文化生活主要有扮玩、秧歌、跳舞、收看中央电视台的春节、元宵节文艺晚会等。随着彩电的普及，村业余剧团排演的剧目渐渐受到冷落，村业余剧团没有再组织演出。"②

5.3.2 特征分析

（1）熟人社会的闲暇娱乐依然保存

在集体化惯性的影响下，村民仍然具有集体的惯性思维，由于个体劳动工具的缺乏，许多劳动工具仍然属于集体所有，因此，在农村人们的种植活动仍然需要大量的劳动力合作才能完成。这样就导致农民的生活方式仍具有一定的集体性特征。除在农忙时节相互帮助之外，邹平村民在农业生产之余，常常聚在一起喝茶聊天，喝茶聊天是那个时代邹平农村男女老少最喜欢的休闲方式。吃完午饭以后，许多村民常常聚在正厅，且多以家族为边界，男人坐在一起，在喝茶之余讨论农业生产、家族生活，妇女则聚在一起织毛衣、带小孩等，家族的正厅成为人们聚集的地方，成为家族公共生活与休闲娱乐的空间。邹平是由一个个大家庭组成的，小辈和父母乃至祖父母共同在大家庭里生活，且各个大家庭一般都是群聚状态，家族之间的房屋都紧挨着，因此，到了晚上，每个家庭都会把自家的凳子搬出来，聚在一起聊天玩耍，村里热闹极了。大家伙聚在一起什么都聊，男人们谈谈近段时间蔬菜的价格，女人们在一起拉拉家常，孩子们在一起玩游戏。总体来看，这一时期，村庄内部关系结构并未发生极大变化，仍然是一个典型的"熟人社会"。同时，由于社会经济因素的影响，在这一阶段喝茶聊天是村民的主要休闲娱乐方式，且交往对象与宗族的血缘关系远近具有高度的一致性，农民之间的日常交往主要集中在村庄内部，且尚未突破血缘的界限。③

在改革开放以后，从集体解放出来的农民，休闲内容与经济生活息息相关，与生产方式相契合，成为个体人际交往的一个重要方式。就聊天来说，作为村民（特别是老人及妇女）主要的休闲方式，在这一时期

---

① 郭庄村志编委会. 郭庄村志 [M]. 香港：中国文化出版社，2013：233.
② 郭庄村志编委会. 郭庄村志 [M]. 香港：中国文化出版社，2013：230.
③ 根据西黄村村民田某的访谈记录整理。

聊天的内容发生了很大变化。以前村里的八卦消息是"长舌妇"茶余饭后的谈论焦点，家庭矛盾与八卦消息在妇女之间流传得极快。现在村民很少谈论这些话题，男人们会在一起讨论昨天的牌局和今天的时事新闻，女人们会在一起交流镇上的哪家美容店效果好、哪里的衣服好看等等，村民聊天的内容在很多情况下不再与村庄相关、与生产相关，而开始更多地关注个人的生活和外面的世界。①

（2）新技术带来新兴娱乐习惯

在新技术给农村居民生活娱乐乃至人际交往带来的诸多影响中，电视机的出现是一个前所未有的重要因素。1977 年，古城大队和第十二生产队各买了一台匈牙利产的 24 英寸黑白电视，让更多群众收看到了电视节目，群众的文化生活得到进一步丰富。1980 年以后，拥有电视的家庭逐渐增多，有的家庭甚至购买了彩色电视，到 2000 年，黑白电视基本被淘汰，彩色电视拥有量达到 95% 以上。电视出现的早期，重构了村民原有的社会关系，特别是在家庭联产承包责任制施行以后，虽然村民各自实现利益的诉求不断多元化，但看电视这种休闲方式再一次成为了村民之间沟通的平台，在一起看电视的过程中谈论着他们今天的收获、国家的大事、村里的闲话、明天的打算，电视的出现有利于村庄共同体的重新整合。

但随着电视的普及，村庄内部许多家庭都开始拥有电视，往日大家聚在一起看电视，喝茶或闲聊的场景在邹平已不多见，更多的是个人手拿着遥控器，独自享受着电视文化带来的愉悦，独自看电视作为村民新的休闲方式在一定程度上开始瓦解着村庄共同体，电视的普及让原本热闹的村庄逐渐冷清起来，人们的交往开始朝着互惠互利的原则迈进。

这一时期以邻里、宗族为纽带的传统休闲活动虽然依旧保存，年节时分的各种集体娱乐也在勉力维系。但是，随着农村经济的发展，农民收入的增加，以电视为代表的家庭内部娱乐休闲活动逐渐占据了农村生活的主流。农民闲暇的大部分时间是在电视机前度过的，这一时期，消费品种类的多样化以及与外界联系的便捷性，农民有更多可供支配的资

---

① 根据西黄村村民路某的访谈记录整理。

金从事更加丰富的休闲活动，部分富裕农民也开始热衷唱卡拉OK、看电影、逛街、旅游等，而这些休闲方式逐渐脱离传统的社区范畴，脱离熟人的羁绊，成为家庭内部成员共同的消遣和娱乐。

（3）美国学者眼中乡村娱乐的开放性

美国学者艾恺回忆说，改革开放后，全球化进程在中国农村得到了充分体现。早在1986年，邹平县只有一条主街道，"大约到晚上8点，街上除了电影院周围看电影的人和卖花生米的商人，就基本上见不到其他人了。电影院也是前一年刚刚建成的"①。"另一个巨大的变化不像城市面貌那样清晰可见，它是普通人对外面世界的总体认识。这种变化唯一的并且是最显著的载体就是电视。电视机越来越普及，更多的村民也参与到更广阔的世界中，他们事实上有时候比我更了解这个世界。对我来说一次有些尴尬的经历是1991年当我回到邹平时，一个熟人跟我打招呼，他高兴地说：'祝贺公牛队呀！'我并不关注职业运动，这话可揭了我的短。我心想公牛队是什么呀？几秒钟后，我猛然想到是芝加哥公牛队和乔丹赢得了NBA的总冠军。这意味着大部分的中国村民比我更了解那场赛事和队员，然而，我的家乡就是芝加哥！"②

邹平，由原来沉寂的乡村小镇变得越来越像一个蓬勃发展的商业城市。"漂亮的公园和多处娱乐设施的建立证明新城区和老城区的文化设施建设都没有被忽视。各个年龄段的人现在都可以使用这些设施。在很多游乐场地都有孩子们在滑旱冰，老年人可以在三八水库钓鱼，使用城市中随处可见的公共健身器材，还可以在体育公园打门球；在新扩建的黄山保护区，可以看到各种年龄的人们爬山和慢跑。县城外的鹤伴山和唐李庵都修建了新的娱乐设施，天气晴好的周末，这些地方满是从县城来放松和娱乐的居民。那些喜欢室内锻炼的人们可以去大型的私人健身房。县城内也已修建了公共图书馆和游泳池。商业也在蓬勃发展。新城里修建了一个大型的步行购物中心，老城里的商业中心也得到了重修和发展。商店里供应的食物种类在快速增多，饭店的类型在增多，各家企

---

① 王兆成. 乡土中国的变迁：美国学者在山东邹平的社会研究 [M]. 济南：山东人民出版社，2008：110-111.
② 王兆成. 乡土中国的变迁：美国学者在山东邹平的社会研究 [M]. 济南：山东人民出版社，2008：115.

业的服务质量也在提高。2006年，我最后一次去了邹平。其间我在很多饭店吃过饭，有台湾快餐连锁店、四川火锅店、西餐厅、购物中心的美食广场，还有法国面包店，当然，很多做山东菜的饭店都很不错。周五和周六的晚上，主要的购物区都热闹非凡。我曾经在公园里、商业开幕式上和大街上欣赏过很多类型的歌唱演出，有传统的戏剧，也有现代的香港流行歌曲。城市的各个部分都被公交路线连接起来，周围越来越多的村庄被纳入市区。随着为外来打工人员提供的住宅区的发展，城市边缘出现了人口密集的村庄。"[①]

5.4 多姿多彩的时尚娱乐

进入新时代以来，邹平在农村逐步实施了一系列惠农政策，如减免农业税、实行粮食直补等。这些举措大大提高了农民的生产积极性，使农民特别是种粮农民真正得到了实惠，随着新农村建设的不断推进，农民收入大幅提升。农民在满足基本生存需要之后，开始追求更高层次的发展和享受。

5.4.1 问题调研

材料一：

（1）近年来，农村人民的娱乐方式可谓"大变样"，您能谈谈有什么样的大变样吗？

答：随着大家的物质条件越来越好，到现在，每家每户都有了电视，电脑，年轻人的手机更是人手一部。平常很多老人都会聚在一起喝茶、聊天、打牌、下棋打发闲暇时光。现在村里每晚都有广场舞活动，咱农村的百姓也可以健美健身，还可以缓解村民们的压力与疲劳，晚上亮上灯，音乐一放，可热闹了。

（2）现在村民都怎么度过节日假期呢？

答：现在可以玩的地方多了，一放假有钓鱼的、爬山的，还有领着

---

① 王兆成. 乡土中国的变迁：美国学者在山东邹平的社会研究 [M]. 济南：山东人民出版社，2008：134-135.

家人、带着朋友到处旅游的，之前交通不便，村里人没有很多能出远门玩的，现在村里很多家都购置了小轿车，加上现在火车、高铁很方便，很多人都喜欢出门旅游，领略祖国的大好山河。

（3）古城村村里有什么娱乐设施、建设或者开展娱乐活动吗？

答：有啊，篮球场、门球场、健身器材都已经用了很久了，还建了文化体育活动室，活动室里有扑克台、麻将台、象棋台、乒乓球桌等。社区还经常组织文艺晚会，开展形式多样的文化体育、节日民俗活动，不断丰富群众的业余生活。

材料二：

"截至2014年2月，在村文化大院保管室内文艺用品有锣鼓：大鼓9个、大拨8对、大锣4面、开道锣2面，小家货锣鼓2套（全），小腰鼓20个；服装：大小鼓服20套、小腰鼓服22身、芯子服装全4套，小丑服装2身，押役服4身，小兵役服4件，小轿2辆，小旱船4只。"[①]

"村内不少家庭也拥有电脑供孩子学习。至2014年年底，全村共计拥有电脑130余台。"[②]

5.4.2 特征分析

进入新时代以来，农民休闲活动日趋丰富多彩，休闲生活的品位不断提高。在休闲生活方面，电视机、电脑、智能手机作为现代化的大众传媒工具已广泛进入农户，广场舞、体育锻炼成为广大农民闲暇生活当中的一部分，此外，宠物饲养也开始流行起来。

（1）由城及乡的娱乐方式代表了农民对生活的更高期待

近年来在城市流行的"广场舞"受到了乡村女性的欢迎。广场舞简单易学，随意性也比较强，适合大众需求，广场舞的音乐比较欢快、节奏感比较强，是一种极富感染力的群众性娱乐活动。为了促进人们积极锻炼、不断丰富业余生活，邹平有些村委会还专门购置了音响，积极鼓励广场舞这种公共娱乐活动。

① 赵承宏. 望京村志［M］. 济南：山东省内部资料性出版物准印（2016年滨州第009号），2016：314.
② 赵承宏. 望京村志［M］. 济南：山东省内部资料性出版物准印（2016年滨州第009号），2016：319.

2004年，古城村委投资20多万元，建设了一座高标准、多功能的文化体育广场，广场内有篮球场、门球场、露天健身器、乒乓球台、文化体育活动室等，活动室内有象棋、木制乒乓球桌、扑克、麻将等。是年，村内20多名妇女自发组织了健身秧歌队，每天晚上在文化体育广场练习、表演，吸引了更多妇女参加，最多时达到60余人。2008年，古城村委又先后投资10余万元，分别在村南北两个村民居住区建设了体育活动场所，购置了露天健身器材、乒乓球台等，为广大村民进行体育活动进一步提供了良好的环境和条件。①

（2）网络时代的新兴娱乐展现前所未有的丰富灵活

新时代随着互联网的高速发展，农村网民数量也越来越多，根据《2009年中国农村互联网发展状况调查报告》，农村网民的规模首次过亿。农村居民的娱乐休闲活动克服了气候、天气、人员、空间方面的限制，随时可以在网上选择自己喜欢的娱乐活动。因此，网络的发展促使较多的邹平农村居民花更多的时间从事网上娱乐休闲活动。

以临池镇古城村为例，2000年，微机开始进入村民家庭。2002年，临池镇网络开通，古城村有了第一批网络用户，到2009年8月，该村已拥有微机130多台，网络用户110余户。网络传媒的普及与应用，使村民的视野更加开阔，知识更加丰富，文化素质得到较大改善和提高。②

同时，农村居民闲暇活动内容的选择也日益丰富，以前看电视、阅读各种消遣书刊和串门聊天是农村居民最主要的、耗费时间最多的闲暇活动。农村经济社会的不断发展，尤其是交通、通信等基础设施的建设，为现代生活信息的交流和传播提供了便利条件，从而为农村居民的闲暇生活注入了新活力，增添了新内容和方式。农村居民娱乐休闲活动的内容日益丰富，网络视频、网络影视、网络音乐、网络聊天、网络游戏、网络阅读等等都开始走进农村居民的闲暇生活。虽然农村没有电影院，但农村居民照样可以在网上欣赏最新电影；虽然农村居民的经济实力有限，不能参与高消费娱乐活动，但在网络上获取各种信息照样可以让农村居民圆各种梦，体验现实中难以经历的生活，这些都是网络带来

① 董好连. 古城志［M］. 香港：中国文艺出版社，2011：196.
② 董好连. 古城志［M］. 香港：中国文艺出版社，2011：194.

的无限魅力。①

（3）体育健身成为重要的新兴休闲方式

邹平农村居民的健康观念不断增强，体育活动理念和形式均发生变化，由过去的那种娱乐式、竞技式体育活动开始向健身运动转变，由过去的集体组织活动向个人自觉活动转变。很多人买了哑铃、拉力器、跳舞毯等健身器材，足不出户也可以进行体育锻炼。有的人则坚持每天进行晨跑、做健身操，练武术、气功等。还有的家庭自设了乒乓球桌、康乐球桌，在劳动之余进行体育锻炼。人们越来越重视自身的身体健康，也将更多的资金和精力投入到各种体育健身活动之中。

从2008年开始，邹平县实行"811工程"，县政府每年拨付200万元专项资金加强文体设施建设，丰富农民的文体生活，要实现"县、镇、村三级公共文化服务网络基本实现全覆盖"的目标。在"811工程"的带动下，各村、镇纷纷制定以奖代补政策，加大了体育健身、舞蹈健身类设施的建设和健身队伍的组建。

（4）旅游度假方兴未艾

随着城市化的发展，邹平近郊农民的大部分耕地已经被征用或租用，农民不再单纯依靠种地获得收入，取而代之的是收入来源方式多元化，主要包括外出打工、出租房屋、土地使用权转让赔款及每年的租地分成。其收入要比靠单纯种地获取的收入高得多，随着收入的增加，农村居民外出旅游的意愿以及旅游消费的能力也随之增强。

在邹平的乡村调查中发现，目前邹平农村居民大部分了解并认同旅游这种休闲娱乐方式，但其中真正出游者却相对较少，尤其是年龄较大的居民，常常因为家事困扰及资金的限制导致出游意愿较低。与城市居民相比，农村居民年出游次数较少，时间也较短，主要集中在农闲时节。邹平农村居民外出旅游的信息来源主要是亲朋介绍、门店及报纸；目的地偏好是与农村环境截然相反的大城市，或是历史文化深厚的著名景点；农村居民旅游者使用的交通工具主要是火车。农村居民旅游外出消费偏低，大部分农村居民的旅游消费观念是吃住一般但要玩好，其外

---

① 根据古城村村民李某的访谈记录整理。

出旅游的住宿方式主要选择经济型酒店或亲戚朋友家中。农村居民外出旅游凸显亲情和友情，很多出游者都是和同事朋友、亲戚家人一起外出旅游。由于旅游花费往往数目比较大，因此，旅游花费成为了农村居民的一项占比较大的娱乐支出。[①]不过，伴随着经济水平的不断提高，农民收入的不断增加，在未来，农村居民的旅游行程将会越来越远，看到的风景也会越来越多样、美丽。

伴随着中国农村经济的市场化、产业化、现代化，农村的产业结构、耕作方式和劳动空间等方式发生着明显变化，邹平的居民生活水平提高，孩子教育问题解决，生态环境优化，新兴科技不断融入生活，随之而来的是农民的闲暇生活方式发生了深刻变化。

互联时代带来越来越个人化的娱乐生活。据《郭庄村志》记载，至2012年年底，郭庄村已经拥有电脑169台，占全部村民家庭户数的39%。如果不计算两口人的老人家庭，电脑拥有率应该在50%以上。[②]而今天，智能手机的普及，更是让所有的人都可以自由地使用互联网。网络开阔了村民的视野，丰富了人们的知识，对村民提高素质具有积极作用。同时，互联网上的电影、电视、视频、游戏也使得农民尤其是年轻一代农民的娱乐生活越来越个人化、私密化。

从集体性的娱乐到家庭式休闲再到个人化娱乐的发展，体现了现代文明在农村居民生活中的影响。不可否认，由于人的社会性和农村传统的延续性，集体性的娱乐活动依然是很多农村居民习惯和喜欢的形式，那些传统的游艺民俗活动，一方面具有较强的社会教育功能和民族文化传承功能，另一方面也是乡间传统文化生活的重要组成部分，毕竟其中蕴含着丰富的乡土文化信息。在社会急速转型的背景下，乡村社会的血缘纽带和地缘纽带不断松懈。集体性的乡村娱乐活动不仅能够介入农民的私人生活，养成积极健康的生活方式，改善人际关系，更为重要的是能够维持并强化村民的村落共同体意识，这对于在社会主义新农村的建设过程中挖掘出当地乡村社会发展的内生力量，突出农民的主体性，从而激发他们参与乡村建设的积极性具有重大意义。只有农民的集体意识

---

① 根据大由村村民赵某某的访谈记录整理。
② 郭庄村志编委会. 郭庄村志［M］. 香港：中国文化出版社，2013：238.

与公共观念得到培养，才能形成乡村社会可持续发展的动力机制。

现代的娱乐生活有着由家庭户内向户外发展的要求，因此，村民对于农村集体性娱乐场所还是有较大的需求。从对邹平的调查情况来看，农村公共文化娱乐场所还不是很完善，设施也相对简陋落后。因此，关注农民娱乐方式的变迁，积极引导农民追求现代文明的闲暇生活方式，努力打造提供可利用的公共娱乐场所，仍然是一项具有现实意义的重要任务。

第6章 教育变迁

随着政治和经济的不断发展，农村教育也发生改变。百年大计，教育为本，国家的振兴和民族的强盛，其根基在于发展教育。邹平教育经历了从弱变强、从个别教育到全员教育的变迁过程。分析邹平乡村教育的变迁，有助于更好地了解中国乡村教育的发展，进而为国家富强、民族振兴提供智力支持。

6.1 私塾教育

中华人民共和国成立之前，社会动荡不安，农村经济相对萧条破败，教育发展也受到严重制约。清朝末年，由于西方列强的入侵，自然经济占主导地位的农业社会遭受巨大冲击，为了支付巨额的军费开支和偿还巨额的战争赔款，清政府加强了对农民的剥削与压迫。到了北洋军阀混战时期，农民的负担因土地被大规模兼并而更加严重。另外，自然灾害频发，也使社会政治经济的发展受到遏制和阻碍。多重因素交织，致使乡村教育长时间处于落后状态。洋务运动虽设置了许多新式学堂，但大多集中在城市，农村依然以私塾教育为主。以私塾为主的旧式教育制度、简陋的教学设施、低水平的教育质量制约着乡村教育的发展。

6.1.1 问题调研

材料一：

（1）中华人民共和国成立前，柏家村有学校吗？主要传授的内容是什么？

答：清朝末年，我们村就有私塾，民国时期成立了村立小学堂，主要是教人基础识字和算术，满足基本生活需要，最开始学堂的主要课程有《国语》《算术》等，还有辅助课本《三字经》《百家姓》《千字文》等。

（2）当时望京村的教师都由什么样的人担任？地位怎么样？时局混乱，工资怎么发放？

答：望京村的教师大多由村内或附近村具有较高才学的人担任，基本都是有威望的"文化人"。村民中的文化人占比很低，所以红白喜事都会邀请有声望的文化人主持，地位自然高一些。由几家富户出资请来教书先生，有时由学生家庭轮流管饭，教师工资实行地租制，后期是百姓给粮食，乡村和学校互帮互助维持教育。但是当时的时局混乱，战乱频发使得很多老师就流散他乡了。

（3）村里读书的学生多吗？大多什么学历？

答：当时在学校读书的学生人数虽有所提升，但是仍不足学龄人口的一半，受战乱的影响，学生的人数也会有所波动。当时条件差一些，还是小学学历的学生居多，能读初中的学生都是富裕家庭，寥寥无几。

材料二：

（1）柏家村调研材料

"明、清两代，淄川县几乎村村都有私塾。"[1]

"柏家村历史上出过庠生、业儒，代代都有设家塾、门馆的。"[2]

"义学是私人集资或用地方公共收益创办的供族内子弟之无力读书

---

[1] 李福林. 柏家村志 [M]. 香港：中国文化出版社，2008：311.
[2] 李福林. 柏家村志 [M]. 香港：中国文化出版社，2008：311.

者免费上学的学校。柏家村育英义学由柏氏第十四世柏集赞开始筹办。"①

"清末，始'废科举，兴学堂'。民国年间，柏家村就有了'村立小学堂'。"②

"中华人民共和国成立前，村内学龄前儿童由家人在家看护，父母、祖父母即是幼儿的启蒙老师，没有正规的学前教育机构，儿童得不到正规的学前教育。"③

（2）古城村调研材料

"古城村人历来重视教育，早在明、清时期，村内李、张、陈、贾、崔等大户人家就办有私塾。"④

"清末民初，古城村民贾凤奎及崔英华、崔芳华兄弟分别投资建起了'培英学舍'和'存古学校'两所义学，为贫寒子弟开辟了读书上进的新渠道。"⑤

"古城小学创办于1947年，原是一所民办小学，当时以标语口号作为识字教材，因战乱时停时办，学生时多时少。"⑥

（3）望京村调研材料

"望京村小学教育在中华人民共和国成立前主要以私塾教育为主要形式，那时的私塾俗称'书房'。多由村内的富户联合利用闲房屋设立书房。1933年望京村村南头设一间屋，由几家富户出资请大尚村的王树资为先生教村内孩子，村内30余名儿童在此书房读书，所教课程除国文、算术外还教三民主义教科书等。不久书房改地址，迁至村西报恩寺后头一四间屋内。"⑦

"1937年'七七卢沟桥事变'发生，日军大举侵华。同年12月后日军占领邹平长山淄川大地，望京村书房随之解散，老师也各奔

① 李福林. 柏家村志［M］. 香港：中国文化出版社，2008：312.
② 李福林. 柏家村志［M］. 香港：中国文化出版社，2008：314.
③ 李福林. 柏家村志［M］. 香港：中国文化出版社，2008：315.
④ 董好连. 古城志［M］. 香港：中国文艺出版社，2011：172.
⑤ 董好连. 古城志［M］. 香港：中国文艺出版社，2011：172.
⑥ 董好连. 古城志［M］. 香港：中国文艺出版社，2011：174.
⑦ 赵承宏. 望京村志［M］. 济南：山东省内部资料性出版物准印（2016年滨州第009号），2016：293.

他乡。"①

"据档案记载，1949年前望京村有初小生35人，高小生22人、初中生5人。"②

（4）郭庄调研材料

"解放战争时期，郭庄村一带处于国共两军'拉锯'地带，占领与反占领的战斗频繁发生，学校处于时停时办的状态。"③

"中华人民共和国成立前，郭庄村念过中学的人甚少，个别富户子女上中学，大都要去济南等大中城市。"④

材料三：

"在乡村建设运动中，正规小学教育在数量上的增长并没有给人留下十分深刻的印象。1931年，梁邹有282所乡村学校和7 961名学生。到了1937年，学校的数目降为272所，而学生的数目则升至9 311人，但仍然不足学龄人口的一半。"⑤

6.1.2　特征分析

（1）乡村教育非常薄弱甚至处于空白状态

调查表明，1935年的梁邹地区，70%的男性和99%的女性是文盲。十多年的战争使情况变得更糟，战争期间的一代人接受的教育比20世纪30年代早期那一代人更少，这就打破了一代比一代接受更多学校教育的长期趋势。截至1948年，邹平的教育形势无论从数量和质量方面看起来都相当惨淡。

以郭庄村为例，该村地处长白山南麓，属于半山区，自然条件恶劣，生活一向贫困。中华人民共和国成立前，人们多食玉米面和高粱面摊的煎饼、蒸的窝窝头等，大多过着半年糠菜半年粮的生活，逢年过节方能勉强吃上馒头、水饺。这种艰苦的环境以及相应的经济条件，决定

---

① 赵承宏. 望京村志［M］. 济南：山东省内部资料性出版物准印（2016年滨州第009号），2016：293.
② 赵承宏. 望京村志［M］. 济南：山东省内部资料性出版物准印（2016年滨州第009号），2016：297.
③ 郭庄村志编委会. 郭庄村志［M］. 香港：中国文化出版社，2013：211.
④ 郭庄村志编委会. 郭庄村志［M］. 香港：中国文化出版社，2013：217.
⑤ 曹诗弟. 文化县——从山东邹平的乡村学校看二十世纪的中国［M］. 济南：山东大学出版社，2005：114.

了在那个时期能够接受教育的人很少，多数人没有机会接受教育，因此，农村念过书或者接受过学校教育的人甚少，个别富户子女可能到济南等大中城市去接受教育。因此，中华人民共和国成立前，村内的学龄前儿童只能由家人在家看护，富裕的家庭或者父辈接受过教育的家庭可能对教育有所认知，家长甚至会成为幼儿的启蒙老师，但是，没有正规的学前教育机构，多数儿童得不到正规的学前教育。

中华人民共和国成立前，邹平县的文盲还是很多的。抗日战争和解放战争时期，人民民主政府在控辖区内，利用春冬农闲季节，组织农民参加冬学、识字班学习，以此调动农民参与教育的积极性。1946年下半年，邹平共开办午校6处，学员168人；读报组19个，80人。1948年，大力发展以扫盲为中心的农民学文化运动。至1949年12月，学员达2万余人。"识字班"作为特定时期特定地区的产物，记载着令人难忘的历史，也反映出村民们对于教育的渴望。当时村民参与识字班的积极性很高，除一般农忙外，饭前饭后会组织识字班活动，所学内容与日常生产生活劳作密不可分。"中华人民共和国成立前，古城村只有少数富家子弟入学读书，多数人家子女因贫穷无力求学，文盲或半文盲占到全村人口的70%以上。"①

（2）由私塾演变的乡村学校教育雏形初现

在私塾教育的基础上，邹平乡村教育缓慢向前发展。20世纪初，一些仁人志士对中国的发展道路进行了各式各样的探索，从而出现了不同的教育组织形式。

1904年，邹平县将梁邹书院改为高等小学堂，招生30人。1919年，据《山东各县乡土调查录》记载，邹平县有高等小学3所；模范国民学校1所、女子国民学校1所，城乡国民学校204所。全县有学龄儿童11 209人，已入学4 303人，占38.4%。1922年，国民学校改为初级小学，邹平县有初级小学180所，184个班，学生3 680人；高级小学5所，7个班，学生159人。1929年，高级小学改为完全小学，邹平有完全小学2所，4个班，学生106人；初级小学256所，264个班，学生

---

① 董好连. 古城志［M］. 香港：中国文艺出版社，2011：47.

5 428人。1931年夏，邹平县有县立小学2所，11个班，学生427人；区立高级小学6所，学生418人；村立小学282所，305个班，学生7 961人。1935年，国民政府教育部通令举办短期小学，邹平则有办学点129处。1937年春，邹平有县立实验小学1所，村级小学272所，学生9 311人；抗战后期，根据地日益扩大，抗日小学随之增多，先后创办焦桥、姚孙、杨家庄、苑城等抗日高级小学。1941年，长山县六、七、八区共有抗日初级小学200多所，学生10 000多人，实行"学武结合、学劳结合"的教学制度。1944年，邹平县小学增至240所，学生10 322人。长山县143所，学生15 923人。齐东县217所，学生7 339人。1945年，抗日战争胜利之后，民主政府接管和兴办小学教育。1946年，邹平开办高级小学3所，学生210人；初级小学210所，学生6 674人。1948年，邹平解放。同年10月，上级分别在马庄、河南庄、弭家召开教育座谈会，传达贯彻省青州教育研究会精神，研究制订小学教育恢复发展计划。至年底，先后恢复马庄、辉里、实户、焦桥、苑城、西董、前石、麻姑堂、九户、黑里寨等10所完全小学，并在全县三分之一的村庄设立了初级小学。

在20世纪20年代，梁邹只有两所高级小学，但到1931年，在6个教育管区中，每个区都已经有了一所这样的学校。1933年，梁邹被划分为14个乡、每个乡都有一所乡学，这些学校在进行其他活动的同时，还为那些想进一步深造的学生开设了"预备课"。到了1934年，这些班已经招收了620名学生，再加上实验学校高级小学的学生，这便意味着高级小学毕业生数目的大量增加，从而也意味着那些想通过教育制度实现社会地位提升的年轻人数目的大量增加。①

当然，乡村建设教育的对象主要是针对成人，小学则主要是小学堂。自清代开始，小学教育以私塾教育为主要形式，邹平不少乡村也开始建立村立小学堂。小学堂建立了教师备课、上课点名、有事请假、定期结业等制度，课程设置有国文、算术、修身、体育、音美等，也有沿用清末传统教材的课程。

---

① 曹诗弟. 文化县——从山东邹平的乡村学校看二十世纪的中国 [M]. 济南：山东大学出版社，2005：120-121.

（3）梁漱溟对乡村教育的改革与探索

1931年梁漱溟到山东从事乡村建设，同年建立了山东乡村建设研究院，山东乡村建设研究院负责研究乡村建设相关问题，对乡村建设予以指导。研究院的组织结构主要分为乡村建设研究部、乡村服务人员训练部和邹平实验县区三个部分，其他相关的设施和组织包括农场、医院、社会调查部、图书馆、乡村书店和邹平师范学校等。梁漱溟认为，近代以来的中国人时常照搬西方文化，并把西方文化强加在中国社会身上，造成了西方文化的"水土不服"，同时也使中国传统文化遭受了严重破坏。具体到教育上，旧有的教育体系已然遭受破坏，而新的教育机制尚未建立，当时中国的教育文化处在一个尴尬的阶段。因此，当时中国乡村教育的当务之急是创造新的教育文化。他认为中国的乡村教育应在中国传统文化的老根上，吸取西方教育文化的合理因素，创造出"老根"上的"新芽"，即适合中国社会发展的新的教育文化。

在邹平，乡村教育的师资包含了"学长、学董、教员"，其中，学长是经学董会共同推举并通过县政府礼聘的，于一村之中（或一乡之中）为人们最尊敬的人，能够做到为一乡之师长、教导一乡之众、监督一乡之众、调和一乡之众。各学董为办学之人，第一责任即为劝导大家入学。而教员多半是外来的人，他们多半是在研究院受过训练或讲习的，他们较为明白村学、乡学这套办法，并负责推行这套制度，沟通上下、内外，将外面、上面的先进技术与思想引入乡村，与本地实际情况与经验相结合，起推动和启发作用。通过开展乡村教育实验工作，"村学按各村庄的情形，先后设立。1933年年底，全县设立村学54处。1934年发展到74处。"[①]

梁漱溟主张开放的教育观，将教育分为狭义和广义，主张学校教育应该重视学生的全面发展，学习与社会生活相关的实际技能。梁漱溟认为教育应坚持终身原则，把受教育者的年龄限定在未成年之前是不能适应社会发展需要的，主张应该将受教育者的年龄延长。其一，人生所要学习的东西随着现代生活的日益丰富在不断增加，不是集中在童年时期

---

① 郭苤晨. 梁漱溟在山东［M］. 北京：人民日报出版社，2002：36.

就可以将知识学完的。其二，成年人相对于儿童来说，更加接近于社会的需要。其三，现代社会发展速度以及文化进步很快，如果学习仅限于童年时期，之后就不能适应社会的需要，只有不间断地学习才可以更好地适应社会。因而，梁漱溟特别强调将受教育的年限延长至成年之后，甚至是终生教育，这一乡村教育原则对于社会现实具有重大意义。

在教学组织上梁漱溟倡导停用西化后的学校制度，改用一种适应农村需要的教育制度来拯救农村。梁漱溟所创建的乡农学校，融入了传统文化中的"乡约"这种组织形式。梁漱溟提出的政教合一和以教统政的乡村建设理论，在乡农学校的教学理念中得到了充分体现。

梁漱溟依据地域将乡农学校划分为村学和乡学，认为村学是为乡学奠定基础的小团体，而乡学则是村学上层的一个大团体，目的是让村民团结一心，积极求学。村学和乡学成为代替村公所和乡镇公所的一种团体，并且还是一个教育机关。村学和乡学是由学董、学长、教员和学众组成的。学董主要负责管理村学和乡学的公共事务。学长是指在村中或乡中品行好的人，主要负责主持教育工作。教员是指在村学或乡学中任教的老师，他们大都积极地倡导并实践于乡村建设运动之中。学众，即一村或一乡中的男女老少一切人等，以一村之众为村学学生，以一乡之众为乡学学生，故称学众。

在教学内容上，村学和乡学在学校教育中不是集中统一进行的。村学是由儿童部、妇女部以及成人部构成的，除一些课程以外，村学可以根据实际情况编写适合的教材。教员经常带领高年级的学生进行课外活动，通过演讲、演话剧、办板报等形式宣传科学的新思想，破除封建迷信的旧思想。学生不仅从中能够巩固课本知识，同时还能教育乡民。其中规定儿童部采用四年学制，并规定在白天上课，妇女部及成人部规定晚上上课，将冬闲时上的课称为"冬学"。在梁漱溟看来自鸦片战争以来农民的旧信仰遭到极大摧残，通过新的教学内容灌输到学校教育之中就显得尤为重要。只有这样，才可以促使教育新观念深入人心，改变着人们的生活方式，进而推动社会的向前发展。

近代中国教育发展一直徘徊不前，梁漱溟作为一个以救国救民为己任的知识分子，怀着强烈热情，于20世纪20—30年代在邹平进行了乡村文化建设，又称"邹平教育模式"。该模式通过组织与教育农民，以农民文化进步来推动乡村乃至社会发展的一场乡村文化重建运动，在当时产生了深刻影响，具有重要的历史价值。

6.2 义务教育

1948年3月邹平解放，中国共产党十分重视教育制度的重建。对农民进行教育和改造，成为中华人民共和国成立初期中国共产党发展教育的重要着力点，农村扫盲运动成为这一时期乡村教育的主旋律。此后，各类小学不断设立，义务教育开始步入正轨。

6.2.1 问题调研

材料一：

（1）中华人民共和国成立前后，古城村村小主要讲授的内容是什么？当时学校除了教授文化知识，还有其他活动课程吗？学习内容是什么？

答：小学仍以识字算术为主，主要解决村民的基本生活需要，并没有统一、固定的教材，比较注重实用性。除文化课外，学校会按各年级需要组织课外活动和文娱类活动。例如，讲讲故事、做做游戏之类的。

（2）"大跃进"时期，邹平当时入学的学生多吗？去距离远的地方上学都自带干粮吗？女孩上学多吗？

答：1958年，受"大跃进"影响，盲目追求"高指标"，县内小学猛增到109所，初级小学790所，计2 354个班，学生80 523人，学龄儿童入学率达90%。尽管入学率大幅度提升，但教育质量显著下降。有的孩子距离学校远，上学带着大饼、煎饼、窝窝头、咸菜等，家里人一周左右去送一次饭，上学条件比较艰苦。女孩上学的人数总体少于男孩，也会比男孩早一些辍学。

材料二：

（1）柏家村调研材料

"中华人民共和国成立后，党和人民政府重视幼儿教育。1952年，教育部颁发《幼儿园暂行规程（草案）》，在全国倡办幼儿园。当时，县以上机关、工厂、城市街道兴起了办幼儿园之风，但农村办幼儿园的甚少。柏家村亦无幼儿园。"①

"1958年，在'大跃进'的影响下，人民公社化运动为动员广大妇女劳动力参加'大兵团作战'和大炼钢铁运动，柏家村办起了托儿所，由妇女当专职的托儿所老师。"②

"1950年，柏家小学成立，校址在村内东庙。东庙有北大殿3间，东屋4间。北大殿3间做三、四年级教室，东屋里间做办公室，外3间做一、二年级教室。2个教学班4个年级，实行二级复式教学。在校学生20多名，1名老师，教4个年级。学生用的课桌凳是从前留下来的旧课桌凳，教学设备简陋，办学条件艰苦。"③

"中华人民共和国成立后，党和人民政府致力于教育事业的恢复和发展。1950年，柏家村小学成立。第一批入学的学生有20多人，分为四个年级。"④

"受'大跃进'影响，盲目追求高指标、大发展，公社、大队到处办红专学校，农业大学、技工学校，忽视课堂教学，结果造成学龄儿童入学率提高，达90%以上，但教育教学质量显著下降。"⑤

1962年，柏家小学在校生发展到70人。1965年，柏家小学在校生达96人，分为4个年级4个教学班，有5名教师。学龄儿童入学率达100%。是年，小学毕业并考入完小的有15人。

1968年12月，在"知识分子要接受贫下中农再教育"的错误理论指导下，国家将小学下放到农村生产大队去办，公办教员回原籍农村大队接受贫下中农再教育，大肆批判"师道尊严""智育第一"，教学秩序被搞乱。学校不上课，学生斗老师，不学文化科学知识。⑥

（2）古城村调研材料

"古城村学前教育始于1962年，那时，为了让广大家庭妇女参加集

①　李福林. 柏家村志［M］. 香港：中国文化出版社，2008：315.
②　李福林. 柏家村志［M］. 香港：中国文化出版社，2008：315.
③　李福林. 柏家村志［M］. 香港：中国文化出版社，2008：323.
④　李福林. 柏家村志［M］. 香港：中国文化出版社，2008：319.
⑤　李福林. 柏家村志［M］. 香港：中国文化出版社，2008：320.
⑥　李福林. 柏家村志［M］. 香港：中国文化出版社，2008：320.

体生产劳动，在大队的统一部署下，各生产小队组织没上学的儿童在一起，称作'工读班'，选派一名有一定文化基础的社员担任老师，最初并没有统一、固定教材，一般就是讲故事，做游戏，也教练字和拼音。"①

（3）郭庄村调研材料

"1955年，郭庄村小学在校生已有85人，由李守本、杨奎珍二位老师上课。"②

"1960年以后，因生活困难，郭庄村托儿所停办。学龄前儿童又回到家中，由家人看护、教育。"③

"1962年，国家经济处于困难时期，郭庄农业中学停办。"④

"20世纪70年代初，随着国家教育事业的不断发展，幼儿教育又逐步恢复。1976年，县妇联和县教育行政部门联合成立了幼托领导小组，负责全县幼儿入托、入园的领导管理工作，公社亦成立了幼托领导小组，为县幼托领导小组的下属机构，负责本公社幼儿入托、入园的领导管理工作。"⑤

"育红班设施简陋，幼儿自带小板凳，用砖垒起垛子，上面放上大木板当课桌，教学条件极差。课程设置有看图识字、唱歌、游戏等。因生产队无节假日、星期天，幼儿天天到育红班上学，老师天天上课。幼儿免费上学，幼儿教师和社员一样回生产队记工分，回生产队参加分配。办班经费和办公用费全由生产大队负责。"⑥

"1972年，郭庄学校有在校生231人，分为1～7年级7个教学班，有教师11人。"⑦

材料三：

"梁邹、长山和齐东的小学生人数在1950—1957年间增加了一倍，由3.4万人增加到6.8万人。邹平小学教育的发展之所以比其他地方更为平稳，也许是因为它的起点较好。1950年时，其学龄儿童（7～15岁的

① 董好连. 古城志 [M]. 香港：中国文艺出版社，2011：173.
② 郭庄村志编委会. 郭庄村志 [M]. 香港：中国文化出版社，2013：211.
③ 郭庄村志编委会. 郭庄村志 [M]. 香港：中国文化出版社，2013：208.
④ 郭庄村志编委会. 郭庄村志 [M]. 香港：中国文化出版社，2013：217.
⑤ 郭庄村志编委会. 郭庄村志 [M]. 香港：中国文化出版社，2013：208.
⑥ 郭庄村志编委会. 郭庄村志 [M]. 香港：中国文化出版社，2013：208.
⑦ 郭庄村志编委会. 郭庄村志 [M]. 香港：中国文化出版社，2013：213.

孩子）的小学入学率已达45%，而整个山东省这一比率仅为34%。"①

"虽然青阳的学生数量在1950—1957年由788人增加到1 697人，增长了一倍还多，但女孩的入学率仍然很低。1950年，青阳小学里仅有9%的女生，尽管到1957年这一比率已增加到18%，但很显然，对待女童教育的传统态度仍然非常盛行。"②

"1969年当中学重新开办时，它们由公社和大队管理，而不是像以前一样由县教育局管辖。因此，邹平的每一个公社都开办了一所高级中学，而大多数大队或者在他们的小学增设初中部，或者与相邻的几个村子一起设立单独的中学。到1969年邹平已经有了22所高中，1 702名高中生，同时至少有282所初中和10 811名初中生。由于每3个村就有一所中学，因此，几乎每一个学生都可以在步行可达的范围内接受中等教育。到1975年时，高中学生的数量已增加到了5 000多名，同时有接近20 000名初中生，而且这些数字在1976—1977年的两年中又有了迅速增长。"③

6.2.2　特征分析

（1）以扫盲运动落实公民受教育权

中华人民共和国成立后，邹平各地建立起了中小学，开始逐步形成中小学教育系统。以望京村为例，人民政府十分注重教育事业的发展，1949年10月成立望京小学，刚开始在村民家宅里，一年后迁至望京村西报恩寺内，当时人们称之为大庙。利用寺庙或者祠堂作为学校的例子在不少人的心目中都会有所记忆，这无疑与当时经济发展水平和办学条件的局限性有关。

各级政府除了重视发展正规的学校教育之外，也极为重视成人教育，曾广泛开展了"扫盲运动"，总体看效果比较明显，农民的识字率和文化水平都有所提高。

① 曹诗弟. 文化县——从山东邹平的乡村学校看二十世纪的中国［M］. 济南：山东大学出版社，2005：170.
② 曹诗弟. 文化县——从山东邹平的乡村学校看二十世纪的中国［M］. 济南：山东大学出版社，2005：171.
③ 曹诗弟. 文化县——从山东邹平的乡村学校看二十世纪的中国［M］. 济南：山东大学出版社，2005：206.

有关教育的扫盲运动肇始于部队广泛开展的群众性文化教育运动，中华人民共和国成立之初，人民解放军绝大多数官兵出身贫苦工农家庭，在旧中国被剥夺了学习文化的权利，文化水平低，文盲、半文盲居多，难以适应现代化军队建设的需要。1950年8月1日，中央人民政府人民革命军事委员会发出《关于在军队中实施文化教育的指示》，决定"全军除执行规定的作战任务和生产任务外，必须在今后一个相当时期内着重学习文化，以提高文化为首要任务，使军队成为一个巨大的学校"。为落实这一指示，全军在短短的几个月时间内，调配了5万多名文化教员，编印了200余万册教材，组建了一批文化学校。1951年11月29日，中央军委又做出决定，要求全军开展一个以扫盲为重点的文化学习运动，明确1952年的教育训练，要求全军部队用50%的训练时间进行文化教育，以扫除干部战士中的文盲，将其提高到初小毕业的程度；将已具有初小毕业程度的干部战士，普遍提高到高小毕业程度；将已具有高小毕业程度的干部，提高到相当于初中一年级的水平。

1950年，郭庄村成立识字班，组织青壮年中的文盲、半文盲识字学文化。学习方法采取老师上课，课后辅导，发动小学三年级以上学生回家包教父母，学习好的教学习差的，高年级的教低年级的，开展群众性的互教互学活动。时间安排采取农闲多学，农忙少学或不学，一天中利用中午、晚上学。办学形式因地制宜，因人制宜，灵活多样，集中与分散相结合，上课与辅导相结合。有的还要走街串巷，上门包教。教材以山东省印制的《农民识字课本》为主，要求学习1 500～1 800个字，达到会认、会写、会讲、会用的"四会"标准。全村能经常参加学习的有100人左右。是年冬，识字班转为冬学班，冬学班就是利用冬季农闲季节集中一段时间全天学，众多家务繁忙的青壮年妇女也进冬学班识字学文化，群众学习文化的热情空前高涨。

1952年，按照上级要求成立冬学委员会，扫盲工作开展"三模"（办学模范、教学模范、学习模范）运动，村内不论男女老少，不识字者都要进冬校学习。为强化学习效果，村干部在村头路口拉绳拦路，进行识字测试，过往村民识字不过关者，都要强制学认几十个字后才放行。为了激励农民学文化的积极性，民师把速成识字法编成顺口溜教群众背诵，"速成识字法，真是好办法，打破学习的老习惯，帮助我们学文化，一天学习一二百，二十天就能写与画。"

1956年，中共中央、国务院下发了《关于扫除文盲的决定》。郭庄村根据村内文盲现状，制订学习计划，采取各种措施，加大扫盲力度。群众白天下地劳动，晚上集中到一起学习文化。对于年龄大的，家务忙的，组织小学生上门帮教。有的青年人带上书本下地，利用劳动间隙进行自学。有些家庭妇女三五成群在一起，互帮互学，共同进步。1957年年底，郭庄村男性青壮年经过扫盲学习，都能认识数百个乃至上千个字，学习好的能读书看报写信，男性成年人开始脱盲。女性青壮年学习成绩相对差些，学习好的能认数百字，有些年龄偏大，家务繁忙的仍处于半文盲状态。

1958年，扫盲工作出现大跃进，各种扫盲班一哄而起，多是图形式，走过场，收效甚微。

1960年，严重的自然灾害造成村民生活困难，扫盲民校停办。1964年，经济开始好转，郭庄村扫盲工作恢复正常，仍以办午校、夜校的形式开展。在"文化大革命"中，郭庄村成人教育由扫除文盲为主转为政治学习为主。至20世纪70年代末，郭庄村中华人民共和国成立前和中华人民共和国成立初期的文盲和半文盲，经过多年的学习，已经大部分脱盲。中华人民共和国成立后出生的青少年都受了良好的义务教育，至此，以文化教育为主要内容的扫盲工作完成了历史使命。[①]

（2）重建教育制度，逐步完善国民教育体系

邹平人的普通教育水平在社会主义建设时期得到了显著的提高。邹平教育总预算从1956年的189.6万元降到了20世纪60年代末期的130万元左右，1977年又慢慢增加到264.5万元，即使是这个数字也仅相当于每个学生19元，或相当于教育的总支出人均只有4元。中学接受了教育经费中的大多数钱款，留给小学的只有52万元，其中教师的薪水占了88%。实际上，几乎全部的小学教育的财政负担都由集体，即当时的人民公社和大队来承受。当时的人民公社和大队由于没有额外的经济盈

---

① 郭庄村志编委会. 郭庄村志 [M]. 香港：中国文化出版社，2013：219-220.

余，在这种安排下的乡村学校经常是设施简陋、拥挤不堪的，尽管如此，邹平当时还是为几乎所有的儿童提供了基础教育。

中华人民共和国成立后，党和政府致力于教育事业的恢复和发展，致力于教育制度和教育体系的完善，特别是保障广大村民能够有学上。据《邹平县志》记载，1949年11月，邹平县内（包括长山、齐东）有小学12所，初级小学682所，计883个班，学生30 499人。其中民办小学9所，12个班，学生402人。学龄儿童入学率40%。1950年，贯彻第一次全国教育工作会议精神，坚持"向工农开门"的办学方针，小学发展较快。1952年，完全小学增至44所，初级小学782所，计1 322个班，学生49 350人。1957年，实行"两条腿走路"的办学方针，完全小学发展到79所，初级小学792所，计1 636个班，学生68 145人，教职员工1 845人。1958年，受"大跃进"影响，课堂教学被忽视，教育质量有所下降。1962年，邹平对小学作适当调整，缩减完小22所，初级小学33所，精减小学教师395人。根据山东省烟台教育会议提出的"教育要扎扎实实上轨道，精雕细刻搞教学"的指示精神，邹平狠抓教学秩序和教学质量。1965年，全县有小学732所，计1 803个班，学生64 310人。1966年，全日制小学发展到827所，在校学生73 818人。创办工读小学632所，计700个班（组），学生17 000人。全县教职员工2 341人。

（3）民办教师应运而生弥补乡村教育不足

中华人民共和国成立后，随着教育制度的扩展，社会经济条件和物质环境也在逐渐变化。广大农民纷纷要求学习文化，农民子女更是希望上学读书，人们接受教育的机会增多而且接受教育的需求增多。由于各级人民政府成立时间较短，各项事业百废待兴，财力有限，因此，短时间内无法在城市和农村广泛设立公办小学，不能完全满足全部学龄儿童进入公立小学读书的愿望。为了缓解公办学校数量严重不足与农村适龄儿童积极要求入学的矛盾，减轻政府教育支出的负担，邹平鼓励和提倡在农村开设民办小学，以使更多的农村适龄儿童接受文化教育。民办小学办学质量的关键之一在于师资，而教师工资收入水平的高低又在一定程度上影响民办小学的办学水平和教学质量。在这一时期，随着教育的发展，师资成为当时的突出问题。

中国素有民间办教育的传统，中华人民共和国成立初期，由于经济落后，教育基础薄弱，国家无力举办全民普及性教育，广大农村和偏远落后地区沿袭传统，出现了依靠集体力量举办学校的情况，其师资则采用"能者为师"的办法，由公社、大队自行在村里聘用合适人选。这些人有一定的文化基础，但并未受过专门训练，不占国家编制，仍具农民身份，统称"民办教师"。

1950年，邹平共有教师1 082人，其中县人民代表65人。当时的师资来源，一是社会招用，二是学校分配。1957年，中小学教职工增至1 992人，师范教职工220人。自1958年开始，邹平大量聘用民办教师。至1965年，全县中小学教职工增至3 418人，其中公办1 763人。1977年高中发展到69所（民办50所），在校学生11 340人；初中发展到209所（含小学附设初中班），在校学生34 372人。高中、初中、小学校舍挤占，大批小学教师改任初中课，初中教师改任高中课，民办教师大量增加。据1978年统计，全县高中教师602人，本科毕业生仅40人，占6.6%，专科毕业生84人，占13.3%；初中教师1 817人，专科毕业仅8人，占0.4%。党的十一届三中全会后，改革中等教育结构，落实党的知识分子政策，整顿教师队伍，教师生活待遇逐步改善。1984年年底，全县大部分乡镇的民办教师实行工资制，中学教师最高月工资47元，最低月工资40元，小学教师最高月工资45元，最低月工资38元。

中国乡村的中小学民办教师队伍对农村基础教育的发展做出了重要贡献，被誉为农村教育的脊梁。农村中小学民办教师队伍数量巨大，小学民办教师占绝大多数。民办教师系统地参与了中国农村基础教育的伟大实践，也对此时期中国的乡村建设和社会进步做出了重要贡献。

6.3 多元办学

1978年，中国开始实施改革开放政策，邹平人民自力更生，艰苦奋斗，走向了经济快速发展的道路。邹平的工业化飞速发展，逐步培植了一批支柱产业，工业化的发展为当地财政做出巨大贡献，改变了以前主要依靠上级拨款的局面，进而政府增加了在基础设施、教育和卫生等方面的投资和支出，极大地改善并提高了邹平人民的生活水平。改革开放以后，乡镇政府因乡镇企业的发展获得了更多财政收入，而具备了真正管理和支持学校的能力，乡镇政府为乡村教育发展做出了巨大贡献。

6.3.1　问题调研

材料一：

（1）改革开放后，郭庄村的老师都是什么学历水平？小学和初中的学费占家庭支出多吗？

答：改革开放后，郭庄村的集体经济发展得很快，办学条件有明显改善，学校的老师教育资质水平、福利待遇也有明显提高，老师也从原来的"半农半工"状态变成专职任教状态。有的年轻老师参加了高考，去上大学开启新的人生，也有的年轻老师进入郭庄村小学任教，使得老师们的总体学历有所提升。随着《中华人民共和国义务教育法》的颁布，郭庄村小学也开始了九年义务教育的进程，义务教育阶段的学费占家庭支出较少。1977年，高校招生考试制度恢复。

（2）20世纪80年代，村里学校的办学条件有什么变化吗？

答：1982年，邹平县人民政府对教育经费实行"预算包干"，由地方财政支出，县教育局包干使用。再加上国家政策支持和村里集体经济的支撑，教育经费有所增加，出资整改校舍，教学条件得到改善。

（3）20世纪90年代，古城村学校的教学状况如何？除了知识教学，还进行其他教育活动吗？

答：随着九年义务教育普及和多次扫盲活动的展开，我们村文盲、半文盲数量大幅度缩减，村民的文化水平有了很大提升。除了学习知识，学校也注重学生的政治思想教育和社会实践教育，在日常生活中也注重学生的行为规范教育，培养学生树立正确的世界观、人生观、价值观。

（4）当时村里的教育成效如何？学生毕业后又多从事什么行业？

答：随着老师队伍的稳定与水平的提高，村里的孩子从小学读到初中再到高中，陆续读取大学的越来越多。学生毕业后有的回到村里、县里工作，有的则去城市继续发展，谋求其他职业。

材料二：

（1）柏家村调研材料

"党的十一届三中全会以后，恢复了高考升学制度，教育事业全面振兴。1979年，柏家小学在校生100余人，分为5个年级，5个教学班，有教职工8人，其中公办3人，民办5人。学龄儿童入学率、巩固率、毕业合格率均达到100%。"①

"1985年以后，随着计划生育措施的落实，学龄儿童人数出现逐年下降的趋势。但人们的教育观念在不断变化，再穷不能穷教育，加大教育投资力度，让孩子们念好书，多念书成为家长的共识。学龄儿童入学率、巩固率、毕业率均保持100%的水平。"②

（2）古城村调研材料

"2005年，由古城村投资130多万元，在古城小学东侧征地6 000平方米，新建三层教学楼一栋，建筑面积1 500平方米。"③

（3）郭庄村调研材料

"1986年4月，国家颁布了《中华人民共和国义务教育法》，开始实施九年义务教育。郭庄村小学也开始了九年义务教育的进程。《中华人民共和国义务教育法》规定，我国九年制义务教育的年限实行小学六年，初中三年的'六三制'。小学阶段学校在村里，村委参与管理，初中阶段及初中以上均由政府教育行政部门管理，村委不再参与办学管理。统计数字表明，村内人口文化构成开始由小学向中学文化程度过渡。"④

"2010年，全国第六次人口普查数字显示，郭庄村6周岁及6周岁以上人口中，初中及初中以上文化程度的已占这个年龄段统计人口的70%以上。郭庄村已基本实现了九年义务教育规定的目标要求。"⑤

"改革开放后，郭庄村集体经济发展得很快，为进一步改善办学条件，1984年，村两委决定建设新校，校址在村东，占地5亩，新建的学校有两排北屋，共21间，其中教室15间，办公室2间，教师宿舍1间，

---

① 李福林. 柏家村志［M］. 香港：中国文化出版社，2008：321.
② 李福林. 柏家村志［M］. 香港：中国文化出版社，2008：321.
③ 董好连. 古城志［M］. 香港：中国文艺出版社，2011：178.
④ 郭庄村志编委会. 郭庄村志［M］. 香港：中国文化出版社，2013：218.
⑤ 郭庄村志编委会. 郭庄村志［M］. 香港：中国文化出版社，2013：218.

储藏室2间，教具室1间，可容纳5个教学班，300名学生就读。郭庄小学实现了校舍、院墙、大门、操场、厕所、课桌凳'六配套'，达到了规范化小学标准。"①

材料三：

"1980年前后，邹平的初级教育没有像中等教育一样受到第一轮改革浪潮的严重影响。从实际情况看，所有的村庄都保留了自己的学校，在改革的头几年、全县学生的数量维持在10万人左右。"

"但对初等教育而言，这一时期却是不稳定的时期。许多年轻而没有经验的老师通过'接班'迅速进入或离开了乡村学校，而且只是重视最聪明的学生的趋势在这一时期也很明显。"②

"1989年3月，邹平开展了促进义务教育发展的活动。所有的学校都安排了展览、会议和表演来使最后一些不情愿让孩子接受教育的家长也能了解让他们的子女接受九年义务教育的好处。"③

6.3.2　特征分析

改革开放时期邹平教育处于稳步发展时期，20世纪90年代，国家开始重视乡村师范教育问题，涉及乡村师范教育和乡村初等教育发展问题，伴随着"普及九年义务教育"攻坚时期的到来，伴随着"乡村教育是立国大计"主张的实施提出，使得这一时期乡村教育成为热点话题。④

（1）各类教育步入规范化正规化

随着经济的不断发展，各种政策体制也逐步正规化、科学化，农村的办学条件、教育内容、师资水平等也逐渐规范化。

1978年，全县常年性幼儿园发展到345所，季节性托儿所有600所，入园（所）幼儿32 346人，占幼儿总数的53%。苑城公社46个大队，办起幼儿园（所）71所，入园（所）幼儿2 730人，占幼儿总数的

---

① 郭庄村志编委会. 郭庄村志［M］. 香港：中国文化出版社，2013：213.
② 曹诗弟. 文化县——从山东邹平的乡村学校看二十世纪的中国［M］. 济南：山东大学出版社，2005：248-249.
③ 曹诗弟. 文化县——从山东邹平的乡村学校看二十世纪的中国［M］. 济南：山东大学出版社，2005：250.
④ 欧阳修俊. 新中国成立70年乡村教育研究回顾与思考［J］. 现代远程教育研究，2019（2）：11-22.

85%。至1984年，全县幼儿园425所，入园幼儿12 795人，其中6周岁学前儿童5 809人，占全县学前儿童总数的54%。孙镇乡41个自然村，村村都办起了幼儿园，6周岁儿童入学率达90%以上。1985年，全县有幼儿园590所，644个班，入园幼儿16 813人，保教人员677人。

党的十一届三中全会以后，教育战线拨乱反正，小学教育有了转机，教育事业全面振兴。1979年，全县有小学764所，3 229个班，学生99 874人，教职员工3 632人。1983年，按照省委、省政府提出的"全省力争在1985年基本完成普及小学教育，有条件的县、市逐步普及初中教育"的指示。县内建立了中小学分县、社两级管理体制，县、乡、村三级办学体系，在县城建立实验学校1所，各公社建重点小学和管区中心小学91所。1985年，全县有小学775所，3 000个班，学生85 830人，教职员工3 612人，学龄儿童入学率为98%，巩固率为98.9%，毕业合格率为96%，普及率为99%，均达到教育部规定的标准。根据中央关于教育体制改革的决定，邹平研究制定了《邹平县九年制义务教育实施方案》，为普及九年制义务教育作准备。

"1995年1月，省里的检查组经过详细考察后认为邹平是鲁西北唯一达到'两基'的县。第一个'基本'是指实现了九年制义务教育，所有的适龄儿童都上了小学，98.5%的学生上了初中，84.8%的听障儿童和96.9%的智障儿童也受到了教育。邹平也通过了诸如教育预算的规模、教师的专业能力、学校建筑及设备等指标的检测。第二个'基本'是指邹平已经扫除了中青年人（15～45岁）文盲，建立了可行的成人教育计划。"①

邹平古城村学前教育始于1962年，随着教育政策的调整和重视，后来，幼儿教育逐步得到恢复和发展。1977年，古城村在学校南院办起了育红班，由小学教师兼任育红班教师。1978年专职老师进入育红班，当时设施简陋，条件落后，课桌是用长木板架在红砖垒起的垛子上，学生自带板凳，没有专门的教材，课程教学以识字拼音、讲故事、游戏为主。1981年育红班改为幼儿园，教学内容开始使用全国统一规

---

① 曹诗弟. 文化县——从山东邹平的乡村学校看二十世纪的中国 [M]. 济南：山东大学出版社，2005：251.

范的教材，幼儿教育渐趋规范化。1985年，新建幼儿园校舍，增设滑梯、攀登架、秋千等体育及娱乐器材，更换了课桌板凳，建立健全了一系列规章制度。1977年，古城村仍有小学，另在村南成立古城村联中，学生源自周边五个村庄。此时学生160余人，教师20人。1981年8月，教师增至16人，学生约290余人。1985年，村里征地5 000余平方米，投资20多万元，新建校舍51间，标准教室33间，办公室6间，校内建约1 755平方米标准操场一处，设篮球架一副，乒乓球桌4台，另有跳高架、单杠等其他体育设施。

（2）乡村教育服务"三农"

家庭联产承包责任制的实施，打破了以往农村吃"大锅饭"的格局，极大提高了农民农业生产的积极性。改革开放的前期，在乡镇企业异军突起的情况下，农村人口的向城性流动规模并不大，人口多向乡镇聚集，因此，这一时期农业人口的流动呈现出"离土不离乡"的特点。[1]邹平的农村人口流动也呈现出这一特点，使得这一时期邹平教育的变革仍然沿袭以往城乡分割的思维模式，农村教育的变革基本囿于农村的社会场域，针对农村社会经济的发展，从农村教育内部进行变革。1983年5月，中共中央、国务院发布《关于加强和改革农村学校教育若干问题的通知》，进一步明确了农村学校的办学方向，指出："农村学校的任务，主要是提高新一代和广大农村劳动者的文化科学水平，促进农村社会主义建设，一定要适应广大农民发展生产，劳动致富，渴望人才的要求，一定要引导广大学生热爱农村，热爱劳动，学好知识和本领，必须通过宣传教育，采取切实措施，纠正目前社会上片面追求升学率的倾向。"[2]这一时期，邹平的农村教育围绕提高新一代和广大农村劳动者的文化科学水平方面进行，成人教育重点由一般文化知识转为科学技术和专业技术的学习，实行农业、科学、教育的农科教三者结合，适应当时农村生产发展的需要，并调动了邹平村民接受教育的积极性。

改革开放时期，国家重视教育的发展，出台多个文件大力进行教育

---

① 刘秀峰. 改革开放四十年城镇化视域下的农村教育变迁 [J]. 教育发展研究，2018，38（17）：64—70.
② 国家教育委员会政策法规司. 中华人民共和国基础教育现行法规汇编：1949—1992 [G]. 北京：北京师范大学出版社，1993：576—580.

改革。邹平依据《关于加强和改革农村学校教育若干问题的通知》，响应国家号召，努力发展本乡村教育，积极进行教育改革。1985年国家发布《中共中央关于教育体制改革的决定》，邹平依据其中的"分级办学，分级管理"原则，对学校进行分级，分幼儿园、小学、初中级部，分级办学、分级管理，建立健全了一系列规章制度。

"撤点并校"，是指自20世纪90年代末已经存在，2001年正式开始的一场对全国农村中小学重新布局的"教育改革"。简单讲，就是大量撤销农村原有的中小学，使学生集中到小部分城镇学校。从1997年到2010年的14年间，全国减少小学371 470所，其中农村小学减少302 099所，占全国小学总减少量的81.3%。邹平学校同样也遇到了这一困境。

（3）美国学者对邹平教育的调研认知

美国学者往往通过比较视野来看邹平的教育发展，1997年7月25日至27日美国前总统卡特来到邹平访问，"卡特先生非常关注当地的教育情况。当同部分村干部座谈时，他就详细询问了当地学生入学、升学情况，26日上午，他又专程到邹平第一中学，详细了解了邹平县的教育状况、邹平一中在全省的地位以及教育资金等方面的问题。"[①]

改革开放是以经济建设为中心的伟大实践，因此，教育必然与经济发展息息相关。在此背景下，邹平一方面普及中小学教育，提高总体人口的受教育水平；另一方面，在普及中小学教育的基础上，注重提高教育质量，重视考试的选拔作用。学校在教学方式和方法上不断探索，不同程度地进行"素质"教育。普通民众也对教育表现出极大渴望，几乎所有人都希望自己孩子上大学。

6.4　网络求知

党的十八大以来，习近平总书记把握世界发展大势，立足党和国家工作全局，着眼于实现中华民族伟大复兴的中国梦，就事关中国教育发

---

① 王兆成. 乡土中国的变迁：美国学者在山东邹平的社会研究 [M]. 济南：山东人民出版社，2008：36-37.

展的方向性、根本性、战略性问题，作出一系列重要讲话和指示，形成关于教育的重要论述，为新时代加快推进教育现代化、建设教育强国、办好人民满意的教育提供了科学指南。在教育强国思想的指引下，邹平农村教育得到空前重视，并取得了重大进步。

6.4.1 问题调研

材料一：

（1）村里孩子文化课学习不佳，大部分家庭是选择学生学习艺术类专业还是技术类专业？村里的低保户上学问题怎么解决？

答：首选技术类专业。首先在农村学习艺术类专业的训练条件有限，其次艺术类专业的学费高于普通类专业，所以大部分家庭会选择让孩子从事技术类专业，毕业后方便寻求合适的工作。对于低保户等困难学生，也一直有政策扶持，学校里也会有奖学金，助学贷款等，帮助他们解决了很多问题。

（2）村里的老师现在是什么学历？地位如何？

答：现在村里的老师有一部分是老教师，不过也面临着退休，但大多数还是青年教师，他们是通过教师编制考进来分配到学校的。因为多为区直分配的老师，且老师以教书为主，所以老师与村庄来往比较少，但是家长们仍旧很尊重老师。

（3）村里学校的学生人数为什么减少了？

答：除了有一段时间受计划生育的影响，村里学校的学生人数减少的主要原因还是学生们多数在异地读书。村里的青壮年多外出务工，所以会把孩子带在身边，另外有的家长觉得村里的教育资源相对落后，会选择让孩子去周边城市读书。

（4）现在教育孩子还是以学校教育为主吗？

答：随着现代教育理念的发展，家长会重视家庭教育，不再是单一的学校教育。有的家长还会鼓励孩子参加暑假工，感受一下社会活动，也从中得知美好生活来之不易。

（5）百年来，村庄教育有什么变化吗？

答：乡村教育走过的历程波澜壮阔，教育事业发展取得的成就与每一个家庭紧密相连，也与每一个人的成长息息相关。就受教育水平而言，从扫盲到普及再到继续攻读，村民受教育的整体水平得到了很大提高。就教育师资而言，从原始的识字先生到乡村教师再到现在普招的专职老师，乡村师资也在不断地升级。就教育理念而言，从最开始的识字就行到追求有文化，从早早辍学贴补家用到学习改变命运等都有很大的改变。国家的教育事业对乡村的关注一直很多，致力于教育公平，向农村倾斜，向困难群众倾斜，向贫困地区倾斜，村里的居民也很珍惜受教育的机会，改变了自己的命运，实现了自己的梦想。

材料二：

随着家庭财富的不断增长，教育事业平稳发展。2021年，邹平加大教育投入，全年一般公共预算教育支出14.8亿元，同比增长13.3%。邹平的重点项目推进顺利：投资9 138.43万元新建邹平二中学生宿舍楼、梁邹实验初中教学楼，改造黄山中学；投资2 500万元重建孙镇初中；投资3 600万元，新建高新街道中心园、改扩建临池镇中心园，投资3 500万元实施幼儿园保教设施设备提升工程；新建鲁中职业学院新校完成主体90%，年内完成投资2.6亿元。推进"四名引育"工程，全市共招聘安置教师370人。其中：新招聘中小学教师124人、安置省公费师范生20人、引进高层次学科教师32人、招聘幼儿教师194人，教师队伍进一步优化。[①]

6.4.2　特征分析

党的十八大以来，以习近平同志为核心的党中央更加注重农村的发展，提出了乡村振兴战略，大力发展乡村教育。教育作为农村建设的重点，更是成为人们关注的焦点。

（1）加大教育投资，推进普惠式教育

2012年以来，我国进入新时代，国家整体经济得到长足发展，经济和科技水平大大提升，因此，国家对农村的经济投入也更充足。2014年，农村小学生均预算内公用教育经费支出分别比2010年增长

---

① 摘自邹平市人民政府网站（http://www.zouping.gov.cn）.

143.84%，农村初中生均预算内公用教育经费支出比 2010 年增长 116.20%。2010年至2014年农村初中和小学生均预算内事业性经费和生均预算内公用教育经费支出的增幅均高于城市初中和小学。2015年农村学前教育经费比 2012 年提高 95.81%，远高于城市学前教育经费 40.11% 的增幅。截止到 2016 年，全国 6.4 万个教学点全面完成"教学点数字教育资源全覆盖"项目建设任务，实现设备配备到位和资源配送、教学应用基本到位，34.5 万名教学点教师接受专项培训，具备了基本信息技术应用能力，72% 的教师运用相关设备和资源开展教学，400多万边远农村孩子享受到优质教育资源。①

2022 年，邹平全市共有学校 59 处，其中，小学 33 处、初中 17 处、九年一贯制学校 2 处、高中 4 处、十二年一贯制学校 1 处，全市小学在校生 49 242 人、初中在校生 22 249 人、高中在校生 14 737 人；职业学校 1 处，在校生 6 500 人；特殊教育学校 1 处，在校生 203 人。全市在职教职工 7 202 人。全市共有幼儿园 85 所，在园幼儿 32 433 人。

随着办学条件持续改善，城乡教育得到均衡发展，邹平先后实施校舍安全工程、学校标准化建设，累计完成学校新建、改扩建项目 153个，新增校舍建筑面积 85.97 万平方米，完成投入 18.27 亿元。特别是 2016 年以来，好生小学、孙镇二小、临池小学、长山初中、开发区实验学校、城南新高中等一批新建学校建成并投入使用，全市学校办学条件得到极大提升，城乡学校布局更趋合理。

邹平十分注重各类教育的统筹发展，2022 年，全市 3～5 周岁幼儿入园率达到 99%，全市省市级示范幼儿园占总数的 90%。小学适龄人口入学率、巩固率达到 100%；初中适龄人口入学率达到 100%，巩固率 99.75%；残疾儿童入学率达到 97%，随班就读的质量和水平不断提高；全市省、市级规范化学校占中小学总数的 82.4%。②

（2）新信息技术助力乡村教育

2016 年，在农村学校中，专科以上小学教师达到 71.2%，农村幼儿园、小学、初中、高中专任教师的学历合格率分别达到了 92.5%、

99.3%、98% 和 91.5%。在此期间，入职教师的门槛越来越高，教师的文化水平、学历也越来越高，国家还鼓励大学生、研究生进入农村支教，农村的师资队伍不断被优化，教学水平逐年提高。从农村教育发展的整体质量上来看，经过多年发展，农村九年义务教育普及率、巩固率、升学率都显著提升。1978 年，全国学龄儿童毛入学率 94%；到 2015 年，全国小学毛入学率 103.5%，初中毛入学率 104%，高中（全口径）毛入学率 87%。《国家中长期教育改革和发展规划纲要（2010—2020 年）》义务教育中期评估报告显示，2010 年至 2014 年，小学升学率保持在 98.0% 至 98.7% 之间；初中升学率由 87.5% 上升到 95.1%；全国九年义务教育巩固率从 87.5% 逐年上升到 92.6%。由此可以看出，进入新时代，教育已经几乎成为全部农村人民必不可少的一个阶段，农村教育发展的整体质量达到一个新的高峰。

截至 2022 年，邹平改善基础设施的同时，多渠道筹措经费 2.6 亿元用于学校信息化建设，目前，全市中小学实验室配套率达 95% 以上，任课教师实现"人手一机"，所有学校实现"班班多媒体"，教育信息化水平不断提高。

（3）农村教育治理现代化

构建具有中国特色、世界水平的现代教育治理体系，实现教育治理能力现代化，是当前邹平教育领域深化综合改革的重要目标和战略任务。2013 年，党的十八届三中全会通过的《中共中央关于全面深化改革若干重大问题的决定》提出完善和发展中国特色社会主义制度，推进国家治理体系和治理能力现代化，标志着各行各业开始从国家层面进入"治理"时代，教育也不例外。2017 年，国务院发布《国家教育事业发展"十三五"规划》，提出大力提升教育治理体系和治理能力现代化水平。2019 年，中共中央、国务院印发的《中国教育现代化 2035》再一次明确指出推进教育治理体系和治理能力现代化。[①]这一系列文件的发布，表明新时代我国农村教育治理要进入现代化。农村教育资源配置最优化及运行模式高效化，从农村学龄儿童的发展需求出发，努力为每一

---

① 赵垣可，刘善槐. 农村教育治理现代化：科学内涵、形态变迁及实践路径 [J]. 教育学术月刊，2019（11）：40-48.

个农村孩子提供公平而有质量的教育，农村教育资源的分配、人员的安排、课程设置、学校管理、权责安排等方面都要科学合理公平，这些方面都体现了这一时期农村教育现代化的特点。农村教育治理现代化是国家教育治理现代化在农村教育领域内的具体体现，是推进国家教育治理现代化的重要组成部分，具有重大的战略意义。

邹平通过不断提高教师队伍素质和教育保障水平来提升农村教育治理现代化水平。从 2017 年开始，邹平在全市范围内着力推进校长职级、县管校聘、交流轮岗、绩效考核四项教育改革，全市教育管理体制进一步优化，教育内生动力得到充分激发，全市学校面貌焕然一新。全市率先落实"两免一补"政策，创造性实施多项教育惠民措施，每年投资 2 500 余万元实施学生免费乘校车、教育"三免"及"211"取暖工程，惠及学生 70 000 余人；发放各类学生资助金 1 000 余万元，惠及学生 8 000 余人。2019 年以来，邹平累计为 873 名大学新生办理助学贷款 715 万元，发放精准扶贫资助金 77.9 万元，惠及学生 477 人。这些教育惠民措施极大减轻了学生上学的负担，农村群众对教育的满意率不断提高。

第 7 章　婚恋变迁

　　婚姻是人类最基本的社会关系之一，也是男女之间按照社会风俗或法律程序的规定而结为夫妻关系的一种社会制度。随着农村社会的不断发展，农村社会的择偶标准、婚姻观念、婚姻形式和婚姻消费发生了很大变化，已经与传统社会有了很大不同。邹平百年乡村婚恋变迁经历了一个从包办到自由的过程，在不同历史时期和不同的社会条件下，有着不同的特点。

7.1　父母包办的传统婚姻模式

　　中华人民共和国成立之前，传统的旧中国处在一个东西方文化不断碰撞的时代，外来文化观念与本土传统观念的冲突以及一定范围的文化失调，使得生活在乡村的中国人往往无所适从。千百年来的文化传统在邹平人的头脑中根深蒂固，是他们赖以生存的生产生活方式的源泉；对于土生土长的邹平乡民，他们缺乏对于传统生活方式进行改变的自觉性和主动性，因此传统文化观念在其生活中依然势力强大且影响深远。其中，受传统文化观念影响较大的就是与农村的日常生活关联密切的婚丧嫁娶。婚恋的变迁是展现这种影响状况的直接窗口，这一时期的婚恋方式基本上沿用传统的婚姻模式。

7.1.1 问题调研

材料一：

（1）20世纪20、30年代，村里存在童养媳、买卖婚姻吗？女方如果有生育问题，会遭到怎么对待？当时女性的地位如何？

答：有的，逢灾乱年，贫苦农民抚养不起子女，多把女孩卖给人家当"童养媳"。富裕的家庭甚至三妻四妾。受封建思想束缚，农村重男轻女、男尊女卑的思想根深蒂固，女方如果不能生育就会遭到埋怨，有的妇女受不了压力甚至会轻生。当时女性一直是被忽视的。在更多的时候，女性没有家庭地位，仅仅是男性的附属。三从四德的行为规范一直约束着传统女性，四德不仅是男性选择妻子的标准，而且在婚后生活中成为女子必须遵守的规范。

（2）中华人民共和国成立前，村里适婚年轻人婚恋的目的是什么？

答：当时婚恋的目的就是生育。受传统婚姻观念影响，一是遵循"媒妁之言"，两个从未谋面的人，在双方父母的定夺下，匆匆完婚。二是遵循"传宗接代"，"不孝有三，无后为大"，婚姻的结合建立在传宗接代的思想之上。很多男性在婚姻中有着传统的思想，首先想到的是婚后要生儿育女，比较重视亲子关系，而忽视夫妻关系。

（3）五四运动反对旧式婚姻对你们村有影响吗？

答：我们村关于妇女解放思想主要是从中华人民共和国成立之后教育开化逐渐开始的。村里的女性逐渐提高对自身的重视和认知，对自己婚姻的话语权也是逐步提高的。

（4）当时年轻人一般什么年龄进行结婚生育？一般家里会生几个孩子？

答：那个年代早婚很普遍，存在童养媳早婚恶习。同时，农村还存在近亲结婚现象，姑表亲、姨表亲较多。当时年轻人一般十三、十四岁就可以通过"父母之命，媒妁之言"结婚生子。当时富裕家里只要养得起就会生，所谓的"养儿防老"，一般生五六个孩子的居多。而贫困农民，有的人却终生不能婚配。

材料二：

"中华人民共和国成立前，古城村民男婚女嫁基本遵循父母之命、媒妁之言，婚姻无自由可言。多数男女双方结婚之前，彼此不能见面，更无从了解，一切皆由父母定夺。那时候男子既可娶妻，又可纳妾，但一般人家限于经济等诸多因素并不纳妾，也有许多男子因家庭特别贫困娶不起媳妇，或终生单身，或近亲结婚，或'换亲''转亲'，从而造成人口素质下降。由于受封建社会婚姻观念影响，村内男尊女卑现象严重，妇女地位低下，多数女子嫁人后即被夫家视为私有物，任意打骂虐待，甚至一纸休书休掉，人身权利根本得不到保障。男子丧妻或休妻后，可随时另娶，女子丧夫后却不能再嫁，只能寡居守节。"①

中华人民共和国成立前，在封建道德束缚下，青年男女恋爱、婚姻没有自由，只能屈从于父母之命、媒妁之言。妇女被视为商品买卖，当地曾有"嫁出去的闺女泼出去的水""嫁鸡随鸡，嫁狗随狗"等俗谚。在"三从四德"和金钱、权势支配下，婚姻出现极不正常的现象，有权有势的豪富士绅，可三房六妾，贫困农民，有的却终生不能婚配。

邹平县历史上早婚现象严重，据1935年《邹平实验县户口调查报告》统计：男子初婚年龄为10~15岁的占32.65%，16~20岁的占34.85%，21~25岁的占13.09%，26岁以上的占9.8%；女子初婚年龄为10~15岁的占2.7%，16~20岁的占76.63%，21~25岁的占8.63%，26岁以上的占1.29%，其中仅17岁一个年龄结婚的就达33.13%。早婚恶习导致了人口素质降低。同时，农村还存在近亲结婚现象，姑表亲、姨表亲较多。②

7.1.2 特征分析

（1）农耕社会观念影响大，早婚早育现象普遍

新民主主义革命时期，虽然新文化运动在城市已经为人熟知，但

① 董好连. 古城志［M］. 香港：中国文艺出版社，2011：47.
② 山东省情资料库. 邹平县志［EB/OL］.［2023-05-15］. http://lib.sdsqw.cn/ftr/ftr.htm.

是，其还远远没有影响到乡村生活。在乡民的头脑中，"父母之命，媒妁之言"依然是他们选择婚姻伴侣最重要的方式。遵循传统，才能得到乡亲的认同，才能得到乡村生活的安宁。那个时候，自主择偶方式一般被称为私奔，并为村里大部分人所不齿。

在农业社会中，劳动力人口是重要的生产要素，因此婚姻中一个重要目标就是生产劳动力，这就形成了所谓的多子多福、传宗接代的传统观念。在这样的观念影响下，早婚早育在邹平就自然成为正常的选择。总体看，当地男子在20岁之前结婚的能占到近70%，女子在20岁之前结婚的能占到近80%，早婚已经成为公认的习俗。由于婚姻中的男女双方身心都不够成熟，再加上本来就不相识，生活习惯、性格等多方面难免存在差异，这种早婚家庭的婚姻质量以及在婚育中子女的教养都存在一定问题，无论是从生物学意义上，还是从社会学意义上，这一习惯都导致了人口素质的下降。

（2）女性在婚姻中的弱势地位明显

在这种趋势下，无论是婚姻关系的确立过程，还是未来的婚姻生活，女性必然处于弱势地位。在择偶过程中，女性基本没有选择的权利。既没有选择结婚与不结婚的权利，又没有选择与谁结婚的权利。女性择偶大多听从父母支配，其个人意愿大多被忽视。此外，由于受乡村生活所限，信息闭塞，通婚范围往往比较小，在可选择的婚姻对象不多的情况下，基本上是靠媒人从中穿针引线，因此，出现信息偏差的情况时有发生，有些媒人甚至故意隐瞒真实信息撮合出一些并不匹配的婚姻，一些社会性婚姻悲剧的出现也就不足为奇了。

在婚姻缔结过程中，父母往往是女性婚姻直接的决定者。由于传统思维方式以及各种物质利益的影响，作为决策者的父母却往往未必能够称职。至于是否能够从性别角色中体谅女儿，是否考虑到女儿嫁人后作为人妻的不易，是否能够尽可能考量双方的人品性格，往往容易被忽视。不少地方嫁女儿更像是完成一项任务，门户大差不差，媒人说和一下，就能够轻易地促成一门婚事。未来女性的生活质量和个体意愿，则大多不在考虑的范畴之内。在调查过程中，有一位年纪大一点的女性村民曾说起自己的婆婆的故事，当年公公在县城的铺子里当学徒，人长得干净，又勤快，老板很是欣赏，就找了个相熟的乡亲给提及这门亲事。媒人到女方家里，把小伙子大大地夸奖了一番，女方父亲误以为男方家境、人品都不错，就直接让媒人领走了女孩。两年后去女儿家里看望女儿，才发现女儿嫁的人家家徒四壁，一下子就哭了。好在男方父母人品好，夫妻俩倒也相濡以沫地过了一辈子，类似的事件其实在乡村的嫁女过程中并非个例。

此外，身处婚姻中的女性依然是弱势的一方。由于婚姻中论财趋势的普遍存在，女性往往被视为男方家庭的一种财产，是传宗接代的工具，天然具有生育男孩的责任和义务，因此，没有能生出儿子的女性在婚姻中就会备受歧视甚至是虐待。即便女性在婚姻中被压榨，她们也没有离开的权利。离婚的权利大多掌握在男方家庭的手中，他们可以轻易地将丧失劳动能力或者没有生育能力的女性通过一纸休书加以抛弃，甚至转卖他人。

同时，由于早婚等陋习的存在，严重影响着人口素质和寿命。结婚后丧偶现象比较严重，在丧偶人数中以女性为多。丈夫早逝的女性，生活悲惨。男子丧偶可以理所当然地续娶，女子则只能为夫守节，一旦改嫁，则会被人不齿，成为终身污点，被世人鄙视。

（3）缔结婚姻的传统习俗和仪式依然沿用

在邹平，婚姻的缔结有一套烦琐的仪式程序，要经过"纳采""问名""纳吉""纳征""请期""迎亲"六个步骤，婚姻才算正式缔结，这套程序典型地体现了婚姻所被赋予的社会内容以及宗法和人际特色，婚姻双方没有任何自主权，他们只不过是这套仪式的演员而已。面对这套婚姻程序的弊端，作为婚姻嬗变的一部分，早在清末民初，文明结婚就开始出现并逐渐流行起来。对于文明结婚，《清稗类钞》曾经这样记载："迎亲之礼，晚近不用者多。光、宣之交，盛行文明结婚，倡于都会商埠，内地亦渐行之。礼堂所备证书（有新郎、新妇、证婚人、介绍人、主婚人姓名），由证婚人宣读，介绍人、证婚人、男女宾代表皆有颂词，亦有由主婚人宣读训词，来宾唱文明歌者"。这种文明结婚无疑是一种社会进步。

不过，在广大乡村传统的婚姻形式仍然存在，习俗的力量依然束缚着一部分人的头脑和生活。就婚姻缔结过程中的议婚环节来说，这是男女双方缔结婚姻关系的最初阶段，也是婚姻开始的第一步。民间俗称说媒阶段。在议婚过程中，往往是媒人往来于双方家长之间。双方父母遵循着门当户对的传统观念，对对方的门第、财产进行考量和权衡，对男女双方的性情和能力进行考察，商议缔结婚姻的各项事宜。由于男女双方不便直接沟通，议婚主要靠的是媒人的一张嘴。媒人来回奔波，成为婚姻中男女双方沟通的桥梁，其重要性可见一斑。很多并不匹配的婚姻在媒人的劝说、糊弄中也能成事，所以民间有俗语"媒人的嘴，骗人的鬼"。在议婚过程中，如果双方家长没有异议，就可以进入缔结婚姻的实质性步骤，即开始换庚帖（记录着生辰八字的帖子），然后根据双方庚帖问卜求卦，看八字是否相合，属相是否相冲，如无大碍，两家的婚姻关系即可基本确立，这中间并不需要问询儿女的意见。然后就可以"下柬"定亲，这是民间普遍认同的缔结婚姻的正规的书面形式。"下柬"的日子，要宴请媒人，并向女方转致聘礼，由媒人和男方家人带聘礼致女方，聘礼多少，可视家资丰薄而定。贫家纳以布帛，富家兼有金银首饰之类。有了这种书面形式的柬子，此次婚姻就得到了习俗和社会的认可，倘若一方反悔，将会受到财物上或声望上的损失。

作为传统，议婚的步骤提供给双方家庭相互了解、彼此商讨的机会。媒人牵线搭桥、从中说和虽然难免错漏，但毕竟拓宽了择偶的范围，也同时避免了男女双方直接讨价还价的尴尬。

其他的婚礼上的习俗也往往遵从传统，不惧繁复。比如婚礼迎娶新娘的时候，有鼓乐导前，富者制宫灯，迎娶之日早晨，新郎以"小登科"八品衔乘蓝色大轿。另给新娘备红色轿一乘，还有的新郎乘高头大马，带红色四人抬花轿一顶，到女家迎娶新娘。这日，岳父岳母一家称女婿为贵宾，备极招待之礼，摆宴席，拜新郎为上客，坐上首椅子。此时，新娘穿婚服，冠蒙头中，等待时辰到。出嫁中女家有送路客、圆饭客和压轿客各两人，分前后时辰，随新娘前往男方家。一般程序是压轿客两人陪新娘先进门，随后娘家送路客两人进门。送路客早宴结束离开男方家后，圆饭客两人，皆为女性，一般为嫂子或长辈，进男方家，摆中午宴，这些娘家送客大都是娘家的长辈或长嫂等。新娘按时辰到婆家落轿后，男方用红纸包红砖两块和从女方家取来的筷子两双，一并放置新郎家大门顶上，谓之"压砖"。当地风俗参与"压砖"，必须有两人，一人属相为龙，一人属相为虎，取"龙递虎压"，以镇宅避邪之意。新娘由男方家两女宾（须按属相匹配）搀扶，跨鞍马、走红毡，至摆天地桌子前，鸣鞭炮，夫妻要拜天地，拜父母，夫妻相拜，礼毕双入洞房。晚上新婚夫妇要同饮"合欢酒"，当地盛行闹洞房习俗，至深夜方散。俗谓"新媳妇过门三日无大小"，即使长辈闹新房也不回避。新娘要坐床三日，三日后祭祖先要到男方姥娘家上坟拜墓。新妇第一次回娘家称"回门"，在娘家住三至六日不等，再回婆家，至此整个婚礼仪式结束。

（4）婚姻关系中论财趋势明显

在中国古代，婚姻一直就有着超出两性结合的文化使命，它不唯是个人的幸福所系，更重要的是传宗接代的前奏，一系列的婚姻程序与婚姻要求不仅使婚姻超出个人的选择，而且使婚姻成为传统文化的一部分，承担着保持和传承传统文化的使命。而从经济的角度上来看传统婚姻的结合，一系列繁杂的婚姻礼节，其背后都暗含着财产的交换。即便是近现代中国社会在经济和观念上都发生了巨大变化，但是农村大部分地区在缔结婚姻关系的过程中，论财的特征依然十分显著。

1931年，当时的中国农村经济基本处于崩溃的边缘，繁重的苛捐杂税，地主豪绅的重重剥削，帝国主义的经济入侵，不定期的天灾人祸导致农村经济日益走向崩溃。加之落后的重男轻女观念和溺杀女婴的陋俗，造成了在农村中男多女少的人口结构。

据文献记载：20世纪30年代前，县内人口性别比为男性略多于女性。1933年，邹平县有男性人口81 366人，女性人口74 402人，男女性别比例为109.4：100；长山县有男性人口152 550人，女性人口118 800人，男女性别比例为128.4：100；齐东县男性人口67 132人，女性人口64 134人，男女性别比例为104.7：100。

这种人口结构使得20世纪初的邹平农村婚姻的缔结有着强烈的金钱交换意味，婚嫁的费用占据农家收入的比例越来越高，女方家庭试图通过婚姻来改变自己家庭的财政情况，嫁女好似卖货，钱多者得之，不如此不足以求生存，不如此不足以弥补养育女儿所付出的费用，不如此不足以增加自己家庭的收入。这一时期农村婚姻的一个重要特点就是婚姻缔结的市场化极度凸显。

婚姻论财首先体现在聘金的预定与要求上，在东尉村，对于聘礼女家也根据男方的家境采取不同的对策。订婚时富户无聘金，中户以下初婚或续娶必须聘金百元上下，此外男家送首饰绸缎四色至八色，女家回送文具四色礼物，俗曰换帖。乡俗男家出二三百元聘金，聘定闺女，必须当年迎娶，如隔年迎娶，女家另索七八十元，名曰推磨，如不应允，绝不出嫁。由此可以看出，这里婚嫁的买卖关系体现得非常明显。

综上，对于广大的农民而言，经济是压倒一切的，婚姻的选择与缔结，固然有制度、文化等多种因素的影响，但对于经济的考量从来都是至关重要的一个方面。正因为如此，当时农村出现了不少特殊的婚姻状态，如童养媳、换婚等，这些婚姻状态的出现本质上就是不堪承受婚姻中的论财倾向而产生的各种变通措施。

（5）梁漱溟对婚姻陋俗的改革

这一时期，邹平农村还存在着大量的婚姻陋俗，如童养媳、近亲结婚等。男女婚姻主要有三个陋习：第一，男子早婚严重。男子十三四岁、十一二岁，有些甚至七八岁就可结婚。当时有句歌谣："十一十二该娶妻，十六无儿便绝户。"从歌谣可以看出社会如何倡导早婚早育。第二，女大于男过多。女大男几岁的常见，有些大十几岁的也有。当时有这样一首民谣，形象地描绘了这一现象："十八的大姐九岁的郎，不像儿来不像郎。要说是郎来，郎又小；要说是儿来，不叫娘。"第三，女家索彩礼过重，近于买卖婚姻。

童养媳旧社会家庭贫穷无力娶妻者，觅一孤女或家贫无力抚养的女孩，接到家里养大，至十几岁在灶前挽髻成婚，俗称"灶头前上头"，这样的女孩即为童养媳，一般不举行婚礼。童养媳正式圆房前在夫家一般已经生活了十来年，这个过程中常常被当成劳动力来看待，从事辛苦的劳作，日常还经常被打骂，生活十分不幸。

在20世纪30年代，邹平农村还存在大量的近亲结婚现象，姑表亲、姨表亲较多。很多俗语生动地表现了这种习俗的存在，如"姑舅亲，辈辈亲，打断骨头连着筋"，其实就是对这种近亲结婚的认可。但是由于这种近亲婚姻，常常导致婚后子女存在遗传疾病，甚至影响身体健康。

在邹平这一时期的婚姻中，还存在女家索要过重彩礼的现象，近乎于买卖婚姻。此外，还有些家庭有订娃娃亲的习惯，在子女年幼的时期就订下婚姻，甚至还有"指腹为婚"的情况。

针对男女婚姻上的这些陋习，当年梁漱溟在邹平对老人的观念进行大胆改革，并采取了一系列措施：一方面宣传教育，提倡晚婚，如研究院自编的《乡农的书》"戒早婚"一文中讲："男婚女嫁，人生大事。女满十六，男足二十；合乎生理，必有子嗣。若论古人三十而娶，再晚三年五年亦不迟。"另一方面，公开立法，制定了取缔婚姻陋习的八条规定。规定中指出，"男未满十七岁，女未满十五岁者，不应订立婚约"；"男未满十八岁，女未满十六岁者，不得结婚"。关于彩礼也有相应的规定："女家收受男家聘礼不得超过一百五十元。"例如，东范庄荣某某的儿子只有六岁，因为家中只有爷儿俩，急需用人烧火做饭补缝衣服，荣某某就给六岁的儿子介绍了一个十八岁的姑娘，未经乡学批准就订了婚，此事乡学报告县政，最终被取缔。

这些落后习俗，有的摧残了人的身心健康，有的带来家族遗传病，还有的为未来的婚姻家庭生活埋下隐患。邹平落后的婚姻习俗在梁漱溟的乡村改革中得到一定程度的整治，直到中华人民共和国成立后才根除殆尽，不复存在。

7.2 移风易俗追求婚姻自由

中华人民共和国成立以来至改革开放之前这一时期，中国在政治、经济、文化、社会各个方面都发生了翻天覆地的变化，随着新社会带来的新发展、新气象，人们的行为、观念也在悄然发生着变化，在当时的民众心中，新的就意味着先进的、有希望的，因此在这一时期，人们对新观念的接受程度大大提高。各种新的风习和观念在轰轰烈烈的社会主义建设中迅速形成并蔓延。在婚姻家庭领域，诸如男女平等、离婚自由等新观念逐渐对人们的社会生活产生重大影响。

7.2.1　问题调研

材料一：

（1）中华人民共和国成立后，古城村村里离婚现象多吗？

答：当时提倡男女平等、婚姻自主，反对包办婚姻，离婚者相对中华人民共和国成立前数量有所增加。这个时期村民受政治影响较多，把婚姻对象当作自己的革命同志，是志同道合的灵魂伴侣。如果离婚，会被人认为是受到资产阶级腐朽思想侵蚀的影响，有的甚至要接受批斗，离婚也要上升到政治的高度。总体而言，这一时期组建家庭也呈现政治统治下的相对"稳定"状态。

（2）当时村里适婚年龄女性对择偶有什么要求吗？

答：中华人民共和国成立初期，温饱问题尚未得到解决，物质基础的满足是影响婚恋选择的重要条件，大家择偶一般会以满足温饱为主。中华人民共和国成立后提倡男女平等，妇女的合法权益得到了相应保障，女子丧偶后，与男子一样，可以改嫁和再婚。抗美援朝时期，适婚年龄女性择偶都想嫁给军人，想嫁给最可爱的人，流行"60年代嫁红苗，70年代嫁军人"的这一说法。

（3）当时村里妇女的生活重心在哪里？重男轻女的现象严重吗？一般家里会生几个孩子？

答：当时村里妇女把婚姻放在自己生活极其重要的位置上，家庭生活占比较大，其责任是生育子女、照顾老人以及料理家务等。当时提倡男女平等，废除封建婚姻制度，妇女的合法权益受到了保护，但是村里妇女的自主意识还处于过渡时期，重男轻女的现象还是比较严重的，很多农妇将生育子女作为自身价值的体现。当时很多家庭多会选择生三四个孩子，且不注重对子女的文化教育。

（4）当时村里人结婚都准备些什么？人们一般在多大年龄结婚？

答：当时农村物资匮乏，结婚仪式等也很简单，准备一些必要的婚嫁生活用品就可以了，但是需要去民政部门办理结婚手续。之前的童养媳、早婚和近亲结婚等现象被根除。

材料二：

"中华人民共和国成立后，国家颁布《中华人民共和国婚姻法》，废除了封建婚姻制度。实行一夫一妻制，婚姻自由，男女平等，妇女的合法权益受到了保护。"[1]

材料三：

"中华人民共和国成立后，颁布实行《中华人民共和国婚姻法》，明确规定恋爱自由，婚姻自主和一夫一妻制。结婚年龄男为二十岁，女十八岁。废除买卖婚姻和包办婚姻，提倡男女平等、婚姻自主、一夫一妻制，早婚与近亲结婚得到根治。"

"中华人民共和国成立后，提倡男女平等，女子丧偶后，与男子一样，可以改嫁结婚。"[2]

7.2.2 特征分析

（1）由父母之命到自由恋爱

中华人民共和国成立后，我国的社会主义制度提倡和保障自由恋爱，自己选择配偶。尤其是 1950 年 5 月 1 日《中华人民共和国婚姻法》的颁布，在法律上对人民的婚恋自由权利予以保障。婚姻已完全变成当事人个人的私事，无须他人插手干涉，包办婚姻状况得到一定程度改变，婚姻的自主程度不断提高。但是，由于家庭成员对家庭经济的依赖，反映到配偶的选择上，在现实中则表现为自主婚姻还未完全取代包办婚姻，常常以介于包办和自主之间的一种过渡形式存在着，即婚姻的确定既要当事者双方同意，又要征得家庭主要成员的同意。

据调查统计，在 1947 年前结婚的 108 人中，结婚当天才首次见面的有 90 人，占比 83.3%，自由恋爱者为零；在 1948—1958 年结婚的 76 人中，结婚当天男女双方才见面的有 34 人，占比 44.7%，自由恋爱的有 1 人，占结婚总数的 1.3%；在 1960—1969 年结婚的 76 人中，结婚当天男女双方才见面的有 11 人，占比 14.5%，自由恋爱的有 1 人，占比 1.3%；在 1970—1982 年结婚的 144 人中，结婚当天男女方才见面的有 7 人，占

---

① 董好连. 古城志 [M]. 香港：中国文艺出版社，2011：47.
② 山东省情资料库. 邹平县志 [EB/OL]. [2023-05-15]. http://lib.sdsqw.cn/ftr/ftr.htm.

比 4.86%，自由恋爱的有 5 人，占比 3.47%。①这项调查统计在一定程度
上反映了中华人民共和国成立前后择偶方式的变迁过程，基本上反映了
农村的婚姻状态从父母之命到自由恋爱的发展趋势。

中华人民共和国成立后，农村具体的择偶条件也受到了时代的深刻
影响。20 世纪 50—60 年代，在邹平广大农村，当时的青年人在择偶时
就非常重视对方的政治面貌和家庭出身。那个年代最受欢迎的配偶是投
身社会主义建设的各种"模范"和"英雄"。这种趋势在 20 世纪 60—70
年代持续加深，为了保证在当时政治风云中的家庭稳定，对等的成分和
出身同样成了在男女婚嫁中必须考量的条件。

（2）婚姻内的男女平等得到保障

我国传统社会的夫妻关系是家长制下的关系，女子"在家从父，出
嫁从夫，夫死从子"，这种男尊女卑的意识导致女子在家庭中的地位较
低。1949 年中华人民共和国成立后，我国政府意识到这一问题的严重
性，开始通过颁布各项政策，逐步完善保障妇女权益的各项制度，清除
对妇女的一切形式的歧视。妇女在政治、经济、文化、社会生活等方面
享有与男子相同的权利。自此，中国女性在婚姻生活中享有与男性相同
的权利，夫妻关系中的男女地位也发生了变化。

这一时期，国家政权力量在某种程度上完全深入农村社会内部，国
家法律替代传统礼俗规范农村社会生活。对婚姻家庭生活来说，最重要
的就是《中华人民共和国婚姻法》的颁布。毋庸置疑，该法极大地提高
了在婚姻家庭中女性的社会地位，保障了女性的权益。

1950 年 5 月 1 日《中华人民共和国婚姻法》颁布后，邹平利用大
会、图片展览、广播、黑板报等形式大力宣传婚姻法，同时处理了大量
旧社会造成的不合理的婚姻案件，开始办理结婚登记，结婚登记机关为
乡、镇人民政府。1952 年，邹平检查婚姻法的贯彻执行情况，查出因
婚姻纠纷致死的妇女中有 90% 曾受公婆、丈夫虐待，从而对虐待妇女
者进行了从严惩处，为妇女伸张了正义。

1953 年，全县基本上废除了包办婚姻。1955 年，国务院公布《婚

---

① 《家庭》编辑部. 婚姻家庭探索［M］. 广州：广东人民出版社，1985：87.

姻登记办法》后，婚姻登记手续日趋完善。凡自愿结婚、离婚的男女双方，都要持所在村队介绍信到区、公社进行婚姻登记。符合条件的，准予登记结婚或离婚，发给结婚证书或离婚证书；不符合条件的，不予登记。结婚登记年龄为男20岁，女18岁。20世纪50年代，每年结婚登记的平均2 000对。20世纪60年代，每年结婚登记的平均2 500对。20世纪70年代，每年结婚登记的平均3 500对。20世纪80年代，每年结婚登记的平均4 500对。

婚姻法提倡的婚姻自由，男女平等，保障了妇女的合法权益。丧偶的女性，也与男子一样，可以改嫁和再婚，不受歧视和各种人身制约。

（3）移风易俗改革落后习俗

中华人民共和国成立后，全国上下大力提倡移风易俗，对于落后的、封建的、迷信的各种习俗进行根本革除。

首先是对于包办买卖婚姻的禁止。《中华人民共和国婚姻法》明确规定：禁止包办、买卖婚姻和其他干涉婚姻自由的行为。禁止借婚姻夺取财物。伴随着法律的普及和人们观念的提升，包办买卖婚姻越来越受到人们的抵制。同时在买卖婚姻中作为衡量女性价值的彩礼，在这一时期也大大减少，甚至消失，基本上只保留了一种仪式性的做法，从而有效地遏制了婚姻中的论财趋势。

其次是对于繁复的婚礼形式进行改革。传统婚礼中那些繁复的、迷信的婚礼形式日益简化，如行聘纳彩、批命合八字等通通被省略或淘汰。

男女双方通过介绍人见面后，如果双方均满意则可以定下婚事，介绍人负责出面商定好婚期等各项事宜。20世纪60年代，彩礼比较简单，多数家庭定亲时买几身衣服，互赠纪念品即可完成婚姻仪式，由于物质匮乏，那时的纪念品大多为钢笔、笔记本或手绢等。不过为了保证婚姻的庄严，农村还是适当有定亲仪式，由婚姻双方写下定亲的"柬子"，以示郑重，经过一段时间的筹备即可举行婚礼。迎娶前，男女双方必须到当地政府的民政部门办理结婚登记手续，领取结婚证书，否则视为违法。婚礼前两天会沿袭传统送"娶牌盒"，有香烟、鱼、肉、酒、糖等，其中比较特别的是送联名帖，表示正式缔结婚姻关系。婚礼前一天娘家人把新娘的嫁妆（一般是脸盆、台灯等生活用品）送到婆家。婚礼一般由村干部主持，向新婚夫妇表祝贺、致勉词，不请客、不摆酒，新郎新娘步行到新婚居所，仪式虽然简单，但却呈现出一代新风。

最后就是对于以往各种婚恋陋习进行改革。取缔了童养媳，禁止早婚早育，禁止近亲结婚，规定三代之内旁系血亲禁止结婚，在旧社会中常见的姨表亲、姑表亲从此不再出现在婚姻形式中。同时，在提倡男女平等的基础上重新确立一些新的社会风尚。旧时的入赘，是男方须依从女方姓氏，家权由女方掌持，一切均听命于女方。中华人民共和国成立后，对于这种形式的婚姻，先是从名称上改变，不称养老女婿，而是提倡男到女家落户，然后是从权利上平等，不需要改名换姓，同女方分掌家务，生男育女，一般也是跟随男方的姓氏。

7.3 爱情至上的婚恋观念普及

党的十一届三中全会以后，中国进入改革开放时期。这一时期，既是中国综合国力日益增强，国际地位日益提高的时期，又是农村翻天覆地变化的时期，更是农民思想观念更新最为深刻的时期。农村的经济发展带来了农民的思想解放，与社会主义市场经济相适应的新观念如雨后春笋般在广袤的中国农村不断发展。在邹平，人们更加重视婚姻自由和性别平等，恋爱自由和婚姻自主成为这一时期的主要标志。

7.3.1 问题调研

材料一：

（1）随着市场化发展，村里适婚年轻人的择偶标准是什么？

答：女性的婚恋观在改革开放的浪潮中逐渐分化为两类，一类是在不断加快的经济发展中迷失，牺牲女性自身的主观选择，将物质要求作为婚恋选择的首要条件；另一类是在社会变迁中坚守自身的主观选择，将感情视作婚恋选择的主要条件。女性择偶在要求基础物质的同时，对配偶的文化程度、身高外形、精神内涵的要求也越来越高。

（2）当时你们村年轻人结婚时需要准备些什么？

答：改革开放后，古城村民物质经济条件得到了改善。20世纪70年代结婚准备"三转一响"也就是手表、自行车、缝纫机、收音机，20世纪80年代准备"三大件"电视机、洗衣机和电冰箱，20世纪90年代准备电视机、影像机、摩托车等，21世纪开始按个人喜好和家庭条件安排。

（3）当时男女交往认识的方式又是什么？有没有外地人嫁入本村？

答：随着改革开放的深入，古城村民的婚恋观念发生了很大的转变，自由恋爱兴起，但村里大多都是以同学、同事、朋友或家人介绍认识为主。随着经济的发展，人口的流动，过去那种"好女不出村，好男当庄亲"的陈旧婚姻观念被抛弃，打破了过去在婚恋方面的地域限制，很多外县外市甚至外省的青年男女与古城村同龄青年结为夫妻。

（4）村里年轻女性的婚恋观有没有变化？女性在婚恋中的地位有何变化？

答：女性的婚恋观变得越来越解放，对于婚恋选择的主动性和自主性不断增强。随着经济的发展，女性就业选择更加多元化，女性社会、经济地位不断提升。女性在择偶过程中，对男性的经济条件越来越看中，希望婚后可以拥有较高的生活质量。

材料二：

"20世纪90年代后，老年男女丧偶后再婚成为一种社会新风尚，对维持社会稳定和保护老年人身心健康起到了积极作用。"[①]

20世纪70年代后期，农村中的早婚陋习渐有复发趋势。一些经济条件较好的乡村，子女17～18岁左右就开始为其订婚，20岁即结婚，个别的出现未婚先孕现象。结婚要彩礼之风亦开始盛行，许多男方为办彩礼债台高筑，造成婚后经济严重困难。20世纪80年代后，"当庄亲"现象兴起，而且有增多之趋势。

20世纪80年代后，一部分丧偶老年人喜结良缘，得到社会支持。但由于传统观念影响，丧偶老人再婚仍然遇到一定阻力。在1982年的第二次人口普查中，丧偶人数为36 106人，其中男9 736人，女26 370

---

① 董好连. 古城志［M］. 香港：中国文艺出版社，2011：47.

人，绝大多数为年老丧偶者。①

7.3.2 特征分析

（1）女性在婚恋过程中的地位进一步提升

1981 年起施行的新的《中华人民共和国婚姻法》规定，结婚年龄，男性不得早于 22 岁，女性不得早于 20 岁。同时宣传计划生育，鼓励晚婚晚育。以法律的形式倡导符合中国现代化社会发展的婚姻形式。婚姻当事人必须持所在村和单位介绍信到乡镇民政办公室填写结婚申请书，并经承办人询问，认为符合婚姻条件的当事人方予办理登记手续。1985年，全县共准予结婚登记的 8 566 对，申请未准登记的 107 对，复婚的 3对，准予离婚登记的 27 对，经调解和好不离婚的 70 对，法院处理的 41对，同时对于违反婚姻法的情形也规定了具体可行的惩处措施。1985年 12 月，县政府公布《关于对非法婚姻的处理暂行办法》，对违反婚姻法、虚报年龄、隐瞒婚姻状况、搞假证明或冒名顶替等违法行为规定了处理办法。

这些新的法律规定进一步保护了在婚姻中女性的权利。以晚婚晚育为例，这项措施能够保护女性在最适宜生育的年龄结婚生育，一方面有益于优生优育，另一方面也保护了女性的身心健康。23 岁步入婚姻的女性可以有更充足的时间提升自己的认知能力和经济能力，对于提升女性在婚姻中的地位有着积极的意义。

在我国的传统观念里，"男主外，女主内"是常见的家庭生活模式，由于男女双方性别角色规范的不同造成在家庭中丈夫具有更高的权威和能力。夫妻双方的责任分工明确，丈夫的主要责任在于外出工作获得家庭的生计来源，针对家里的重大事情作出决策，因此甚少参与到家庭内部事务的管理上。女性多被传统观念教化为勤俭持家的女人才是女性价值的最大实现，因此在家庭中妻子的意志以丈夫为主，所有的家务劳动都由女性承包，如在家做饭、带孩子、洗衣服、赡养老人、喂养牲口等劳动，女性在家庭生活中甚少参与重大事情的决策。改革开放初

---

① 山东省情资料库. 邹平县志［EB/OL］.［2023-05-15］. http://lib.sdsqw.cn/ftr/ftr.htm.

期，夫妻之间"男主外女主内"的家庭分工依然存在。改革开放之后，家庭联产承包责任制开始在广大农村地区实行，这种"包产到户、包干到户"的形式使很多妇女参与到农村的生产劳动中，尤其是日渐兴起的各种家庭副业，大多也由女性主导。随着农村家庭经济收入的提高，妻子在家庭日常内部事务的决策上有了一定的权利，在家庭中的地位越来越重要。

20世纪80年代后，随着改革开放的深入，新观念、新思想也逐渐传入；而生产方式的解放，让更多的村民走出家乡，村民的流动性增强，青年男女结识的机会不断增加，为自由恋爱提供了条件。农村女性在择偶过程中慢慢掌握了自主权，更加希望通过自由恋爱选择自己心仪的对象。当选择配偶时，女性更多关注对方的家庭成分、家庭条件、经济条件等，甚至会考虑男方家庭父母的年龄和劳作能力以及兄弟姊妹人数，以便婚后能够得到父母更多帮助，与兄弟姊妹共同劳作分担家庭负担，赡养老人。在党的十一届三中全会之后，许多知识分子被平反，国家的现代化建设也迫切需要大量知识分子，整个社会对于知识分子的推崇较高。受此影响该村女性在择偶时除了考虑家庭、经济等因素外更倾向于劳动模范或是受过教育的知识分子，文化因素成为很重要的择偶条件。在农村，由于整体的受教育水平较低，很多男性甚至没有接受过教育，女性在择偶时一般就会侧重于针对对方的人品、劳动能力等方面的考察，希望在婚后能够有稳定的劳动力来增加家里的经济收入。

总而言之，该时期邹平女性的婚恋观变得越来越开放，对于婚恋选择的主动性和自主性不断增强。随着女性收入的提升，不但参与社会活动变多，在家庭中的话语权也越来越大，婚恋中的男女关系趋于平等。随着女性自己赚钱能力的提高，逐渐参与更多的社会活动，眼界开阔后，对配偶的要求也逐级递进。

（2）通婚圈日渐扩大且婚礼费用不断增长

随着自由恋爱的观念越来越得到年轻人的认可，村里的年轻人大多是从小一起长大的同学、同事、朋友，村落内部恋爱结婚的现象一度十分流行。不过，改革开放后，这一观念得以转变。随着流动人口日益增多，青年男女有了更多交流的机会，这就打破了过去在婚恋方面的地域限制。以古城村为例，就有很多外县外市甚至外省的青年男女与古城村同龄青年结为夫妻，这种跨地域的婚姻已经习以为常。

20世纪90年代至21世纪初，随着社会主义市场经济体制的建立，我国的商品经济开始得到了发展，经济观念逐渐深入人心。人们在改革开放中获取财富，涌现出了一些"万元户"，一些注重财富的思想和观念逐渐侵蚀其他领域，其中也包括婚姻家庭。受改革开放和大众传媒的影响，人们的婚恋观发生变化，表现在婚姻关系中，就是彩礼重新兴起，甚至有些男方为彩礼债台高筑，造成婚后生活严重困难的也不在少数。由于男女比例的差异，在部分农村，女性在择偶过程中，非常看重对方的物质基础和经济地位，希望婚后可以拥有较好的生活，因此在结婚前需要男方提供四大件——三转一响，即自行车、缝纫机、电风扇、收音机等，虽然人品长相等仍是婚恋考虑的因素，但是择偶标准侧重于经济实力无疑是这一时期的一大特征。

就结婚费用而言，在20世纪70年代到80年代初，邹平的农村地区一般娶妻的彩礼花销大约在300～500元，其中受女方欢迎的大件主要有"三转一响"，即自行车、手表、缝纫机和收音机。这对于当时收入少、物资缺乏的农村来讲，要准备以上东西是有难度的。到了20世纪80年代中期，出现了电器产品，部分有钱的村民就流行起了三大件，即电视、冰箱和洗衣机。此时，农村娶妻的花销大概在2 000～3 000元。到了20世纪90年代，随着农村经济的发展，有些讲究的人家强调彩礼中的三金，即金项链、金戒指、金耳环，也有些家庭会在女方嫁妆中添置摩托车，这时农村娶妻的花销大约在5 000～7 000元。

通过调研发现，一些旧的奢侈婚礼时有出现，甚至中华人民共和国成立初期已不存在的婚礼形式也在一些地区出现，如拜天地祖宗、坐轿、骑牲口等现象。尤其是近几年，婚宴10桌、20桌已招待不了宾客。有时全村人倾巢出动，不仅结婚当事人挥霍浪费，随份子的礼钱也直线上涨，使人们感受到经济压力。

改革开放以后，随着人们思想观念的解放，谈恋爱成为结婚前双方相互了解，培养感情的重要方式，随之就会产生恋爱的费用。20世纪80—90年代，男女谈恋爱还比较含蓄，约会大多是出去散散步，周末外出赏花、踏青，谈恋爱的成本比较低。2000年以后，随着移动通信的发展，农村男女谈恋爱多喜欢用手机等方式交流，在周末约会时会去县城里选择看电影、唱卡拉OK、逛街。男女在恋爱过程中约会吃饭、看电影，动辄旅游，尤其是在女方生日、七夕、情人节等特殊的节日里，男方要送礼物，因此，很多女性将此当成攀比的资本，导致恋爱成本越来越高，恋爱费用的增加无疑体现了当今恋爱方式的多样化，但也给农村青年造成了不小的负担。

（3）计划生育政策影响下的婚姻恋爱

中华人民共和国成立后，邹平的人口增长呈明显上升趋势，20世纪50年代出现第一次人口生育高峰。1959—1962年，国民经济和人民生活出现暂时性困难，生育率明显下降，从而出现中华人民共和国成立后第一个人口生育低谷。1963年以后，国民经济得到恢复，人民生活好转，生育率直线上升。在"文化大革命"时期，人口生育失控，出现了第二次人口生育高峰。连续两次人口生育高峰，人口数量显著增加。1964年，全县育龄妇女有113 620人，占总人口比例的23.65%。1972年后，邹平认真贯彻执行党中央有关计划生育的一系列政策，并加强对计划生育工作的宣传和领导，人们的生育意识开始由多育型逐步向少育型和优育型转变。

1980年9月25日，《中共中央关于控制我国人口增长问题致全体共产党员、共青团员的公开信》指出："为了争取在本世纪末把我国人口控制在十二亿以内，国务院已经向全国人民发出号召，提倡一对夫妇生育一个子女。"对申请只生育一个子女者实行奖励，第一次受到奖励的548人，发放独生子女补助；对违反规定者给予处罚，把计划生育工作作为考核干部的一项重要内容。通过大力宣传晚婚、晚育、少生、优生，计划生育逐步为广大群众所接受。养育子女的数量大幅度下降，在家庭内部产生了诸多影响，父母尤其是母亲的负担减轻，可以参与更多的家庭劳动与活动，话语权扩大。由于子女数量少，父母可以在孩子身上投入更多的精力和金钱，子女教育质量相应提高。尤其是家长对子女受教育的重视程度日益提高。再者，家庭内部子女的权利获得保障，尤其是农村的独女户，开始转变思维方式，将女儿作为自己未来的依靠，农村中的重男轻女的观念有所改善。

由于农村中的重男轻女的封建传统思想沿袭千年，总有一些家庭千方百计生育男孩，使得由原先男性比例略低于女性比例开始向男性比例高于女性比例转化。1985年，全县男性人口为322 816人，女性人口为322 254人。男女性比例100.2：100，而且这种比例有日渐加大的趋势。

7.4 个性解放的新时代婚恋

进入新时代以后，农村出现了一系列前所未有的变化，例如农村人口流动快，"空壳村"日渐增多，从而带来了人际关系复杂多变、家庭观念淡化等问题。随着社会总体物质生活条件的改善，人们的思想观念逐步解放，个体的差异性不断凸显，婚恋观念呈现出多元化发展的趋势。

7.4.1 问题调研

材料一：

（1）现在村里的年轻人恋爱结婚大多是通过什么方式认识的？结婚之后和父母居住的情况多吗？

答：现在柏家村的年轻人恋爱结婚更加注重自由、自主，有很多年轻人是通过网络、朋友聚会等方式认识的。结婚之后和父母共同居住的并不多，多数年轻人想有自己的空间。年轻人热衷在城市安家落户，很多家庭在其所在城市帮子女付首付买婚房。但是，随着人们对于精神生活和物质生活追求的提升，离婚率有所提升，其中年轻人占比更高。

（2）古城村里有"剩男""剩女"吗？人们一般在多大年龄结婚？

答：有的，尤其在外工作的高学历、高职位、高收入的三高女性成为"剩女"的概率最高。村里长辈"男大当婚、女大当嫁"的教育并没有很大用处，这些单身的年轻人很独立也很有自己的想法，遵循着宁缺毋滥的原则。现在人们结婚大多在24～30岁不等，坚持晚婚晚育、优婚优育。但是闪婚裸婚，坚持爱情至上的例子也屡见不鲜。总之，现在轻年男女更加注重自己的婚姻质量，在择偶过程中既注重现实又注重情感。

（3）村里的年轻男女结婚时都会考虑些什么？婚后一般会选择生几个孩子？

答：现在柏家村的年轻女性在选择配偶时，将爱情因素视为择偶第一重要因素的同时，也重视经济因素。不仅在意个人的经济收入、职业、经济实力和学历，而且考虑对方的人品、个人潜力才能、"三观"是否一致、兴趣爱好等因素，有时还会考虑对方父母的经济状态以及是否有退休金作保障。婚后一般选择生两个孩子，重男轻女的现象逐步减少，男孩女孩一般都很受宠爱。

（4）现在村里男女一般认为在婚恋中最重要的是什么？离婚的人多吗？

答：之前旧社会男尊女卑，男子三妻四妾，女子三从四德。现在男女更注重忠诚，对待感情更加认真。现在古城村村里因为感情破裂而离婚的独生子女居多，除经济原因外，也有"做事情只考虑自己的感受，以自我为中心"的因素。

7.4.2　特征分析

这一时期的婚恋特征与经济的发展、社会观念的变革息息相关，呈现出以下特征。

（1）婚育观念进一步解放

百年来，中国乡村的婚恋发生了巨大变化，在中华人民共和国成立之前，传统婚姻制度作为阶级压迫的工具，人权得不到保护，直至中华人民共和国成立后颁布了婚姻法，人们的婚姻才逐步得到解放。革命建设年代的婚恋观，以革命友情为主的婚姻成为这一时期的婚恋特征，进一步提升了个人情爱的必要性和合理性，成为构建和谐家庭的情感纽带。自从改革开放以来，中国人的婚恋观出现多元化的倾向，个人情爱观得到重视，婚姻开始以爱情为基础。同时，社会急速发展让中国人的婚恋观念市场化，呈现一种市场化的个人主义倾向。从社会进步的角度看，恋爱和婚姻更加注重平等自由，人们对于婚礼的准备、新家庭的组建更加注重追求物质层面和精神层面的共同获得，与此同时，现代人也在不断探索婚姻的意义和价值。

婚姻观念的变化和人们的个性解放息息相关，不少农村通过加强普法宣传教育，组织开展婚姻法、反家庭暴力法、家庭教育促进法、健康教育等相关法律法规宣讲宣传活动，培养"法律明白人"，发挥婚姻家庭纠纷调解委员会、议事会等维权阵地的作用，以协调解决好信访案件，引导农村群众学法懂法。

在邹平，婚姻双方当事人更加重视自己的婚姻质量，希望满足自身的心理和情感需求。总体看，这一时期人们的择偶标准类型主要有以下几种：一是爱情型。以爱情为基础的择偶标准，旨在能够维系美满幸福的婚姻，这是一种高尚的择偶动机，也是最佳的择偶标准，目的是追求心灵的契合和心心相印的感情交流，要寻找志同道合、情投意合、三观一致的终身伴侣。二是内在美型。好的人品是维系爱情、婚姻持久的重要基础，把人品放在择偶标准的第一位，重视对方的人品、德行、才气以及事业心。三是物质型。追求财力的择偶观，重视对方的经济条件，他们认为，只有经济基础才谈得上爱情。有些女性认为彩礼越高，自己的身价越高。四是归宿型。在择偶过程中，男女双方为了寻求归宿，建立自己的小家，就会寻找一些忠实可靠、勤劳简朴的异性作为伴侣，并且在婚后尽心地经营好自己的小家，获得生活的安定，经济上的支持以及精神上的交流。

（2）婚礼形式多样化

当今，农村办婚礼比较讲究排场，结婚当天租的婚车多为6辆、8辆、10辆不等，婚车也多以豪车为主。随着经济的发展，婚礼市场出现了婚庆公司，结婚前男女双方可以预约好婚庆公司，婚庆公司按照男女双方的想法提供一条龙服务：新娘的跟妆、迎亲的婚车、婚纱礼服的出租、婚礼的策划、舞台设置与摄影摄像、婚房的布置等都由婚庆公司负责。

随着城市一些新型婚礼仪式的出现，邹平农村出现了不同规模的婚礼仪式。简单归纳，主要有以下几种类型的婚礼形式：

①中式婚礼。中式婚礼分两种：一种是具有中式主题的婚礼，婚庆公司会把婚礼现场布置成为有中国风元素的婚礼现场，一般以红色为

主，男女双方身穿汉服，在迎亲过程中有花轿和迎亲仪仗队、拜天地、掀盖头等流程，这是我们追寻文化根源所带来的纯中式婚礼。另一种就是普通的传统中式婚礼，通常男方在酒店、饭店订好酒席，举行婚礼这天，新娘按照传统习俗在家里等待新郎迎娶。新娘在新郎的陪同下，一起坐上轿车来到婆家，开始举行结婚典礼。

②西式婚礼。西式婚礼较为少见，只有少数有基督教信仰的村民会选择这种形式。婚礼一般来讲是在教堂举行，新人双方要遵守教会的规矩，双方应有一方是加入教会的。当然，有许多婚礼，新娘参考西式婚礼的服装选择穿着白色结婚礼服，象征着忠贞与圣洁。但在婚礼仪式举行过后，还是参照中式婚礼的模式，双方宾客开始宴席。

③集体婚礼。集体婚礼是许多对新婚夫妇共同举办婚礼，参加婚礼的夫妇不收礼，不发喜糖，不办酒席，提倡节俭朴素的婚礼风尚，破除旧习、树立积极健康的婚恋价值观和婚庆消费观。集体婚礼的主办方通常是党政工团等群众部门和新闻媒体，在融入和更新现代文明理念的同时，宣传代表时代文明理念的时尚简约的婚礼仪式。集体婚礼对于农村新型婚礼仪式的树立具有宣传作用，多数思想前卫的农村女性愿意选择参与县城举行的集体婚礼。集体婚礼能够带来别样的色彩，亦具有婚礼的喜庆气氛和纪念意义。近几年，邹平举办的几场集体婚礼，大多是由一些商业单位策划实施，虽然具有一定的商业氛围，但是整体效果不错。

④旅行婚礼。现今，很多新人在领结婚证后，与亲朋好友简单在饭店吃个饭，两个人就根据自己的兴趣爱好，制定一条适合自身的旅行路线，开始自己的旅行婚礼。这种方式也是很多新婚夫妇喜欢的一种结婚方式。部分接受过一定教育的农村青年男女会选择旅行婚礼的方式，新婚夫妇能够到外边的世界开阔视野，增长知识，陶冶情操，同时还能在旅游过程中磨合彼此的生活习惯，为新婚蜜月增添浪漫色彩。旅游婚礼衍生出来的也有集体新婚旅游，主办单位会在新婚夫妇到达旅游目的地的当天，为新婚夫妇举行热烈、典雅、别具一格的集体婚礼仪式。新婚夫妇可以在旅游过程中无拘无束地交流思想，在饱览祖国壮丽山河的同时培养、深化夫妻感情。

（3）女性经济地位提升，在婚姻中的决策权越来越多

新时代，随着各种新观念的影响，国家的义务教育使很多女性受到不同层次的教育，农村女性的个人素质从整体上有了提升，在处理问题上与男性的差距并不明显。因此，很多农村女性可以参与家庭重大事项的决策，比如：购置大型物资、盖房子、赡养老人以及子女教育问题等。在家务的分配上虽然依旧以女性为主，但男性也参与到了家务中来，会分担妻子在家庭中的劳动。

（4）生育意愿有所弱化

改革开放以来，社会经济的不断变化和发展，使人们的生活条件和价值观念发生了根本变化，生育观念也因此受到影响。农村传统的"多子多福"的生育观念受到影响，人们的生育意愿不断弱化。

20世纪80年代起，我国开始采取独生子女政策，政策的导向使人们更加重视优生优育，但由于受传统重男轻女思想的影响，农村很多女性为了生育男性而选择超生。随着经济体制改革的推进，农村女性开始加入外出务工的大军，妇女的生育意愿与20世纪80年代相比发生了新的转变，妇女在生育时会考虑到年龄、身体、工作等原因，会提前确定生育时间，并且重视未来子女的教育问题，不再是盲目为了传宗接代而生育。

新时代，社会政治、经济、文化飞速发展，在邹平农村，人们的生育观念随着社会的发展而发生了变化，越来越多的女性愿意接受更高的文化教育，拥有更广的就业范围，女性的社会地位在逐渐提高，传统的生育观念在逐渐地淡化，甚至出现了一批特殊人群——"丁克一族"，他们不愿意生养孩子，对于传统的生育观念也带来了影响。调查发现，农村女性的平均生育意愿是2个，农村女性的生育意愿同样在降低。虽然国家出台优化生育政策，建立健全生育支持政策体系，但是女性的生育意愿并没有提高。这表明，农村女性的自我意识在觉醒，女性已经不再是以往生养孩子、做家务的角色了，再加上受教育程度的提高，很多女性都有自己的工作，更愿意将自己的价值体现到工作中去。还有部分女性是由于养育孩子的成本太大，会降低自己现有的生活质量，将自己的大部分时间用到照顾孩子身上，工作和生活的压力导致自身生育意愿

的降低。

进入新时代，乡村社会已经告别短缺经济，如马斯洛需求层次理论所言，低层次需求得到基本满足后，人们会追求更高层次需求，在婚姻家庭领域里，夫妻双方更加重视爱情，重视追求个人幸福。一个人的婚恋观，将影响一个人一生的发展与幸福。青年农民持有什么样的婚恋观，不仅直接影响他们的家庭幸福，而且关系到社会和谐稳定发展。因此，在新时代下引导农村青年树立积极、健康的婚恋观，是构建农村家庭和谐稳定和实现农村繁荣发展的重要前提。

第8章　医疗变迁

人民健康是民族昌盛和国家富强的重要标志，回顾中国医疗卫生事业百年变迁史，尤其是乡村医疗的发展，医疗卫生发展取得了显著进步。邹平现代意义的医疗卫生保健事业始于20世纪30年代初梁漱溟的"乡村建设运动"，历经萌芽直至繁荣阶段。尤其是改革开放后，邹平农村医疗事业逐步完备，开始步入现代化。在进入新时代以后，随着医疗制度的进一步改革以及医疗资源的合理配给，邹平农村的医疗条件更加完善，村民就医条件有了更加全面的保障。

8.1　乡村郎中

20世纪初，大约85%以上的中国人居住在医疗卫生状况十分落后的农村。1928年南京国民政府成立后，其改造农村医疗状况的规划看似雄心勃勃，而实际上，并没有把卫生事业当作一件大事。国民政府对医疗卫生的投入仅占政府全部财政支出的0.7%。直到1947年，县、乡两级卫生机构依然寥若晨星。广大农村不仅经济落后、教育未能普及，而且医疗卫生条件差，农民缺乏卫生知识，疾病流行，死亡率高，预期寿命短，一般来说，一个村里面有一个郎中、一个接生婆，那就算是医疗条件比较好了。

8.1.1 问题调研

材料一：

（1）中华人民共和国成立前，望京村村民看病有接触过西医吗？生病了怎么办？有没有卫生健康意识？

答：一般没有机会接触到西医。小病小灾依靠土办法治疗，硬挨着。当时生活也并不注重卫生，所以流行性疾病时常发生。有时候，家里的小孩生了病，父母一般是用农村的土办法简单对付一下，甚至让孩子用睡觉来忽略病痛，这使得很多小病被拖成大病，等到病情恶化后才选择去治疗。面对大病，医疗条件落后的乡镇医院没有什么办法，只能被迫转县市医院，结果又因为交通不便、耗时长，致使病情继续恶化到更严重的地步。有的父母迷信，会请所谓的"半仙"给孩子求鬼神驱病，本来孩子只是感冒发烧，最后却拖成大病，脑袋直接被烧坏，变得痴痴傻傻的不在少数。

（2）当时望京村有从事医药工作的吗？

答：有的，当时县内医务人员很少，大都散于民间坐堂行医，从医人员以中医为主，西医很少。中医培养途径主要为祖传家教、从师习艺和自学。西医人员多为教会医院所培养。我们村就有一个在附近村落从师学医回来坐堂的郎中。

（3）当时村里有因病导致残疾的儿童吗？弃婴多吗？

答：当时望京村村里就有视障、听障、言语障碍和肢残人士等，有的是对卫生营养不够重视导致的，有的是娘胎里先天不足导致的，有的则是后天生病导致的，有的婴幼儿是在发烧时没有得到及时医治导致的，严重者甚至丧命。当时还有弃婴现象，抛弃婴儿的原因有很多：有的是养不起，有的是看不起病，有的是嫌弃女孩的性别。

（4）当时战乱频发，郭庄村医疗卫生条件怎么样？村里有村民早逝吗？

答：战乱不断导致医疗卫生条件非常落后，疾病丛生、疫疠流行，村民长期承受着疾病和贫困的苦难，各种烈性传染病、地方病、寄生虫病更是严重威胁着村民的生命，一旦得了天花、伤寒、白喉、麻疹、脊髓灰质炎等疾病，就只能等死。早逝的村民也很多，平均年龄三四十岁。

材料二：

"中华人民共和国成立前的望京村因缺医少药，又无条件防病治病，致使天花、伤寒、白喉、麻疹、脊髓灰质炎等疾病流行。村民一旦得了此病，无医无药可治，只能等死。"①

8.1.2　特征分析

新民主主义革命时期，乡村医疗体制主要是自下而上建立的，在邹平主要是由乡村建设研究院建立，还包括原有的一些乡村医生。总体来看，医疗技术落后，医疗器械缺乏，以中医为主体，逐渐开始引进和发展西医。

（1）缺医少药，医疗条件落后简陋

中华人民共和国成立前，县内医疗机构主要是民间中医和中药铺，多集中于有集市和交通方便的村镇，规模较小，且分布不均。县内医务人员很少，大都散于民间坐堂行医，无确切统计。从医人员以中医为主，中医培养途径主要为祖传家教、从师习艺和自学。西医人员多为教会医院所培养。中华人民共和国成立前，县内无药品管理机构。民间中药房多系自进货、自加工，质量不能保证，价格也不统一。②

这一时期，由于医疗条件的落后，邹平的婴儿死亡率较高，与此同时传染病较多。妇女生育，多采用古老的接生方式，由于缺乏卫生知识，易感染造成产褥热和新生儿破伤风，因此，死亡率极高。若遇难产，束手无策。中华人民共和国成立前，县境内疾病猖獗，瘟疫流行。历代封建统治者不关心人民的生命疾苦，医疗水平低下，普通村民面对疾病大多无力抗拒，据记载，1901年，苑城一带霍乱流行，波及焦桥、

---

① 赵承宏. 望京村志［M］. 济南：山东省内部资料性出版物准印（2016年滨州第009号），2016：306.
② 山东省情资料库. 邹平县志［EB/OL］.［2023-05-15］. http：//lib.sdsqw.cn/ftr/ftr.htm.

桓城各地，陈度村约有十分之一的人死亡。1911年（清宣统三年），霍乱流行于齐东、章丘等县。1918—1920年，邹平、韩店一带霍乱流行，波及周围数十里，全家死绝者有之。1923年，临池一带霍乱流行，蔓延20余村，大房全村200人死亡70余人，北园一日死亡8人。1928—1932年，1939—1943年，县境内暴发两次范围较大、时间持续较长的流行霍乱，死者无数。1942年，青阳一带天花流行，陈家庄270人发病，死亡54人。1945年，韩店一带霍乱流行，孙镇一带天花流行。1949年，韩店一带天花流行，波及周围数十村。①

（2）以中医诊治为主，西医诊所初现

中华人民共和国成立前，县内医务人员很少，大都散于民间坐堂行医，无确切统计。从医人员以中医为主，西医很少。中医培养主要为祖传家教、从师习艺和自学；西医多为教会医院所培养。

民国年间，县内群众生病，多延请中医诊治。中医药堂铺多达258处，其中声誉较高的有邹平的"德和公""天和堂""明德堂"，长山的"宏济堂""德和堂""卫生堂"，西董的"天德堂"，台子的"仁仁堂"等。著名中医有西董的董茂堂，精内、妇、儿科等，旧口的曲颖川善内科、赵学娄精针灸、李向山长妇科；长山的康式漳父子三人及石瑄延等精内科、痘疹、甘霖精药性；码头的李元复专五官；明集的赵聘三擅长内科、妇科，专瘟病、痘疹之术，并著有《摄生新法》传世；邹平镇的王凤鸣精整骨，世人为其立"仁术济世"功德碑。1934年，山东乡村建设研究院创办卫生院，聘请上海著名西医李玉仁任院长，运用先进科学医术为群众治病，推广新法接生，培训接生员，宣传卫生防疫，举办卫生人员训练班等。

抗日战争期间，清西疗养所大多运用西医手段，救治八路军伤病员。有时因西药紧缺，亦采用中药治疗。同时，县内农村也出现很多个人西医诊所。据不完全统计，西医诊所及药房即达44家之多，还有的为中西医联合诊所。②

---

① 山东省情资料库. 邹平县志 [EB/OL]. [2023-05-15]. http://lib.sdsqw.cn/ftr/ftr.htm.
② 山东省情资料库. 邹平县志 [EB/OL]. [2023-05-15]. http://lib.sdsqw.cn/ftr/ftr.htm.

（3）梁漱溟建立乡村三级医疗卫生模式

早在20世纪30年代，梁漱溟创办了山东省邹平县政建设实验区卫生院，设立乡村三级医疗卫生模式，并对乡村妇幼卫生、学校卫生、公共卫生和巡回医疗等工作模式进行探索，这些探索积极可行，且影响深远。

1934年，山东乡村建设研究院医院兼山东邹平县政建设实验区卫生院成立，这个医院是山东乡村建设研究院、齐鲁大学、南京卫生署和邹平实验区的联合组织。卫生院主要负责五个方面的卫生工作：第一，妇婴卫生。健康的母亲才能孕育健康的婴儿，健康的婴儿才能成长为健康的公民，健康的公民才能建起强盛的国家。第二，学校卫生。学生是国家未来的主人，他们的健康不仅关系到自己，而且关系到国家兴衰。第三，家庭和社会卫生。要搞好卫生，使国民生活在一个好的卫生环境中。第四，预防传染病。传染病的传播范围广、速度快、危害性大，所以必须要防患于未然。第五，卫生教育。加强教育，做好宣传，不断提高人们有关医疗卫生的认识水平。做好上述五项工作，就要从个人、学校、家庭、社会和训练人才五个方面着手。卫生院内部组织分为保健、防疫、医务、总务四组，保健组下设妇幼卫生、环境卫生等，防疫组下设传染病管理和防疫注射，医务组下设医院门诊、巡回医疗等，此外设有卫生教育委员会和医学实习委员会等。卫生院和医院设在邹平城内，各乡则分设卫生所。卫生院注重对医护人员的培养，作为整个卫生教育网的中心，除了负责一些名义上的资金之外，还负责训练护理人员，在每个乡建立一个卫生所，并由这些卫生所为村一级的卫生工作训练护理人员。这些青年护理人员都配备有自行车和卫生箱，在经过医疗技能和一般保健知识的培训之后，他们深入到各个村落中去。

除了培养这些较专业的医务人员外，山东乡村建设研究院也对其他学员进行预防医学以及某些相对简单的医疗技能的训练。卫生院的主要工作之一就是开展预防工作，普及卫生知识。在学校教育中设立卫生课程，培养学生良好的卫生习惯，通过宣传图画等对农民进行卫生知识普及等。卫生院还注重对妇幼的保健工作，建立了一个妇幼保健系统，通过这个系统，卫生院训练护士、地方女助产士帮助当地的妇女及孕妇进行检查和普及卫生知识，这些工作使得当地婴儿的死亡率降低。除此之外，医院还不断添设病床，完善医疗设备，用以推行公共卫生工作。值得一提的是，医院不仅免费为群众治病，而且做了大量的包含卫生宣传、防疫巡逻队等在内的社会卫生工作。

8.2 赤脚医生

中华人民共和国成立后，邹平农村卫生事业蓬勃发展，取得了巨大的成就。在党的领导下，邹平致力农村卫生的建立和完善，到1965年初步形成了以集体经济为依托的农村初级医疗卫生保健，县设医院，公社设卫生院，大队（村）设卫生室，县、乡、村三级医疗预防保健在邹平各村展开建设。

8.2.1 问题调研

材料一：

（1）生产队（大队）有没有卫生防疫站，平时看小病是否找医生，看大病怎么看？

答：有，当时看病会寻求医生帮助，卫生防疫站也时常会普及卫生教育，看大病一般去镇上的医院。当时郭庄村的保健员、卫生员改称"赤脚医生"，赤脚医生属于半医半农，带着行医药品去病人家里救助，同时开始注重西医，也宣传推广针灸技术和中草药。

（2）在郭庄村里看病花钱吗？

答：1949年，国家的医疗保障制度还没有普及，而且药品价格受国家管控也很便宜，看病主要实行"谁看病，谁付钱"的自费医疗政策。1958年人民公社化运动后，村里开始实行平均供给政策，看病免费。

（3）当时古城村大队的医务室是什么时候普及的？当时有大型流行性疾病出现吗？

答：毛主席在1965年6月26日同医务人员谈话时提出："把医疗卫生工作的重点放到农村去。"随后医疗技术人员扎根村镇开展工作。到

1976年，古城村基本实现了实行合作医疗制度的生产大队，有效地为广大农村居民提供了基本医疗卫生保障，虽然这一时期农民生活水平低以及农村经济遭到严重破坏，但是大规模的疫病并没有在农村发生。

（4）农村合作医疗时医生的工资怎么开？给病人拿药会有相应收入吗？

答：医生工资由国家财政负责补贴一部分，对国办的公社卫生院的全部开支进行20%～35%的补贴。当时病人拿药，医生不会从中赚钱，如果医生被发现从药品中赚钱就属于投机倒把行为，会被批斗的。

材料二：

1956年，全县对医疗机构进行整顿，对有一技之长、尚未开业的医药卫生人员，根据其条件纳入联合诊所，以扩大基层医疗卫生队伍。1956年年底，县内联合诊所发展到72处，医药部2处，个体诊所33处，中医药人员发展到411人，西医118人，接生员853人，助产员317人，保健员306人。1957年，联合诊所扩大吸收新人员，在偏远地区设置医疗网点。全县有区卫生所11处，联合诊所63处，保健站20处，医疗卫生人员2 522人，其中，中医156人，西医122人，地方医生312人，农村保健员958人，助产员974人。1962年，农村卫生医疗机构多次精简调整。1963年，全县有卫生医务人员282人，定编258人。

中华人民共和国成立初期，医生诊病只靠听诊器、血压计等，器械也只有简单的镊子、剪子与注射器等。1954年，县医院才有显微镜，开始化验诊病；1962年，开始有X光机、万能手术床、高压消毒器等；1965年，购置心电图机；1967年，添置救护车、切片机、电泳仪等。

中华人民共和国成立后，邹平大力发展中医事业，吸收中医药人员参加县区医疗机构。1955年7月、11月和1959年12月，邹平分别召开三次中医代表会，培养中医人才，开展中医药研究，挖掘中医医学潜力，治疗疑难病症。1958年，运用中医中药治愈阑尾炎124例，胆道蛔虫14例，肠梗阻7例，腹水20余例，肠瘘260例。治疗阑尾炎尤为成功，治愈率达90%。

1953年，县医院设中医科及中药房。1971年5月31日，邹平召开中西医结合会议，贯彻周恩来总理关于中西医结合攻克老年性慢性气管炎的指示，组织专业队伍，在全县进行普查普治。①

8.2.2 特征分析

这一时期，乡村医疗由国家自上而下建设，在建设过程中把原有的本土医疗力量吸纳进来。西医取得了一定的发展，逐步走向中西医共同发展的道路。但由于总体社会发展水平较低，因此，总体上医疗水平比较低。但不可否认，这一时期的医疗在提高平均预期寿命、消除传染病等方面取得了瞩目的成就。

（1）建立县、乡、村三级医疗保健网

中华人民共和国成立初期，国家重视建设农村保健网工作，公社卫生院兼有提供基本医疗服务和初级卫生保健技术指导及乡村卫生行政管理的功能，成为三级预防保健网的枢纽，许多流行病控制都由公共部门管理，其筹资、治疗、人员培训等都由公共部门来完成，从而有效地控制了许多当时肆虐的传染病。

20世纪50年代左右，县、乡、村三级医疗预防保健网开始在邹平各县村展开建设。1964年，国民经济恢复后，全县设县直属医院2处，区卫生院15处，乡卫生所77处。医疗队伍不断壮大，不脱产卫生员3 845人，接生员660人，建立大队卫生组织426个。

在妇幼保健方面，1950年邹平县利用集市、墙报、节日等大力宣传妇幼保健知识，开始培训新法接生员，改造旧产婆。1953年邹平成立县妇幼保健站。全县80%的村庄训练了新法接生员，建接生站30处，并在黄山、明集试办农忙托儿所。1957年下半年，全县三级妇幼卫生网已初步形成。1958年，全县各区、乡建立起接生院、妇产院199处，发展农村大队接生员1 201人。②

中华人民共和国成立后，邹平卫生保健措施得以加强，实行集中预防和控制流行疾病，急性传染病发病率由1949年的十万分之二万下降到1985年的十万分之八百。1951年春，青阳陈家、化庄一带麻疹病流行，县组织医生前往诊治，很快就控制住疫情。1952年，邹平县卫生

---

① 山东省情资料库. 邹平县志 [EB/OL]. [2023-05-15]. http://lib.sdsqw.cn/ftr/ftr.htm.
② 山东省情资料库. 邹平县志 [EB/OL]. [2023-05-15]. http://lib.sdsqw.cn/ftr/ftr.htm.

院有专人管理防疫，培训预防接种人员，开展传染病报告和预防接种工作。1953年，县卫生院设防疫股，各区设疫情报告站。1955年，共发生传染病13种，其中麻疹最甚，痢疾、流感等次之。县防疫部门加强对传染病的管理和预防接种，分工划片负责，初步建立疫情报告制度。1956年县防疫站建立，各区配备防疫员，进一步健全县内卫生防疫网。

（2）合作医疗催生了"赤脚医生"

20世纪50年代初，邹平县村民看病主要实行"谁看病，谁付钱"的自费医疗模式；20世纪60年代中期邹平县属村镇出现由群众自发集资创办的具有公益性质的保健站和医疗站；随后许多地方开始出现以集体经济为基础、个人缴费与集体扶持相结合、互助互济的合作医疗站，标志着农村合作医疗制度正式出现。合作医疗起点低，但是，依靠集体力量发展迅速，使广大村民的医疗救治有了基本保障。

1958年，农村医疗实行"共产主义医疗制度"。当年11月，邹平明集公社首先实行合作医疗。社员每人每年交一定数额的保健费，由公社卫生院统一掌握使用，不足部分由公社公益金补齐。1960年春节前，全县推行合作医疗制度，参加者达501 147人，占全县人口总数的85%。不久，合作医疗资金耗尽，卫生院资金严重缺乏，1962年合作医疗停止实行。1968年，邹平学习湖北省长阳县乐园公社合作医疗的经验，1970年全县再次实行合作医疗制度。社员每年每人交合作医疗费0.5～1元，由大队或大队卫生室掌握使用，不足部分由大队和生产队公益金解决；去外地治疗的重病人，医药费按规定报销30%以上。随着就医人员增多，医疗经费超支严重。为巩固合作医疗制度，大力提倡"一根针""一把草""土单验方"和"三土四自制"（土药、土医、土办法和自采、自种、自制、自用）等办法。西董、苑城、孙镇、城关、乐礼、临池等公社卫生院先后办起了土药厂，生产各种中草药丸、散、片、针剂等。1974年实行合作医疗的大队有428个，占全县大队总数的50%。

1975年后，西董、苑城、魏桥、好生、明集5个公社先后实行社队两级合作医疗制度。社员每人每年交公社0.4元医疗费，公社医院单设合作医疗账目，社员住院费用由医院按一定比例或全部报销。去外地治疗的重病人，由公社医院出具证明，按规定报销。1976年全县实行合作医疗制度的大队达761个，占大队数的90%。实行社队两级合作医疗的有西董、苑城、魏桥、青阳、明集、乐礼、长山等7个公社。

由于医生的短缺，合作医疗制度进而催生了"赤脚医生"这一适合农村医疗服务制度的特有现象，农村中的保健员、卫生员改称"赤脚医生"。"赤脚医生"是合作医疗制度的主要实施者，承担了占人口90%的农民的防疫、保健任务。1979年，农村实行家庭联产承包责任制，从而出现了赤脚医生弃医从商或改行的现象。1981年年底，赤脚医生人数下降到1 476人。同年12月，全县对赤脚医生进行技术考核，对达到相当于中专水平的715人，颁发了乡村医生证书。①

实行合作医疗制度的生产大队有效地为广大农村社员提供了基本的医疗卫生保障，使村民的健康指标大幅改善，平均预期寿命从1949年以前的35岁增加到1980年的68岁，婴儿死亡率也在逐步降低。

（3）中西医联合发展

中华人民共和国成立后，在大力发展中医事业的同时，西医迅速普及，中西医结合诊治，充分发挥各自优势，呈现出联合发展的趋势。

邹平吸收中医药人员参加县区医疗机构，培养中医人才，开展中医药研究，挖掘中医医学潜力，治疗疑难病症。1960年，全县中医代表献出验方、秘方450件，编成《邹平县中医验方汇编》，县内著名老中医得到了尊重和保护，他们带徒传艺，精于诊治。这期间，比较有名的老中医很多，如县医院的曲颖川、霍缄三、刘舒合，魏桥医院的李伯谦、刘冠久，城关的张介人，青阳的赵华南、高敬堂，长山的王芝兰、王本珍，焦桥的段立斋，码头的李炳勋、孙芳连等，这些老中医凭借个人的丰富医术和救治经验，治愈了不少疑难病症。中医事业不断发展，县、社各级医院大都设置中医科门诊，与西医密切合作。除了采取多种形式培养和提高中医人员的业务水平之外，中华人民共和国成立后邹平西医也得到迅速普及，县卫生院，区乡卫生所均设西医治病。

1955年，国家号召西医学习中医，西医要学习中医典籍，并请老中医讲课。各医院、卫生所在诊断治疗中经常开展中西医会诊。截至

---

① 山东省情资料库. 邹平县志［EB/OL］.［2023-05-15］. http://lib.sdsqw.cn/ftr/ftr.htm.

1980年所有县、乡医院都设有中医科、中医门诊，县中医院也设有中西医结合门诊，充分结合中西医各自优势为患者服务。

（4）积极开展爱国卫生运动

1952年，侵朝美军发动了灭绝人性的细菌战，为响应毛泽东同志关于"动员起来，讲究卫生，减少疾病，提高健康水平，粉碎敌人的细菌战争"的号召，全国各地掀起爱国卫生运动。邹平当地设立防疫委员会，下设乡民防委会56个。设村卫生代表279人，卫生小组长2 500人。开展捕鼠灭蝇活动，大搞环境卫生，人人订立爱国卫生公约，开展卫生竞赛。全县规定初一、十一、二十一为爱国卫生日，33 100余人投入运动。清除垃圾11 000吨，灭鼠312 500只，灭蝇39千克，改良水井79眼。

1953年，县防疫委员会改称县爱国卫生运动委员会，具体领导群众卫生运动。1956—1959年，全县开展以生产积肥和除四害（指苍蝇、蚊子、老鼠、麻雀，后改为苍蝇、蚊子、老鼠、臭虫）讲卫生为中心的爱国卫生运动。1957年贯彻以预防为主和"卫生为生产，生产讲卫生"的方针，工厂企业主要抓防毒、防尘、防病、防伤、防暑降温及女工保护，农村重点推广"三圈"（牛圈、羊圈、猪圈）到田，改变农村卫生面貌。三年经济困难时期，卫生工作重点转为生产救灾、防病保人。1964年后，爱国卫生活动坚持突击和经常化相结合，利用节假日开展卫生突击活动。教育群众坚持执行经常性卫生扫除制度，重点抓"四改造六统一"（改造厕所、鸡窝、猪圈、牛棚，统一管理人尿、人粪、土杂肥、牲口粪、鸡鸭粪、草木灰）。

爱国卫生运动通过群众运动的方式，从除"四害"做起，普及卫生常识，破除迷信，消灭各种疾病及根源，增强了人民健康，同时，这也是我们党把群众路线运用于卫生防病工作的成功实践，是贯彻"预防为主"方针的伟大创举。

8.3 私人诊所

8.3.1 问题调研

材料一：

（1）随着市场化发展，之前郭庄村赤脚医生有没有开诊所当起乡村医生？

答：有的赤脚医生继续从医开起了诊所，当起了乡村医生，当时赤脚医生受教育的水平高一些，有的赤脚医生弃医从商或改行，如改行当小学老师等。

（2）看病还可以不花钱吗？

答：实行改革开放政策以后，集体经济逐渐瓦解消失，全国大部分的合作医疗制度在这一时期逐渐衰退并消失，古城村众多村民又开始以自费的方式进行医疗。

（3）柏家村村民有没有遇到看病难、看病贵的问题？

答：实行改革开放政策以后，医疗出现了商业运营倾向，从而出现了看病难、看病贵的现象。医生诊所从原来的公益性开始带有经济色彩。随着市场经济在20世纪90年代的迅速发展，药价不被国家所控制，价格频频上升，甚至出现了"药价虚高"的严重现象，农民消费医疗的能力得不到保证。伴随着医疗技术水平的进步，农民大多负担不起高端医疗。

（4）好生村村里医生的医疗水平如何？

答：实行改革开放政策以后，好生村附近部分专业度比较高的乡村医生去了城市发展，医学专业的毕业生因为回村镇没有合适工作也选择留在城市发展。乡村医生队伍良莠不齐，有的人甚至为了多赚药钱而乱开药。大部分村民因农村医疗设备水平低、乡村医生的医疗技术不高等问题而对农村医疗服务失去信心，当农民患病在本地得不到有效治疗时都纷纷选择去城市医院治疗，这样就增加了就医成本，农民看病难的问题因此加重。

材料二：

1985年，县内医疗卫生系统共有医护人员和职工1 111人。另外，非在编乡村医生和卫生员1 258人。

1978年后，医疗设备大量增加。1985年，全县医疗设备主要有30-50mAX光机22台，200mAX光机4台，显微镜33台，烘干箱5台，电冰箱18个，水浴箱5个，光电比色计18个，离心机14个，万能手术床3台，轻便手术床15台，高压消毒器73个，无影灯17个，产床4台，牙科椅2张，心电图机22部，脑血流图机3部，A超声波2台，B超声波2台，超声心动图2台，麻醉机2台，救护车5辆，电泳仪2台，切片机1台，氧气瓶48个，培养箱8个，纤维胃镜2个，心脏除颤器1个，胎心监护仪1个，保温箱2个，电动洗胃机2部。

1978年，魏桥医院应用人工呼吸机、心电监护仪，救活一名心脏骤停达70分钟的危重病人。同年设五官科病房，能做青光眼虹膜箱顿术和泪囊、白内障、扁桃体等摘除术。1979年，外科能进行绒毛膜上皮细胞癌的手术治疗。1985年，医疗设备不断更新，医疗措施更加有力，治愈率大幅度提高。[①]

8.3.2 特征分析

改革开放以后，伴随着合作医疗制度的逐步解体，邹平县农村的卫生组织在人、财、物等方面越来越向个体的独立经营转变，由此造成城乡卫生资源的配置差距再次逐步扩大。乡村医疗的发展可以说是喜忧参半，一方面，随着经济水平的提高，医疗技术、设备都获得较大发展。另一方面，人们对医疗的需求也不断提升，医疗出现商业化运营倾向，在一定程度上看病难、看病贵的现象突出。

（1）合作医疗走向解体，私人诊所增多

这一时期，邹平在就医床位总数以及医生配给等方面相较于以前都有了很大的提高，村民医疗在国家、合作社的支持下有了基本保障。但是，随着国家政策的调整，一些地方把合作医疗看作是"穷吃富"，认

---

① 山东省情资料库. 邹平县志［EB/OL］.［2023-05-15］. http://lib.sdsqw.cn/ftr/ftr.htm.

为是增加群众负担，在改革开放之后一度遍布全国的合作医疗制度之所以偃旗息鼓，是因为合作医疗所依托的经济基础发生了变化，农村合作医疗也在这样的大背景下退出了历史舞台。

改革开放之后，村里实行家庭联产承包责任制，集体经济逐渐解体，以集体经济为依托的合作医疗失去了主要资金来源，农村保健站（卫生室）成为自主经营、自负盈亏的市场主体。1985年，全面医改正式启动，实行"放权让利"的财政包干制，导致政府对基本医疗卫生投入不足，农村基本医疗卫生服务网络迅速崩溃。改革开放以后，特别是随着"人民公社"的解体，村里集体经济体制发生了重大改革，作为集体事业构成部分的村卫生室也随之进行了改革。失去集体经济的依托后，村卫生室人员减少，经营规模变小，同时也改变了所有制形式、经营方式，此时，村里卫生室被要求在人、财、物等方面"自负盈亏"，从以服务为主到以经营为主，从全方面承担公共卫生和一般医疗服务，变成了开放经营、依靠药品购销差价维持医务人员的生存，农村合作医疗衰落。多数村卫生所从公立转为私营，成为农村私营诊所，在20世纪90年代初期，邹平县的私营诊所占村卫生室总数的10%，城乡卫生资源的配置差距再次扩大。

（2）看病难、看病贵问题凸显

随着农村经济快速发展，部分农民收入逐渐提高，逐步走上了富裕道路，城市提供的高水平医疗服务成为他们的就医选择。同时更加普遍的现象是，医疗服务市场化后，就医的费用逐渐提高，就医时自费比例不断提高，而农民收入的增长幅度在短时间内难以匹配个人就医的需求，因此，农民看病难、看病贵的问题不断凸显。

除了较高水平医疗服务的拉动作用，由于资金有限，村医水平有限，因此，大多数村卫生室的医疗条件都比较落后。农村医疗设备条件差，乡村医生的医疗水平不高，这在一定程度容易让村民对农村医疗针对一些大病和疑难病症的有效救治产生了怀疑，进而对农村的医疗服务逐渐失去信心。农民宁肯多跑路、多费时间和金钱去城里的医院，也不愿选择就近的村卫生室治疗，扎推选择去城市医院尤其是一些著名的大医院看病，导致就医成本加剧，看病难的问题凸显。

（3）美国学者对邹平医疗的考察

1990年，美国北卡罗来纳大学学者韩德森及其研究生斯科特·斯特鲁普对农村的卫生保健进行了调查研究。调查指出，农村经济改革在一定程度上影响了农村地区主要保健部门和预防保健部门的发展。这些报告认为，从集体所有制向个体家庭所有制的转变及农村保健部门市场的引入影响了预防部门的工作，具体给出五个观察报告证明该论断。

第一，相对于其他服务来说，疾病预防的开支降低了。1992年世界银行关于中国健康状况的报告显示，20世纪80年代疾病预防开支出现了巨大的变化，从预防性服务向基于医院的技术密集型医疗服务转移。这种现象的出现，部分是由于对技术密集型医疗服务的需求增加，部分是财政政策变化的结果。新的财政政策鼓励医疗机构投资于能创收的部门，而不是有利于人类健康却不能给医院带来利润的部门。

第二，疾病预防开支的降低同样在乡镇存在，尤其是对那些负责实施以乡镇为基础的预防工作机构的影响很大。1992年的一份世界银行报告指出，市场刺激保健行业的引入已经影响了当地的公共健康和妇幼保健部门。该报告还提到，当地部门倾向于牺牲必需的部门，强调新的有利可图的服务部门。例如，"流行病防疫站……为企业进行水样检测并收取服务费……为工人进行年度体检则是另一项有利可图的活动……妇幼保健中心提供的项目要求母子必须到中心来而不是强调更有效的上门服务"。当这些赚钱的活动成为额外预算资金的主要来源时，人们就不太关注持续的流行病问题和潜在的慢性病会带来的负担。

第三，村级的市场刺激同样损害预防工作。现在很多卫生所都是由个体经营的而不是集体经营的。当医生不再领取工资时，他们的收入就取决于药品的销售。一项研究发现，个体经营的诊所提供的预防性服务要少于集体经营的诊所提供的预防性服务。1990年一份对90 000多名乡村医疗从业人员进行的全国乡村医生调查显示，乡村医生大约3/4的收入来自医疗服务（包括药品销售），收入的其他部分来自于乡镇对于预防性服务的补助。在村中，赚钱药品使用的增多直接导致20世纪80年代初期疫苗接种率的下降以及同时期成人及儿童传染病比率的提升。

第四，自从实施经济改革以来，乡村医疗人员的数量下降。1978—

1988年，农村接生员的数量从743 498人下降到466 974人，乡村医生及卫生员的数量也从1975年的1 559 214人下降到1988年的1 247 045人。随着基层卫生人员的减少，医疗部门对于收益不大的预防工作的重视程度开始下降。

第五，20世纪70年代，由农村福利基金会部分出资的合作医疗覆盖了85%的农村人口，但是，集体农业的消亡导致了该项目的崩溃。1989年在8个省、自治区（江苏、山东、辽宁、河南、湖北、湖南、广西和贵州）进行的保险调查的数据显示，只有7%的农村居民享有保险。在这些人中，不足一半的人是由医疗合作项目投保的农民，其余的人是享有公共保险或劳动保险的干部或工人。对于收入有限的人们来说，昂贵的护理费用是无法负担的。中国目前大量的研究证明，对于同样的疾病，没有保险的人住院的可能性要小于享有保险的人。

美国学者得出的结论是，尽管基础医疗保健体系的市场导向性质加强了，预防传染性疾病和妇幼保健仍是工作重点。另外，虽然这种医疗体系有能力对各种慢性疾病展开预防工作，但是这种由上而下式的体系具有局限性，而且基层医疗工作者也缺乏相关知识，因此，预防工作能否有效开展仍是一个问题。

（4）新农合逐步实施

这一时期，新的医疗卫生制度应运而生——新型农村合作医疗，并逐步开始了全民化的进程。新型农村合作医疗与城镇居民基本医疗保险的相继诞生，初步确立了我国社会医疗保险的制度框架。

2003年1月，国务院办公厅转发卫生部、财政部、农业部《关于建立新型农村合作医疗制度意见的通知》，正式提出建立新型农村合作医疗制度，将新型农村合作医疗制度定义为"是由政府组织、引导、支持，农民自愿参加，个人、集体和政府多方筹资，以大病统筹为主的农民医疗互助共济制度"。2007年国务院发布《关于开展城镇居民基本医疗保险试点的指导意见》，提出试点覆盖全体非从业居民的城镇居民基本医疗保险，以实现基本建立覆盖城乡全体居民的医疗保障体系的目标。这两项制度以不属于城镇职工基本医疗保险制度覆盖范围的城乡居民为保障对象，均采取自愿参加的原则，在筹资来源上实行个人缴费和财政补贴相结合，保障水平以大病统筹为最初的设计定位。

邹平的新农合基金的筹集遵循"自下而上"的原则，首先从地方开始筹集，只有村民个人的资金到位后，才能向地方政府申请资助。新农合实施初期，政府资助参保村民每人20元，村民每人缴费10元。2006年，政府对村民人均资助增加到40元，由中央和地方政府平均分担。据村民反映，2003—2013年，几乎80%的村民住院能够报销，随着新农合补偿标准的增加，村民家庭医疗支出负担不断减轻。

中华人民共和国成立以来，随着我国经济不断发展和市场化改革不断深入，邹平当地的基本医疗卫生制度改革以渐进式变迁的方式不断推进。渐进式变迁是内生性的、变迁过程相对平稳、通常以增量方式发生的、新旧制度衔接较好、不易引起社会震荡的变迁方式。这种变迁方式虽然有利于保持制度的稳定性、连续性，并减少摩擦成本，但是也加大了改革的时间成本和实施成本，导致从启动变迁到完成变迁需要较长时间。这种渐进式改革，克服了政府作为改革决策主体的有限理性和所处制度环境的波动性，使邹平基本医疗卫生服务项目趋向健全，服务水平逐渐提高，并不断走向制度化和规范化。

8.4 新型农村合作医疗

中国进入新时代以后，整合城乡基本医保制度及其管理体制成为社会发展的基本任务，新型农村合作医疗制度大步跨入全面推进阶段，农村居民就医进入多样化阶段。

8.4.1 问题调研

材料一：

（1）好生村实施新型农村合作医疗制度的参保率如何？

答：现代人的医疗健康意识普遍提高，随着政策的深入，大家都知道这是有益的。近年来，我们好生村目前已基本实现了新农合的全面覆盖。

（2）农村人口老龄化严重，独居老人生病怎么处理？

答：好生村独居老人不会使用智能机或行动不便的，基层管理人员或志愿者会主动提供帮助，也会有公益组织定期来村庄为他们检查身体。

（3）村民对缴纳养老保险的意识强吗？村民怎样养老？

答：受养儿防老、土地养老的思想，一开始大家似乎并没有很关注养老保险，但是十分羡慕城镇的医疗和养老福利。好生村目前养老面临两方面问题。一方面，有一部分人在进城务工时面对的是城市养老保险制度，老年回到农村后农村实行的是农村养老保险制度，两套养老保险制度不能完美衔接，使得这些人的很多权益无法得到保障。另一方面，近年来人口老龄化不断加剧，尤其农村面对的老龄化形势更加严峻，农村的老年人在丧失劳动能力后就失去了收入来源，因此农村养老负担更重。如何有效实施以邹平为代表的农村居民医疗保险制度成为社会保障领域需要重点关注的社会公共问题。

材料二：

卫生服务水平持续提升。2021年，邹平拥有各类卫生机构626个，其中，市直公立医院5个、乡镇卫生院11个、社区卫生服务中心5处、卫生健康综合执法大队1个、疾病预防控制中心1个，村卫生室435个；卫生技术人员5 511人，备案制人员529人，执业（助理）医师2 425人，注册护士1 988人；实有床位3 907张；万人拥有卫生技术人员71.2人，万人拥有床位数50.4张；全市医疗卫生机构总诊疗人次为399.5万人次，出院人数9.4万人，医院出院者平均住院日为7.5天。[1]

8.4.2 特征分析

中国特色社会主义进入新时代，以习近平同志为核心的党中央坚持以人民为中心的发展思想，把人民健康放在优先发展的战略地位，加快整合城乡基本医保制度及其管理经办体制，全面推进健康中国建设。

（1）农民医疗健康意识普遍提高

随着医疗水平逐渐提高，人们从原来所谓的"认命"到主动寻医用

---

[1] 摘自邹平市人民政府网（http://www.zouping.gov.cn）.

药再到健康保健有很大的改变。文化的普及，健康的需求，使得人们的医疗意识、卫生意识也得到很大的提高。从早期的土方子，到原来看病的老三样（听诊器、血压计、体温计），再到如今的"B超、CT、核磁共振"现代医疗技术；从背着药箱走街串巷的"赤脚医生"到互联网医院专家远程问诊；从条件简陋的乡村诊所到现代化的便民卫生院，见证了中国医疗卫生事业的飞速发展与进步。

邹平，甚至是整个中国农村，都经历了带有计划经济色彩的农村合作医疗制度、农村合作医疗的解体与恢复以及覆盖城乡居民的基本医疗卫生制度的三个阶段。随着全县建立了由县到乡镇再到村三个层次的医疗服务体系，城乡之间的医疗资源差距在逐步缩小。经济的发展和社会的进步，使得近几年医疗资源在分配上向村里有所倾斜，一些健康知识的不断宣传以及一些大病难症的有效治疗，在更大程度上满足了人们对医疗健康的需求。村民的医疗健康意识普遍提高，部分具有一定经济能力的村民开始通过购买商业医疗保险来满足自身的就医需求。

（2）农村医疗保障水平显著提高

新时期农村医疗服务机构的能力提升，农民就医环境和条件明显改善，基本医保和大病保障筑牢农民看病保障基石。党的十八大以来，我国基本医疗保障制度及补充医疗保障体系不断发展和完善，覆盖全民的医疗保障网更细密、更结实，保基本、防大病、兜底线的能力进一步增强。

2007年邹平县作为山东省试点县开始全面实施新型农村合作医疗制度。在2016年新型农村合作医疗制度中，个人筹资标准为140元，药品种类增加到1 849种，医疗项目增加到4 187项，针对贫困人口采取三次报销的政策。邹平在2013—2018年连续六年间累计参保人数达到16余万人，其中2018年的参保率为历年最高，达到99.71%，这六年的平均参保率约为99.54%。

首先，在保障对象上，全民医保从制度全覆盖到人群全覆盖，真正建成了全民医疗保险体系。随着在实践中城镇居民医保试点的深化，对灵活就业人员、低保对象等群体参保的政策出台和落实，到2011年我国初步实现了全民医保，即对国民的医疗保险人群全覆盖。2012年的

《政府工作报告》指出，2011年我国基本医疗保险覆盖范围继续扩大，13亿城乡居民参保，全民医保体系初步形成。其中，城镇居民基本医疗保险参保人数达到2.2亿人，新型农村合作医疗制度在2008年基本实现制度全覆盖，2011年新农合参保人数达到8.32亿人，参保率超过96%，此后全国基本医疗保险参保覆盖率稳定在95%以上。

其次，在保障程度上，保障水平不断提高。国家医疗保障局会同财政部、人力资源社会保障部、国家卫生健康委员会联合印发的《关于做好2018年城乡居民基本医疗保险工作的通知》指出，2018年城乡居民医保各级财政人均补助标准在2017年基础上新增40元，达到每人每年不低于490元。2016年《国务院关于整合城乡居民基本医疗保险制度的意见》提出，城乡居民医保政策范围内住院费用支付比例保持在75%左右。这一系列的政策，确保了城乡居民医疗保险的保障程度得到较大改善。

最后，在保障层次上，逐步形成了多层次医疗保障体系。一方面，表现在城乡医疗救助制度从无到有，从城乡分立到城乡合并，为城乡居民建立了医疗支出的托底保障网；全面实施了城乡居民大病保险制度，保障城乡居民的大额医疗费用支出，进一步拓展和延伸了基本医保的功能；同时，商业健康保险等补充医疗保险不断发展，与基本医疗保险衔接互补、形成合力，成为多层次医疗保障体系的组成部分。另一方面，多层次医疗保障制度之间的衔接机制逐步形成，例如对医疗救助与大病保险之间的衔接细则进行的规定，而2018年国家医疗保障局的成立则将医疗救助与医疗保险纳入了统一部门进行管理，为进一步完善多层次医疗保障体系的衔接机制提供了组织基础。

围绕着农村基层医疗在发展过程中出现的问题，邹平为提高农村整体医疗水平和整合社会的生活质量，开展了优质服务基层行活动。2022年，全县有6家卫生院（社区卫生服务中心）达到国家推荐标准，16家卫生院（社区卫生服务中心）达到国家基本标准，建成社区医院6家，分别创建省、市、县级示范标准村卫生室16个、72个、148个，95%的村卫生室配备重点人群智慧随访设备和康复理疗设备，首批6个"名医基层工作室"挂牌试运行，选派脱产"业务院长"5名、"名誉村医"

274名下沉基层开展业务帮扶。推进公共卫生服务均等化，人均基本公共卫生经费提高到84元，服务项目31类，覆盖居民生命周期。成立家庭医生签约服务团队245个，持续做好重点人群签约服务，65岁以上老年人健康管理率达到70%。

第9章　村容变迁

村容村貌直接反映农村经济和社会发展水平，是乡村建设的关键环节之一。社会主义新农村的目标要求是生产发展、生活宽裕、乡风文明、村容整洁、管理民主，是对未来我国农村发展美好图景的描绘，是农村生态文明建设的基本遵循。百年来，邹平村容的变迁历史证明，随着农村生活基础设施的不断完善，农村正逐步变成生活便利、环境整洁、生态文明、宜居宜业、规划科学的美丽新乡村。

9.1　泥泞小道

中华人民共和国成立之前，农村的经济萧条，村落破旧不堪。以梁漱溟为代表的邹平乡村建设运动探索者以及其他有识之士一直在为改变中国农村而努力奋斗，他们通过改良农业、兴修水利、治理环境等措施，力图振兴农村经济，甚至通过复兴中国文化来实现农业自救。他们立足乡情民情，进行广泛的乡村社会调研，并协调各方通力合作，当然也包括对村容村貌的改善。总体而言，这一时期由于人们物质生活条件的局限，广大农村仍是一幅土坯房屋、小道泥泞的景象。

9.1.1 问题调研

材料一：

（1）中华人民共和国成立前，柏家村村庄建设怎么样？可以具体描述一下整体建设吗？

答：村里的老房子建设有些不统一。村落整体构造混乱而且街道狭窄。像地主的家里就是高门栏，大门也相对气派很多。而普通雇农的房屋多使用土、草、桔梗筑造而成，大门的设计也多以栅栏为主，房屋也低矮很多。

（2）当时柏家村村庄的卫生条件怎么样？

答：由于当时几乎没有化工污染，因此，柏家村整体上垃圾并不多。由于当时主要采用粪便进行施肥，气味恶臭，蚊虫较多。村内的公共卫生极差，牲畜粪便到处堆放，污水沿街顺地势流淌。

（3）中华人民共和国成立前郭家村的道路是什么样的？

答：中华人民共和国成立前，郭家村的道路有土路，也有砖路。砖路是自家修建，富裕人家为了防止雨天泥泞，将自家门前的路面铺满砖块，方便行走。出行方面，村南有经栗家、大黄埠庄去王村的道路，交通还比较方便。

（4）中华人民共和国成立前村落之间的分界是什么？

答：一是以田地的边界为界线。二是以村庄的围墙为边界。村庄有了土地买卖，村庄之间的边界就会随田地的边界而改变。

（5）当时望京村里的房屋建筑主要以什么材料为主？

答：当时望京村经济条件富裕的住户，建筑多以石砖为主，主房屋一般会打地基再以砖为基，砖上面为土坯墙，砖镶门窗，起脊麦秸盖顶，也有少数用砖瓦盖顶的。经济条件一般的住房，房屋格局一般用渣灰泥砌乱石为墙基，再上坯墙，起脊麦秸盖顶。当时贫富差距大，地主家庭甚至还会有后花园，有的富农家里烧炕大人小孩挤在一起，有的人家还会请木工做架子床住。而贫农家庭，门、窗都是泥土坯的，连桌子、凳子都是泥土坯的，甚至找不到一件木器家具，家徒四壁。

（6）望京村村民在家里的院子内会不会养牲畜，都养一些什么类型的牲畜？

答：当时村民在家里的院子内会养农作牲畜，如耕牛，也会养一些鸡、鸭、狗、兔子类的家畜。望京村的村民，利用院落的空间垒鸡窝、羊栏、猪圈来圈养家畜，不仅给家庭带来一份经济收入，而且是祖辈一直延续的生活方式，再种上当季的蔬菜瓜果，很有生活气息。

（7）当时建设房屋时，柏家村有没有明确规定面积大小？

答：早期的农宅建造很随意，很长一段时间都是按照农民和瓦匠的口头或笔头协议建成的。一个家庭的兄弟分家，房屋面积没有明确的规定，修建房屋之前也都会提前商量好，如果产生了纠纷会请自家的长辈出来调解。对于自家院子周围的空地而言，如果自家的房屋周围没有邻居，就可以随意使用，但是如果周围有邻居，使用空地需要和邻居商量。因此，庭院面积的大小也会根据所占据的位置而定，一般在不影响亲邻的情况下就相安无事。

（8）当时柏家村村民庭院的私密性高吗？

答：一般都是邻居之间相互串门，只要看邻居家院子的大门开着，就表示方便让人进去串门，妇女们往往带着针线、做衣服的材料去串门，聚集在一起干活、聊天。男人们则会选择前屋后院的大树下聊天逗乐。因此，当时庭院的私密性并不高。

材料二：

（1）柏家村调研材料

"中华人民共和国成立前，村内的公共卫生极差。牲畜粪便到处有，夏季蚊蝇多。污水沿街顺地势流淌，麻疹、痢疾、疟疾等传染病，历年均有不同程度的流行。"①

（2）古城村调研材料

"中华人民共和国成立前，古城村的主要道路是通向周村的一条南北大道，其他道路都是依居住区域分别形成。"②

---

① 李福林. 柏家村志 [M]. 香港：中国文化出版社，2008：125.
② 董好连. 古城志 [M]. 香港：中国文艺出版社，2011：169.

（3）郭庄村调研材料

"郭庄村地处白云山脉的簸箕山南坡。白泥河从村北绕到村东，后流向村东南方向。村南、村西皆为沟壑。古时，由东而来的一条大道沿红沙沟穿郭庄西去，可直通济南。"①

"1937年，在郭庄村南修建了济青公路（现309国道）。"②

"郭庄村的胡同多为南北向，从村东侧至西依次为王家胡同、楼头胡同、邢家胡同、付家胡同、陈家胡同、韩家胡同、老井胡同、南井胡同、小李家胡同。胡同的名称由来，主要是同姓宗族多集中居住而得名。"③

"旧时，郭庄村出村大路共有5条。向东有经红沙沟，跨白泥河去望京的大道，向西有出村西口，跨西沟去青庄的大道。此东西两条大道，旧时为周村、临池去章丘、济南的官道。郭庄村人东去西往出远门，都从此大道出进；向西北有通往佛生的大道，向西南有去黄埠、王村的大道，向南有去栗家、小尚村的大道。5条大道全为土路，能行驶旧时的各种铁、木轮车辆，为村民出村的主要交通道路。"④

"中华人民共和国成立前，郭庄村有140多座民宅。根据北高南低的地形，渐次向西、向南发展，格局比较凌乱。村庄地处山前倾斜地带，受地形、沟壑和宅基地面积大小不等因素的影响，户与户之间经济条件不同，建筑形式和质量的差异很大。"⑤

9.1.2 特征分析

20世纪20、30年代的山东乃至整个中国农村处在逐步转型的特定时期，农民沉重的地租和各种杂税使得农村社会生产力处于缓慢发展的状态。这一时期，农民整体上生活比较困苦，除去维持基本生存需要的物质消费，农民根本无力顾及包括居住条件在内的其他问题。村庄多为聚族而居，缺少规划和建设，尽显破败之态。

① 郭庄村志编委会. 郭庄村志 [M]. 香港：中国文化出版社，2013：267.
② 郭庄村志编委会. 郭庄村志 [M]. 香港：中国文化出版社，2013：267.
③ 郭庄村志编委会. 郭庄村志 [M]. 香港：中国文化出版社，2013：267.
④ 郭庄村志编委会. 郭庄村志 [M]. 香港：中国文化出版社，2013：274.
⑤ 郭庄村志编委会. 郭庄村志 [M]. 香港：中国文化出版社，2013：268.

（1）因势而建，聚族而居

邹平位于山东省中部偏北，西北临黄河，地处鲁中泰沂山区与鲁北黄泛平原的叠交地带，地势南高北低；属暖温带大陆性季风气候，四季分明。中华人民共和国成立前，农民建房都是因势生形、因地而建，居住的位置选择相对随意。姓氏构成族群，族群影响了房屋建造，因此，一个村庄东西南北的地理分布，大多与姓氏息息相关。

过去，邹平多数村庄的位置基本未变。以邹平县霍坡村为例，整个村庄形状不规则，街道弯曲，房屋错杂。村庄的形成范围，从南门到北门约300米，从西门到东门约500米。除宅院外，尚有墓地三处、水湾三区、水井八眼、碾棚四处、庙宇两座、祠堂一座、教堂一处，另有大量空闲地为乡民场院。因为村庄建设缺少规划，因此道路高低不平。房屋地基较地面普遍为高，有一米之距。每遇降水，道路即成河道流向内外池塘，一经冲刷，道路愈加低洼，道路多由当地的沙土铺垫而成，往往高低不平，坑坑洼洼。

"南营村地处城区，黛溪河西岸。地形属山前倾斜平原类型，地势呈南高北低依次倾斜状。因长期受村东黛溪河、村西西沟洪水的侵蚀，村庄地势隆起，像一个孤岛飞地。旧村南北最大长度360米，东西最大宽度168米，占地60 480平方米（合90.8亩）。村内有两条东西向大街，南北有数条胡同，村民居住集中，呈块状分布。民宅建设无规则，房舍面积，院落大小，主配布局都不一致。富裕人家房屋比较整齐，一般村民房屋普遍低矮、狭小，且犬牙交错，布局凌乱，贫富在住宅方面表现明显。"①

"中华人民共和国成立前，同姓同族居住相对集中。黄姓多住在村东南角，分布在前街两侧。马姓多居住在村西北角，分布在后街两侧。赵姓、韩姓、柴姓、刘姓、毕姓等姓氏，多居住在村东头前街与后街之间。"②

（2）村庄环境脏、乱、差，基础设施匮乏

旧时邹平村庄基础设施匮乏，旧街道为土路，降水过后，道路十分

---

① 南营村志编纂委员会．南营村志［M］．济南：山东省新闻出版局，2010：41．
② 南营村志编纂委员会．南营村志［M］．济南：山东省新闻出版局，2010：41．

泥泞，行走艰难，村庄环境"脏、乱、差"，农民房前屋后各种柴草堆放杂乱无章，畜禽粪便乱排乱放，环境污染非常严重。

大多农村村民的家庭饮用水完全取于水井，就一个村而言，可以饮用的水井一般也就1~2口，有的甜水井，水质较好，有些水质较差，甚至有些属于苦水井，并不能饮用，只能饮牲口、淘洗菜、洗衣服或浇灌。即使是甜水，有些含有大量有害物质，以氟最多，这样容易造成村民长期饮用不达标的井水而导致牙齿发黄，很多村民深受其害。从井中汲水，水桶来自千家万户，大都置于平地，桶身不洁净，易污染井水。露天水井无盖无挡，地上污染物或随风雨进入，或通过其他动物渗透污染，有些乡村时常出现肠胃疾病患者，大多都与此类不卫生的井水有关。

中华人民共和国成立前，多数村庄公共卫生极差。牛栓大门旁，猪羊满街跑，牲畜粪便到处有，夏季蚊蝇甚多。街道卫生由沿街住户自愿清扫，雨后污水沿街随地势下流。麻疹、痢疾、疟疾等传染病可以说每年都会有不同程度的流行。[①]

中华人民共和国成立前，望京村内只有一条大街和几条胡同，皆为沙土路面且狭窄，只能通行马车和手推车。[②]就房屋而言，望京村房屋多为土木结构，麦秸起脊草房。一家几代同住一院，甚至有的无房住，只得借用或租赁他人住房，更贫穷者住在寺庙里以看寺为生计。那时居住条件很差，人们的生活环境较为恶劣。

那一时期，村民收入低微，为生活所迫，要想修房盖屋，却有心无力，只能修修补补。室内陈旧简陋，只有简单的桌椅、板凳和放衣服的木头箱子，多为婚嫁时置办，相伴多年较少更换。有些贫寒家庭桌椅也没有，只有一张吃饭用的简易矮桌，进门便是炕，家徒四壁。有的村民逃荒要饭，庭院破烂不堪，一家人艰难度日。[③]

（3）民居以简陋的封闭院落为主

邹平县居民历来以务农为主，部分兼营小商业或手工业，住房多系

① 大省村志编纂委员会. 大省村志［M］. 北京：新华出版社，2006：282-283.
② 中共望京村党支部望京村村民委员会. 望京村志［M］. 济南：山东省内部资料出版物准印，2016：248.
③ 中共望京村党支部望京村村民委员会. 望京村志［M］. 济南：山东省内部资料出版物准印，2016：285.

低矮窄狭的土坯房。邹平农村住宅传统习惯建四合院，由于地理和经济条件不同，建房形式和质量各有差异。西北部沿黄一带，因防水患，房屋格局一般是砖基、砖柱、土坯墙，平顶土屋；中部地区，一般是50厘米石基，3～5层砖、土坯墙，麦秸起脊屋顶；南部山区，一般是70厘米石基，土坯墙，起脊麦秸或山顶草。

民居大部分为封闭式院落，院墙从正房山墙向前延伸，围成一个院落，不再设后院墙。院子用篱笆与建筑围合而成，这是最原始的院墙，也间接形成了最原始的院落。房屋以平顶房居多，起脊披草的不到一半多为土木结构，砖石基础的房屋很少。房屋低矮，门窗小，屋内阴暗潮湿。

院落坐北朝南，一般为长方形或正方形，院内布局，靠北面建主堂屋，一般建在中间，其他就建在东边和西边，东屋一般父母居住，西屋一般儿孙居住。最西南角建厕所，靠东墙建厨房。堂屋门西靠南是放磨的地方，靠西墙垒鸡窝、羊圈、猪圈。

1949年，邹平全县有865个自然村，95 590户农民，有百分之九十九以上的农户家是土房草舍。居住传统是子孙三代同住一宅，居室狭窄拥挤。这种传统居住习惯，是由社会制度与经济基础决定的。从20世纪60年代以后，随着生产资料所有制的改变和生产的不断发展，传统式的大家庭逐渐解体，由传统的子孙三代同住一宅，逐步转向配偶型家庭住宅。

以望京村为例，中华人民共和国成立前邹平望京村共有120户人家，500口人。村民的住宅部分为传统的四合院，即宅院内东西南北都建有住房，中间的院落，俗称"天井"，住南北向街道和胡同西侧的多走东南大门，东侧的多走西南大门；住东西向街道和胡同北侧的多走东南门或西南门；住南侧的有的留出巷道走东南门，沿街的多走东北门。四合院中房屋有正房和偏房之分。走东南门的，以北屋为上房，又称正房；东西两侧为偏房。走西南大门的，以西屋为上房，其他为偏房。正房和大门盖的好坏关系到主人的"脸面"，所以不少住户在建筑时比较讲究，结构和质量及形式一般都好于偏房。村庄地势北高南低。旧时村内有贯穿东西的大街一条，现称"中心街"。位于村子中央，西可去望京河和大庙及郭庄村，东可去临池村及周村区的各村庄。此大街并无街名，而且狭窄，沙土路面，每遇阴天下雨，泥泞难走，路宽只能勉强通过木轮车、地排车、手推车。全村除东西向的大街外，另有几条街巷和胡同。主要有周家胡同、苏家胡同、胡家胡同、老井胡同及南和巷。胡同大多为南北方向。从村西侧至东，依次为崔家胡同、苏家胡同、胡家胡同、老井胡同、周家胡同、宋家胡同，这些街巷胡同，路面皆为沙土路基，好的铺些沙子，不好的就是泥土路，每遇阴雨天气，泥泞湿滑，无法通行。[①]

望京村庄地处北山前倾斜地带，受地形、沟壑和宅基地面积大小不等因素的影响，村内还有部分住户只两面或者三面有房，还有的仅一面有房，仅有正房，形不成四合院，无东偏房的人家，门里边，迎着门大都建一座"影壁"墙，用以掩蔽院内状况，不可直接看到上房。还有的四合院，迎门也在墙壁上刻画出影壁，以增加住户的文化修养及美观。户与户之间因经济条件不同，各户住宅房屋的建筑形式和质量差异比较大。

经济条件富裕的农户，其家中主房屋一般下有50～60厘米高的石基，石基上面有3～9层砖，也有全部以砖为基的，砖上面为土坯墙，砖镶门窗，房顶为7～9根木檩，房屋起脊麦秸盖顶。全村采用此种建筑式样的住户约50户以上，占全村总户数的30%以上。

经济条件一般的住户，其家中房屋格局一般用渣灰泥砌乱石为墙基，基高约40～60厘米，上有一层砖线，再上是坯墙，5～7根木檩，房屋起脊麦秸盖顶。全村建有这种标准房屋的住户，约占全村总户数的50%。

村中比较贫穷的农户，因经济条件差，买不起砖建房，大都用渣灰和碎石垒砌简单的墙基，墙基以上全部用土坯垒成，3～5根木檩，房屋起脊麦秸盖顶。祖孙三代皆按传统习俗，同住一宅。

---

① 中共望京村党支部望京村村民委员会. 望京村志 [M]. 济南：山东省内部资料出版物准印，2016：244.

9.2 草房庭院

中华人民共和国成立初期，国家百废待兴，这一时期的农村工作以恢复农业生产为主，但同时也开展了旨在改善农村人居环境的村容村貌建设工作，主要包括开展新村和居民点建设，修建农房、道路、学校、医院等生活基础设施。此外，当地政府还领导农民开展爱国卫生运动，使农村的卫生环境得到了很大改善。为配合农业生产的恢复以及农村生产生活基础设施的建设，各地政府重新设置并调整了村镇行政区划范围，对农村土地用途和基础设施建设进行了规划，而且要求与当时的农业集体化运动等紧密结合。但总体来看，这一时期的村庄规划还比较简单、零散，而且由于农业集体化运动充满波折，因此，村庄规划没能落实完善。

9.2.1 问题调研

材料一：

（1）当时望京村有没有兴修水利？

答：有的，当时大队兴修水利，一般修建在农田旁。在中华人民共和国成立初期，建设新村，通过农业合作化促进了乡村综合整治与建设。

（2）村里有没有乱砍树木的现象？

答：炼铁的时候需要把上交的锅碗瓢盆炼出铁水，而炼铁的燃料需要用树木烧制而成的碳。由于各个家庭没有大树可用于烧炭，因此，村民将生产队的坟林的树砍光以后，又去砍荒山野林的树木。进入20世纪70年代后，特别是全民开展"以粮为纲"的方针政策，山上的植被逐渐被开垦为农田。

（3）柏家村开展积肥（粪）运动时，家家户户都需要参与吗？上交肥料的时候会不会恶臭难闻？

答：就肥料而言，主要是指猪牛圈里的农家肥，一年交两次。上交的粪肥包括干粪和稀粪，从牲口圈里挖出来的算作干粪，而从厕所挑出来的则算作稀粪。当时家里都会一直不断储藏这些粪便，阴天下雨，村里的气味会很难闻。

（4）当时郭家村庄有没有文化建设，宣传标语一般在哪里？

答：有的，当时主要是劳动标语和毛主席语录，一般涂在村头和大队所在位置的墙上。

（5）柏家村家家户户会在家里养花草吗？

答：会的，有种子的村民会养一些花草，但是多以实用性为主。不过在随后的农业社会主义改造特别是人民公社时期，把农民的自留地、果树、家禽家畜等强行入社，个人的经济活动几乎消亡。

（6）"大跃进"时期，望京村公社的庭院用来做什么？

答：因为当时生产军事化的要求，公社的庭院就是人们进行劳动、吃饭、开会的集合地点。

（7）柏家村村民家里厕所都是什么样的，有没有改造过？

答：村民家里的厕所还是处于露天或简易搭个遮盖，大队也专门派人教育整改过，村民卫生意识有所提高。村里曾尝试建沼气池，对垃圾及粪便进行无害化处理。

材料二：

（1）柏家村调研材料

"中华人民共和国成立后，村民十分重视村庄绿化工作。1964年，村里曾搞过林业确权发证工作，明确规定房前屋后的树木谁种植所有权归谁，但那时村内的树木很少，全村只有一千余棵。后来，村里引进庭院绿化优良树种——兰考泡桐，调动了群众在房前屋后种树的积极性，一时间，村内空闲地都种上了泡桐树。"[①]

"中华人民共和国成立初期，贯彻农村卫生管理暂行办法，订立卫生公约，开展环境卫生大扫除。柏家村小学制定了卫生制度，教室、操场天天清扫，每天都有值日员。1953—1955年，结合生产积肥运动，铲掉旧墙皮，粉刷成石灰墙，建设新环境。1956—1959年，开展了以"灭蝇、灭蚊、灭虱、灭蚤"为内容的除四害运动。20世纪50年代至20

---

① 李福林. 柏家村志［M］. 香港：中国文化出版社，2008：124.

世纪60年代，国家还对青少年学生免费种牛痘、打预防各种疾病的针药。通过广泛宣传，村民对公共卫生知识有了了解。"①

"1964年，生产队对存放剧毒农药的种类、存放状态、使用情况、器械准备以及急救药械的准备进行自查和接受上级的重点检查，以杜绝农药对人体的直接危害。20世纪70年代末，村里开始打深井，提高饮用水卫生的标准。村里曾尝试建沼气池，对垃圾及粪便进行无害化处理。"②

（2）古城村调研材料

"20世纪60年代之前，古城村没有住宅建设规划，村民多是居住祖宅。"③

"若需翻盖或增建房屋，一般是在自己宅院内原拆原盖，或向集体申请在空闲地新建。那时受经济条件所限，房屋建筑材料结构一般为：石头基础，土坯为墙，木门木窗，木檩木梁，屋面覆盖苇箔或高粱秫箔，上覆黄泥，麦秸覆顶，内外墙黄泥涂底，再用白石灰泥抹光。该类型房屋冬暖夏凉，但采光较差。由于无规划可循，部分新建民宅参差错落，高低不一。"④

（3）郭庄村调研材料

"中华人民共和国成立后，人民翻身做了主人，生活水平不断提高，人口数量剧增，村内翻建、新建房屋的渐多。但新建房屋的格局、样式、建造标准基本与中华人民共和国成立前相同，变化不大。20世纪60年代初，郭庄大队社员生活极端困难，翻新、新建房屋者甚少。"⑤

9.2.2 特征分析

这一时期，在国民经济及农村建设逐渐恢复后，党中央开始采取国民经济向工业倾斜、城乡发展向城市倾斜的政策体制，实行了以高度集中的计划管理为内核的制度安排。在农村土地改革后逐步开展了农业生

① 李福林. 柏家村志［M］. 香港：中国文化出版社，2008：125.
② 李福林. 柏家村志［M］. 香港：中国文化出版社，2008：125.
③ 董好连. 古城志［M］. 香港：中国文艺出版社，2011：168.
④ 董好连. 古城志［M］. 香港：中国文艺出版社，2011：168.
⑤ 郭庄村志编委会. 郭庄村志［M］. 香港：中国文化出版社，2013：276.

产合作化、农村人民公社化，城乡被分割为两个封闭而不对等的经济系统，形成了两个隔离的城乡二元建设体系，村镇建设在这个体系内缓慢而艰难地开展，几经波折。这一时期，农村集体经济积累绝大部分投入到农田水利与基础设施建设方面，相比之下，乡村的村居发展和农民生活改善较为缓慢。

（1）农村院落布局呈生活化特征

这一时期的农村村落建设与当时农村的经济发展相适应，由于缺少统一的大规模规划和设计，村容呈现出以满足人们基本生活需要为主的生活化特征，缺乏整体布局，更多是迫于生活需要的局部修修补补。

20世纪50年代前后，大多数家庭的经济条件有限，基本无力购置像样的大门，有的家庭只能使用树枝编的门，也有的家庭使用简易的单扇大门，叫"板子们"。只有少数家庭才用得起"双扇大门红牙子"，门上方建门楼护门。有些家庭连院墙都没有，有的家庭院墙用乱石简单一摆。20世纪60年代以后，大多数家庭逐渐开始整理院落，使用双扇大门的家庭占多数。

20世纪60年代广大农村经济条件仍不富裕，生活比较困难，大多数家庭仍然沿袭旧俗，祖孙三代住在一个宅院内。多数长辈住上房，晚辈住偏房，此时期比较有代表性的住宅是四合庭院，大多数建房者因经济条件的限制，房屋的布局、样式与中华人民共和国成立初期没有发生明显改变。所建房屋仍以土木结构建筑为主，不同的是建筑形式和房屋材料开始变化，开始把过去的木棂门窗改为玻璃门窗。这种改变提高了住房的采光度。房屋的高度、宽度与过去相比也都有所增加，建房质量开始向宽敞、明亮的方向发展。

那时的各家庭院的围墙简陋而低矮，基本低于人的身高。院内靠近屋墙处设有自来水管或压水井，院角一般存放柴草和常用农具，也可养殖家禽，或种植少量经济作物。在农家庭院里，人们可从事简单的种植养殖等活动，随后的农业社会主义改造特别是人民公社时期，把农民的自留地、果树、家禽家畜等强行入社，庭院中的经济活动几乎消亡。到20世纪60年代初，对人民公社进行整顿，重新恢复了农民的庭院种植、养殖，庭院经济得以重新发展。农民开始翻建新居，在庭院中从事以家庭为单位的生产活动，以提高收入水平、改善生活质量。

就卫生而言，1957年，邹平贯彻以预防为主和"卫生为生产，生产讲卫生"的方针，村内重点推广牛圈、羊圈、猪圈到田，积极改变村内的卫生面貌。1964年后，爱国卫生活动结合节庆日开展突击性卫生扫除，教育群众坚持经常性的卫生扫除制度，重点抓好改造厕所、鸡舍、猪舍、牛棚，统一管理人尿、人粪、土杂肥、牲口粪、鸡鸭粪、草木灰的落实。1971—1976年，村内重点实施水、粪、饮食、灭蝇、灭蚊的管理工作，积极改造厕所、栏圈、鸡窝、炉灶、水井，推行饮食卫生，注重群众身体健康。

由于条件有限，各家各户各自为政，这一时期的农村院落布局仍沿用社会传统的格局，虽有改造，但大多局限于各自房屋的修理和改造，总体布局仍然缺乏规划和整体设计，比较随意化、生活化，趋向于满足各家各户的基本需要，而同整体环境协同规划布局仍相差甚远。

（2）居住环境有所改善但住房舒适性仍不足

这一时期，广大农民住的大多仍是旧房老屋，居住条件无大改变。后来，广大群众的生活水平不断提高，人口数量随之增多，新建、翻建房屋的农村群众逐年增多。村民所建新房，大多在自己的住宅基础上翻新或重建或新建东西偏房。从总体来看，直到1978年年底党的十一届三中全会召开之前，村庄的规模和格局变化不大，新建房屋的格局、式样及建造标准基本与中华人民共和国成立前相同。

20世纪60年代之前，农村没有住宅建设规划，村民大多居住祖宅，进入20世纪70年代，中华人民共和国成立后第一个生育高峰期出生的人相继进入了适婚年龄，盖新房结婚成家，已是当时村中不少农户的家庭大事，因此要建房的村民骤增，而村内的建筑已趋饱和。村集体按宅基地申请者所在区域，开始有计划批建新房，住宅建设开始纳入全村建设规划体系。此时期，政府对社员批地建房要求建房者首先提出申请，然后经大队党支部、管委会（革委会）研究，再上报有关政府部门，经批准后才能在大队规划的位置（一般是村内的空闲地）建房。早在1961年中共中央即颁布农村人民公社《农村人民公社工作条例（草案）》规定，建房占用耕地时必须报县人民委员会批准。从此，新建房屋用地开始执行严格的审批手续。

中华人民共和国成立以后，中国村镇建设规划事业伴随农村经济恢复逐步地发展起来。道路改造是改善村庄环境，提升居住水平的首要措施。大部分村庄在中华人民共和国成立前只有一条街和几条胡同，并且很狭窄，只能通过牛马车和手推车，而且皆为沙土路面。随着社会经济的快速发展和村内机动车辆、大型农机具的出现，村中道路建设已成为亟待解决的首要问题。20世纪70年代，很多村庄开始制定住宅建设规划，对村道进行规划改造。面对村内街巷胡同狭窄的现实，在划宅基地和翻盖新房时，有意识地预留出新的街道和胡同。村中新划批的宅基地按新规划执行，老旧街道胡同，在调整兑换的基础上同样也得到整治加宽。

村庄建设过去缺少规划，道路弯曲，高低不平。房屋地基较地面普遍高至少一米。每遇降水，道路即成河道，水流奔腾，流向村内外池塘。一经冲刷，道路愈低洼。街道旧日为土路，降水过后，行走困难。骑车出门，必先扛至村外公路，方可骑行。机动车则易陷入泥沼，难以前行。一到夜间，更不便行走。出门须依"明水暗道黑泥窝"之说，以防踩入泥坑。①

（3）水、电公用设施初步建设

自古以来，农村村民人畜饮水一直靠村中的土井，村中的农户为了从井中取水，每家每户都备有担杖、水桶和大水缸，每天人畜用水皆靠肩挑、手提，水质不是很卫生。中华人民共和国成立后的20世纪50年代，由于工业发展刚起步，并且工业项目大多是轻工业和手工业，环境无污染，地下水位较浅，水质良好，村内水井之水足够全村人畜饮用。邹平结合兴修水利和救灾活动建设新村，通过爱国卫生运动改善村庄环境。到20世纪60年代初，雨量偏多，1963—1964年，每年的全年降水量都在1 000毫米以上，村庄的植被条件较好，村内外的大小河流、沟壑皆常年水流不断且清澈见底，小鱼小虾水中畅游，日常用水如浇菜园、浇灌农作物十分方便。

① 张传勇. 邹平县霍坡村志［M］. 天津：天津古籍出版社，2017：47.

进入20世纪70年代后，每年的全年降水量逐渐减少，加之农业生产用水量不断提升，特别是全民开展"以粮为纲"的方针政策，山上植被逐渐被开垦为农田，农业用水量大增，而村中蓄水量下降使得河流也时常断流，水库也时常干涸无水，因此地下水位开始下降，群众用水出现紧张局面。后期，为了解决广大村民生活用水、生产用水以及村办企业用水，邹平开始利用打井队打深水井（又称机井），深水井主要为浇灌农田之用。

从20世纪60年代到20世纪80年代，邹平各个村陆续通电，从而结束了照明要依靠煤油灯的时代。之前乡民多提早休息，妇女或在油灯下缝补衣物，或掰棉花桃、搓玉米，上了年纪的村民大多对这一情景印象深刻。

在漫长的历史年代中，村落主要是农民自发发展建设。农民在乡村从事农业生产并逐步发展工商业，进行着以家庭为单位的个体性生产；同时也不断开通沟渠和道路，修建住宅、畜舍、作坊、仓库、商铺等各类房屋，进行着自发的分散建设，形成了乡村基本格局。建房也因年代不同、经济条件生活水平不同而质量不同，总体趋势是由低矮的草房向宽敞明亮的瓦房发展，由一屋多用向专项方向发展。

总之，农村庭院的建设是为了满足日常生活需要、方便农业生产，其发展受到农村制度变革的极大影响。不同时期的社会变革，都深刻影响着农民的生产积极性和农村建设的发展，庭院作为农民生活和生产联系最密切的空间，在这一历史时期也经历了从初步恢复到停滞不前再到恢复发展的历程。

9.3 柏油马路

1978年以后，农村土地承包到户，经济得以迅速发展，农民的生产积极性得到充分发挥，广大农户家庭收入快速增长。村内的劳动力从事经商、务工、办企业的越来越多，富裕起来的村民迫切需要改善落后的居住条件，农村出现"家家备料，村村动土"的景象，掀起了建房热潮，房屋的建设标准和建筑质量都比以前有了明显提高。在过去的老房屋式样、结构的基础上形成了新一轮翻建、新建住宅的高潮。宅基地有的使用老宅子的所在地，有的需要审批新宅基地，结构由土坯草房逐渐改为砖瓦到顶的住房。农村道路得到整治，柏油马路在广大农村已经屡见不鲜，村容面貌不断变化。

9.3.1 问题调研

材料一：

（1）郭庄村交通是如何整改的？

答：从1992年郭庄村开始对村内的路段进行拓宽改造。村委号召村民积极参与村镇道路建设，村里拓宽改造了通往栗家的600米道路，并铺设了8米的水泥路面，配合工业园区的建设要求，修建并开通了多条外环路。

（2）柏家村绿化是如何整改的？

答：从20世纪80年代开始，村庄对公共环境进行了整改，至2006年年底，村域内有各种树上千株，林木覆盖率逐年增加，实现了硬化、亮化、净化、绿化的目标。

（3）望京村土地污染严重吗？

答：望京村的土地污染情况相比以前还是比较严重的，耕田污染主要来自于化肥、农药的使用。另外就是农民在生产时为了禾苗的保暖而过度使用地膜，使得土地代谢不过来。村庄内土地因洗涤污水的乱排乱倒、塑料制品的过度利用也受到严重污染。

（4）改革开放后，柏家村会养猪的人家都在哪里养猪？

答：会养猪的人家成立了养猪专业户组织，专门从事养猪生意，他们大多搬进了专门的养殖区域。

（5）古城村村民会利用自家庭院进行经济类活动吗？村民们利用自家庭院主要从事什么样的生产活动？

答：院落作为家庭副业的场所，有一定的生产功能。有的人会在自家院子里进行手工作业劳动，做一些简单的手工加工活。有的人会在家里饲养兔子、牛羊一类的家畜卖钱。沿马路的家庭会开商店、农家乐餐馆。

（6）这个时期，古城村村民的庭院注重隐私吗？

答：随着教育的普及，文明的开化，古城村村民渐渐明白自家庭院是一个具有内向性、私密性特征的交往空间，从心理学的角度考虑，这也是获得安全感的一种方式。慢慢地，村民家里会加盖围墙、出门落锁，毕竟这不是公园，不能让外人随随便便进出，而且谁都不愿意在别人的注视下休闲、玩耍。

材料二：

（1）柏家村调研材料

"20世纪80年代中期，柏家村在敬老院、招待所和织布厂院内栽种了垂柳，主要路边栽种法国梧桐，对公共环境进行美化、绿化。"①

"20世纪90年代街道拓宽后，柏家村首先对村委门前的道路进行绿化，道路两旁栽种了法国梧桐数十棵。"②

"至2006年年底，村庄实现了硬化、亮化、净化、绿化的目标。村域内有各种树上千株，林木覆盖率逐年增加。"③

"20世纪80年代后，柏家村逐渐对旧村庄进行改造，人们的居住环境得以改善。"④

"2005年以后，随着私营企业数量的迅速发展，村委对驻村企业加强公共卫生管理。各企业都办理了环境许可证，对所产垃圾定点存放，并进行无公害处理，及时外运。村委会定时对企业，尤其是饮食服务业进行卫生检查，要求经营场所、销售的食品都要符合国家卫生标准。"⑤

"2006年，村委对村内环境进行了整治，建设了商业一条街，拆除了破屋烂墙，清除了积攒多年的垃圾和垃圾排放点，做了无公害化处理。建设了垃圾池，安排了专职管理人员，定期清理，形成制度，长年坚持，保证了环境卫生。年底，又开始对村民家厕所进行改造，改为粪、尿分集式生态卫生厕所。"⑥

① 李福林. 柏家村志 [M]. 香港：中国文化出版社，2008：124.
② 李福林. 柏家村志 [M]. 香港：中国文化出版社，2008：124.
③ 李福林. 柏家村志 [M]. 香港：中国文化出版社，2008：124.
④ 李福林. 柏家村志 [M]. 香港：中国文化出版社，2008：125.
⑤ 李福林. 柏家村志 [M]. 香港：中国文化出版社，2008：126.
⑥ 李福林. 柏家村志 [M]. 香港：中国文化出版社，2008：126.

（2）古城村调研材料

"20世纪90年代末，古城村将中心路南段硬化为水泥路面，此后数年，村集体先后投资200多万元，对全村大多数的道路进行了硬化。"[1]

"至2010年年底，全村共硬化街道20余条，总长度约15千米，4万多平方米。90%以上的胡同也同时进行了硬化。"[2]

"2006年，为节约耕地，发展新农村，进一步提高村民的住房质量，古城村在古城中心小学东侧，建起了3栋住宅楼，其中2栋各40户，1栋30户，每户85～120平方米不等。楼为6层，1层为车库及储藏室，2层至6层为住宅。为方便住楼群众，村两委经过积极协调，由周村接入煤气管道，使广大住户解决了燃气和取暖问题。"[3]

"2008年，6户村民在楼区南侧盖起了将军楼。至2010年年底，除3栋居民楼外，村民自建2层小楼11栋。"[4]

（3）郭庄村调研材料

"1992年春，结合临池镇重点道路临柏路的建设，郭庄村开始对村内路段进行拓宽改造。东起白泥河大桥，西至佛生地界，长达1 800米的路段，全部拓宽为10米。村内沿路拆迁的民房涉及25户，共拆除房屋146间。道路拓宽后，路面铺为沥青路面。对拆迁户优先审批宅基，且免收打桩费，免除当年乡、村两级义务工。拆迁房屋按每间200元给予补助。"[5]

"郭庄村在发展经济的同时，加快对旧村改造的步伐，村内主要街道、胡同都进行了拓宽、取直、硬化：2002年，硬化了东外环路、市场路和文明路，共近900米，完全铺为水泥路面；2003年，将村内王家胡同和西胡同都铺筑为4米的砖铺路面；2005年，对村内的幸福路、文化路、致富路、观湖路等铺设了水泥路面；2008年，修建了环卧龙湖路、南外环砖厂向西一段，并铺设为水泥路面；2010年，又修建了砖厂南向西一段和垃圾场路，铺为水泥路面。"[6]

① 董好连. 古城志 [M]. 香港：中国文艺出版社，2011：169.
② 董好连. 古城志 [M]. 香港：中国文艺出版社，2011：169.
③ 董好连. 古城志 [M]. 香港：中国文艺出版社，2011：168.
④ 董好连. 古城志 [M]. 香港：中国文艺出版社，2011：168.
⑤ 郭庄村志编委会. 郭庄村志 [M]. 香港：中国文化出版社，2013：270.
⑥ 郭庄村志编委会. 郭庄村志 [M]. 香港：中国文化出版社，2013：271.

"2008年，村委对村域内环境进行了彻底整治，拆除了多处破屋烂墙，清除了积攒多年的垃圾，做了无公害化处理。建设了新的垃圾池，承包给专人，负责定期清理外运，形成制度，长年坚持。村委还在村西设立了垃圾场，硬化了去垃圾场的道路，改善了环卫工作条件。村内大街两侧房屋，全部用石灰粉刷，并将全村街巷划为42个卫生区，由42名共产党员担任卫生区责任人，定人定责，以保证村域的环境卫生。"①

"中华人民共和国成立后，因建设和发展需要，村内许多大树被砍伐，有的被制作成学校的课桌凳，有的用作房料。1958年大炼钢铁时，许多树木被砍，当作烧柴。村域林木覆盖率大降。"②

"20世纪80年代，对村庄绿化、美化提出了具体指标和要求，村域内开始种植各种名贵花草和风景树，街道两旁除种植法国梧桐、加拿大速生杨外，还种上了日本的樱花、古老的银杏、南方的常绿树冬青、雪松等。群众庭院种植的有桂花、铁树、杜鹃、蝴蝶兰、紫藤、牡丹等。村域内林木覆盖率逐年提高。"③

"1995年，郭庄村在村西北新盖郭庄小学。学校在搬迁的同时，就开始了绿化，教学楼后种上一排杨树，院两侧种有法国梧桐，迎门有棵大迎客松，东院墙根有一排杨树，还有数棵樱花、月季、紫洋槐等，整个学校像花园一样。小学合并到镇上后，村委搬入原校舍，对院内的树木进行精心管理，现许多树木已长成参天大树。"④

"2006年8月，在邹平县基本建设局的指导下，郭庄村聘请了青岛理工大学建筑学院的专家，为郭庄村制定了新一轮新村建设规划。"⑤

"2006年，郭庄水库历经三年的大坝加高，防渗，水库清淤后，改名为卧龙湖，并制定了卧龙湖建设规划，从此成为郭庄村新村建设的首要工程。"⑥

"2010年，社会主义新农村建设规划居民社区，郭庄村规划了卧龙

① 郭庄村志编委会. 郭庄村志 [M]. 香港：中国文化出版社，2013：280-281.
② 郭庄村志编委会. 郭庄村志 [M]. 香港：中国文化出版社，2013：279.
③ 郭庄村志编委会. 郭庄村志 [M]. 香港：中国文化出版社，2013：279.
④ 郭庄村志编委会. 郭庄村志 [M]. 香港：中国文化出版社，2013：279.
⑤ 郭庄村志编委会. 郭庄村志 [M]. 香港：中国文化出版社，2013：281.
⑥ 郭庄村志编委会. 郭庄村志 [M]. 香港：中国文化出版社，2013：282.

湖社区，第一期工程建居民楼2栋。楼房为砖混结构共5层，底层为车库，2～5层为住户，全部浇注混凝土，脊顶、屋顶用高级陶瓷瓦。建筑总面积6 000余平方米，共7个单元56户，总造价800余万元。楼房构造新颖别致，美观实用。长期居住在山区的农民，第一次住上了多层楼房，过上了和城里人一样的日子，实现了多年梦寐以求的理想。"[①]

"从2010年开始，郭庄村还规划了老年公寓、第二批居民楼等一系列新村建设项目。随着客观环境条件的不断具备，一些项目将逐步进入实施阶段。"[②]

9.3.2 特征分析

（1）村镇有了整体规划和统一布局

随着新农村建设的不断推进，新村规划首先进入人们的视野，以郭庄村为例，郭庄新的安置村规划以400多户村民为中心目标，采用一纵一横两条中心路作为村庄的生活交通主轴。沿路绿化作为村庄与外部的分隔，形成内部自身小环境，把整个村庄的交通贯穿起来。以一条南北步行街作为村庄的休闲景观带，并配合各种休闲娱乐设施，使之成为村民日常生活的主要活动场所。以此成为村子内外联系的视觉通廊，将村庄内部各绿地有机联系起来，强化村庄内部绿地系统的整体性。步行主线与绿地中心穿插交错，既满足人行便利，又使整个空间社区通透宜人。

这一时期，村镇建设专门管理机构成立并逐步发展完善，按照统一规划中心村的要求，村庄规划编制开始注重人与环境的和谐，贯彻生态理念，体现文化内涵，反映区域特色，并与土地利用总体规划、基本农田保护规划、城镇体系规划以及交通、水利等规划相衔接。要求村庄规划的生活、生产区布局合理，体现乡村特点。

在村镇规划实施中，一些经济条件较好的村庄打破旧村散乱无序的建房格局，开始进行新村设计。从20世纪70年代后期，魏桥镇小田村、孙镇乡冯家村等率先制定新村规划，实行统一规划，统一拆旧，统一建

---

① 郭庄村志编委会. 郭庄村志［M］. 香港：中国文化出版社，2013：282.
② 郭庄村志编委会. 郭庄村志［M］. 香港：中国文化出版社，2013：282.

设。小田村实行公房租赁，冯家村实行统一定价，村民购房归己。有的村庄还实行公助自建房，统一设计。有计划地拆旧翻新，建成统一格局的新农村。大多数村庄还是以自筹资金自建房为主。①

建制镇和乡集镇的规划建设管理也逐步加强，小城镇建设有效带动了农村发展和城镇化发展。社会主义新农村建设，农村生态人居环境得到持续改善。城市基础设施和公共服务设施也开始向农村延伸，部分地区出现了城乡融合发展态势。

1986年前，邹平全县培训村镇规划人员1 000余名、3个建制镇（邹平镇、长山镇、魏桥镇）、14个乡政府驻地和869个自然村都制定粗线条建设规划。1994年，邹平县被省政府确定为全省小城镇建设试点县。举办全县村镇建设规划管理学习班，对全县858个村级规划进行调整完善。1995年，邹平县出台《邹平县关于加快小城镇建设的规定》，按照"一点两翼三线"的总体思想，全县加快村镇供水、道路、农贸市场、工业小区等建设。魏桥、长山两镇被确定为全国小城镇建设试点镇。②

1999年起，邹平县重视村镇规划编制工作，并请上海同济大学、山东省城乡规划设计院等单位主持、参与规划编制工作。至2003年11月底，邹平县已全面完成小城镇规划编制工作，并通过省、市级评审论证。③

2006年，邹平县确定第一批30个村进行社会主义新农村建设，村庄开始实施新村规划、环境卫生综合整治、加大基础设施建设、大力招商引资等一系列举措，村庄面貌为之一变。

（2）河流、土地开始出现新的污染

自改革开放以来，随着经济发展和居民生活水平的提高，生产活动和消费物品种类增加，环境问题日益凸显，垃圾和水污染成为农村环境最重要的两类污染。大量未能有效处理的垃圾堆在房前屋后、道路两旁和田边地头。大量堆放的垃圾得不到有效处理，不仅影响村容整洁、危

---

① 山东省邹平县地方史志编纂委员会. 邹平县志［M］. 北京：中华书局，1992：574.
② 邹平地方史志编纂委员会. 邹平县志（1986—2005）［M］. 北京：方志出版社，2017：106.
③ 邹平地方史志编纂委员会. 邹平县志（1986—2005）［M］. 北京：方志出版社，2017：108.

害村民健康，而且造成土壤、水、大气污染及生态系统的破坏。不少农村地区处理垃圾仍旧采用就地焚烧等传统方式，也造成了土壤、地下水的污染。

家庭联产承包责任制实施后，农民的生产积极性空前高涨。生产的需求同样促使化肥和农药的使用迅速增加，化肥农药的不合理利用，是造成农业面源污染的重要因素。过量使用化肥导致土壤板结、肥力下降，未被植物吸收的肥料滞留在土壤中，从而造成了土壤污染。未被利用的化肥透过地表或地下水系流进江河湖海，造成了水体富营养化，导致鱼虾等生物大面积死亡。农药主要采用大容量喷雾法，在空气中飘浮的部分农药会污染大气，残留在土壤中的农药除了造成土壤污染，还可能通过渗透作用到达地层深处，从而污染了地下水。除了造成严重的环境污染，农药还破坏生态系统的稳定性。例如，过量农药的使用增加了害虫、病菌的抗药性，人类作为食物链的最顶端，成为农药污染的最大受害者，因农药导致的各种疾病相继出现。农业面源污染的另一种主要成分是农业废弃物，主要包括畜禽粪便、秸秆、农膜。随着养殖总量的大规模增加，畜禽粪便的有效和无害化处理率不足，对环境的污染日益加重。未处理的粪便随意堆放，腐败分解出有机酸、氨气、甲烷和硫化氢等有毒物质恶化周围空气，粪便污水中含有大量细菌等有害物质，排入水体会造成水体黑臭。未被利用的秸秆大多就地焚烧，不但破坏土壤结构，而且造成空气污染。

在不少农村地区，能源利用主要是燃烧农作物秸秆、煤炭，特别是秋收季节，农村居民田间焚烧农作物秸秆的现象比较普遍，农作物秸秆焚烧带来的环境问题十分突出，在集中生成温室气体的同时，也排放大量的烟尘，不仅浪费了资源，而且对空气环境造成污染。

（3）庭院建设进一步顺应生产生活需求

此时期的农村庭院模式主要为单门独院。由于家庭联产承包责任制的推行，牲畜和农具开始从生产队分配到农户；生产出的粮棉，农户交够国家的，留出集体的之后，剩余的可自由支配；农户可以用杂粮自行饲养家畜。院墙与外界隔离成为单门独院，为了满足农民的私密性要求，农民更多选择使用砖石来砌筑院墙。砖石坚固、耐压、耐磨、防潮、防渗，使用寿命久，院墙高度逐渐增高，一般高于身高，院落格局与传统华北四合院民宅布局"原型"的相似程度较改革前有所提高。

就院落布局来说，大门一般在东南或西南方位，厕所与之相对。偏房东西对称，原则上门窗互对。大门一侧的偏房，地面相对高些。整个宅院的进出口是大门，又称"街门"，是人和物进出的地方，同时也反映住宅的规模，更是财势的象征。大门多设在院的中轴线偏左的一面，即坐北朝南院的东南角，因条件限制也有少数设在中轴线或开在侧边院墙上。大门之前，辟一方形门台，或设台阶，或不设台阶。设在大门之内的是"照壁"，又称"影壁"，有的单独建筑，有的镶在厢房的山墙上，作用在于使门外人不能窥见住宅内的活动。[①]

院落往往是人们从事家庭副业的场所，体现出一定的生产功能。进入20世纪90年代后，为减少在种粮地上的劳动力投入，农业机械化有所发展；畜力在农业耕作中的地位下降，于是牲口棚开始减少；但猪圈的利用率很高，主要是增加家庭副业收入，为经济作物积蓄肥料；原来储藏粮食的谷仓也用来储藏水果，同时大门的宽度和进深明显变大，以方便驶入、存放手扶拖拉机和农用三轮车。随着经济实力的增强和居住空间需求的提高，多数农户倾向于扩大居住面积，正房普遍加宽（进深增加到5~6米），开间由3间增加到4间或5间，卧室数量增加。后期，流行一种带敞廊的民宅样式，敞廊通向正房的各个房间，屋顶向外延伸到敞廊上面，农民把不得不放在户外的东西堆在那里，夏天遮雨遮阳，冬天天气好时，人们可以在敞廊中享受阳光，有时也是劳动场所。

家庭联产承包责任制的成功实施以及社会主义市场经济的不断发展，为庭院经济提供了新的发展机遇。庭院经济是指农户以农村庭院的四大资源（闲置土地资源、农副产品资源、独特的环境资源、大量的剩余劳动力资源）为基础，以家庭为基本生产和经营单位，以商品生产为目的，从事种植业、养殖业、加工业等方面的经营。庭院经济具有广泛的经济、生态、社会效益，是广大农民增产增收、促进农村经济发展的重要途径。在改革开放初期，为了解决温饱问题，出现了能够满足村民

---

① 朱正昌. 齐鲁特色文化丛书：民居 [M]. 济南：山东友谊出版社，2004：4-5.

自给自足需要的自给型庭院经济。20世纪90年代后，农民走上致富奔小康的发展阶段，庭院经济由自给型向商品型转变，庭院产品顺应了市场需求，实现了农民增收。发展庭院经济，不仅具有丰富的资源潜力，而且对振兴农村经济，促进农村经济的发展有着不可替代的作用。

1986年起，邹平全县开展农村改水工作，开始饮用安全卫生水。1990—1991年，长山镇43个自然村全部用上安全卫生的自来水。1995年，全县自来水普及率为55%，受益人数60万人，占全县总人口的90%。[①]

以范坡村为例，2006年春，全村治理环境卫生，动用大量人力、机械，将石头、烂瓦、石磨悉数清理，倾倒至村南大湾，甚至填平。用时半月余，村庄面貌焕然一新，卫生状况得到极大改善。此项工作在全镇先行一步。[②]

"2006年，在建设社会主义新农村工作中，村委加大对村庄绿化的投入，重点进行了卧龙湖公园的绿化。为此，村委会向全村的企业，广大群众以及村外游子发出了'万株苗木绿化卧龙湖公园'的倡议书。村内企业的厂长、经理、广大群众以及村外的知名人士积极踊跃地为建设、绿化卧龙湖公园慷慨捐款。卧龙湖公园有水面100余亩，两岸耕地60余亩，跨湖大桥一座，半环湖道路600余米。是年，环湖全部植上垂柳，公园内植大柿子树2株，雪松2株，银杏17株，红叶李39株，百日红72株，木槿64株，红梅1株，芙蓉树25株，月季158株，扶芳藤2 580株，瓜子黄杨1 800株，红叶小波1 700株，一次性投资18 229.60元。同年，对村中心文化广场亦进行了绿化，广场的四周全部为草坪，同时植有若干株法国梧桐、芙蓉树、樱花、紫藤等。至2012年，郭庄村基本实现了硬化、亮化、净化、绿化的目标。村域内有各种树木上万棵，林木覆盖率达40%以上。"[③]

9.4 绿水青山

为了更好地实现"两个一百年"奋斗目标和中华民族伟大复兴中国梦，党中央提出了乡村振兴战略，这是对"三农"工作的重大决策部署。实施乡村振兴战略，不仅要实现产业振兴、经济昌盛、社会进步，而且要做到乡风文明、环境适宜。为了打造舒适干净的农村条件，优化人居环境是实现乡村振兴现实的选择。长期的城乡发展不平衡问题造成了绝大多数农村人居环境依然存在脏、乱、差等现象，基础设施和环境卫生等状况都与城市有较大差距，目前的农村人居环境状况并不能完全满足农民的需求，农村人居环境的整体改善已经成为广大农民的基本诉求。中国特色社会主义进入新时代，一个绿水青山的农村宜居环境已经展现在我们面前。

9.4.1 问题调研

材料一：

（1）望京村村里有没有文化广场，运动广场？有没有垃圾处理站？

答：有的，望京村积极开展"十星级文明户"等文明创建活动，2011年，望京村被评为滨州市卫生先进村，2012年，望京村被评为市级生态文明村。村里有专门的文化娱乐广场，也有专门的党建广场，村里的休闲文化活动也十分丰富。有专门的垃圾处理站，也有专门负责的环卫工人。

（2）望京村里关于生态文明村建设都举办过什么活动？成效如何？

答：改善农村人居环境是实施乡村振兴战略的重要任务和增进群众福祉的民心工作。关于创建文明城市、文明乡村，我们村采取了一些措施，一类是志愿服务活动，由村干部带领村民对街道、广场等进行整改；另一类是评优评先类活动，评选"十星级文明户"等。通过开展一系列的创建活动，望京村有效改善了村庄的环境卫生质量。望京村着力打造精品先进乡村，打造美丽乡村。

（3）村里附近的河流、农田怎么整改的？

答：党和政府组织人民大规模治理河道，根治河患，投入大量的人力、物力、财力。现在，农村河道综合整治是农村发展的重要基础设施建设工程之一，首先禁止村民的生活垃圾从污染源上任意倾倒入河中，培养村民的环境意识，从源头减少农业生产、生活废弃物随雨水流入河道污染。其次按照社会主义新农村建设的要求，对乡村河道两旁、河塘水边等长期堆积的各类废弃物实行全面清除，并制定了科学的保护措施。最后，生态恢复治理是河道整治的主要措施，植树、种草构成的绿色植被防护屏障，既能绿化生活环境，又能吸附污染物、净化水体，从而减少水土流失。农田土壤污染来源多样、污染面积大、修复周期长，因此，在农业生产过程中加强土壤质量评价，选择最佳的修复技术是十分必要的。

（4）现在村里还会焚烧秸秆吗？针对这种焚烧行为有什么整改措施？

答：焚烧秸秆会影响空气质量，破坏生态环境，容易引发火灾，危害人体健康和财产安全。针对这种焚烧行为，村内通过党员带头宣传、干部带头监管、亲朋进行劝阻等方式执行政府关于禁止焚烧秸秆的规定，相关部门也会经常进行检查。

（5）望京村搬进城市的村民会有什么感受？

答：大家在享受着住楼房给自己的生活带来便利的同时，依然十分怀念自己在老宅庭院里养花逗狗、邻里和睦的日子。

（6）现在望京村内的新农村自建房是什么样子？邹平关于美丽乡村建设效果如何？

答：随着新农村建设浪潮的掀起，在政府的协助下农民建房有了规范的图纸可参考，设计理念也在转变。中国人骨子里大多具有浓厚的庭院情结，院落不仅用来种植圈养，更多的是为农民提供休憩、交流、观赏的场所。中式风格、法式风格、美式风格层出不穷，现在村里新农村自建房令许多城市居民向往。乡村的房子，总是给人清新淡雅的感觉，远离都市的浮华和喧嚣，树木花草、砖石绿地，人与自然融为一体。目前，邹平市大力改善农村人居环境，打造了多个具有代表性的美丽乡村，美丽乡村建设效果显著。

（7）现代邹平市村庄庭院经济如何？

答：村里倡导村民以家庭为阵地，以庭院为载体，将农户庭院建成农村家庭的"后花园""存钱罐"，让村民在自家庭院里做出"美丽庭院""美丽经济"，丰富村民的物质生活与精神生活。村民积极创新庭院经济模式，不再局限于传统农家乐、商店，转而开设特色民宿，建设"旅游村""特色村"，在发展经济的同时，推出邹平地方特色品牌。

材料二：

"至2012年年底，郭庄村已建成三纵三横一外环的道路交通网络，旧村改造工作基本完成，并初见成效。郭庄村基本形成了东西宽约570米，南北长约700米的长方形村庄格局。较为整齐的大街，整齐划一的民居，高耸整洁的楼房，展示着一个发展中新农村的趋势和希望。"①

"广大村民做到居室内的物品陈设整齐美观，居室外环境整洁卫生无杂物，杜绝了丢弃垃圾污物和乱放粪土柴草的现象，自觉维护全村整洁的自然环境，家家开始搞起庭院绿化，村民的爱国卫生意识进一步增强。"②

"2011年，望京村被评为滨州市卫生先进村。"③

"2012年，村两委注重生态文明村建设，大抓村庄环境美化，筹资60 000余元购进金叶、女贞2 400棵，福王藤10 000余棵，法国梧桐200余棵，国槐140棵，全部栽植在村主要街巷，实现了绿化全覆盖。对环境卫生实行环卫一体化治理，成立了以党支部书记为组长的领导小组，小组成员由村两委成员组成，并订立了岗位责任制，集体投资6 000元，修建垃圾池一处，设垃圾箱15个，组成6人的清洁队，专职负责管理。村两委与6名清洁队员订立了环境卫生管理合同书，并重新研究制定了清洁员的工资待遇，2012年，望京村被评为市级生态文明村。"④

"2010年开始新村建设，至2013年，全村新村居民楼共建3栋，已基本入住完毕，并对居民楼区进行了美化、绿化、硬化、亮化，水电暖

---

① 郭庄村志编委会. 郭庄村志［M］. 香港：中国文化出版社，2013：270.
② 赵承宏. 望京村志［M］. 济南：山东省内部资料性出版物准印（2016年滨州第009号），2016：308.
③ 赵承宏. 望京村志［M］. 济南：山东省内部资料性出版物准印（2016年滨州第009号），2016：309.
④ 赵承宏. 望京村志［M］. 济南：山东省内部资料性出版物准印（2016年滨州第009号），2016：310.

齐全，已建成花园式小区。"①

9.4.2 特征分析

2014年，国务院办公厅出台了《关于改善农村人居环境的指导意见》。2018年，中共中央办公厅、国务院办公厅印发了《农村人居环境整治三年行动方案》，其中提到2020年要实现"农村人居环境显著改善，农村整洁干净有序，农村居民环境与健康意识普遍加强"这一行动目标。政府于2019年在工作报告中强调要不断推进"厕所革命"、村庄规划等，改变农民的生活条件，为创建美丽乡村而共同努力。2020年，《中共中央 国务院关于抓好"三农"领域重点工作确保如期实现全面小康的意见》中再次提到要继续推进农村人居环境整治，并对村庄规划、家用厕所的改造与生活垃圾处理等问题进行引导。

（1）厕所革命与环境整治

厕所是衡量文明的重要标志，改善厕所卫生状况直接关系到人民的健康和环境状况，"厕所革命"是破解乡村治理难题的举措之一。

1949年，农村地区厕所条件简陋，基本上是围墙遮挡的蹲坑，臭气熏天，粪水暴露、蚊蝇孳生，霍乱、痢疾等肠道传染病和血吸虫病等寄生虫病高发，给人民群众的健康带来巨大灾难。

20世纪90年代，农村改厕工作纳入《中国儿童发展规划纲要》和中央《关于卫生改革与发展的决定》，在中国农村掀起了一场轰轰烈烈的"厕所革命"。

新时期在实施乡村振兴战略的背景下，2019年全面深入推进农村人居环境整治，大力开展农村"厕所革命"。邹平当地鼓励农户结合新改建房屋自主改厕，开始试点推广"双池联圈水封式"农村家庭厕所。对已完成改厕的村庄，在充分尊重农户意愿的基础上，按照有关标准规范，实施改厕规范升级。到2021年邹平累计改造农村户厕94 367户，2017年8月份顺利通过省农村无害化卫生厕所全覆盖认定，覆盖率达到

---

① 赵承宏. 望京村志［M］. 济南：山东省内部资料性出版物准印（2016年滨州第009号），2016：04.

93.23%，农村厕所"臭气冲天，蝇蛆成群"的面貌切实得以改变。[①]同时还以粪污无害化还田利用为重点，充分结合农村庭院经济和农业绿色发展，逐步推动厕所粪污就地就近消纳、综合利用。鼓励厕所粪污与畜禽粪污统筹处理和资源化利用，建设有机肥加工、生物质制气等资源化利用项目。对不能就近及时利用处理的，分片区建立贮粪池进行集中收集处理。

邹平深入推进农村"厕所革命"，扎实做好农村公厕建设、改厕规范升级和后续管护长效机制工作，取得良好成效，群众的获得感、幸福感不断提升。但是，如何持续推进农村"厕所革命"，进一步补齐农村人居环境短板也是一个需要深入思考的问题。农村改厕工作是一项涉及生活习惯和经济发展的大工程，绝非一日之功。部分农村改厕工作完成之后，由于部分群众的传统意识和习惯难以在短时间内转变，再加上没有后续的维修资金对厕所加以维护，部分整修过的厕所环境出现了厕具损坏、发黄发黑、蝇蛆孳生现象，给村民的生活带来一定的不便。[②]

（2）乡村公共设施增多

2015年11月，中共中央办公厅、国务院办公厅印发《深化农村改革综合性实施方案》，要求尽快修订完善县域乡村建设规划和镇、乡、村庄规划。随后住房城乡建设部出台《关于改革创新、全面有效推进乡村规划工作的指导意见》，确立了县（市）域乡村建设规划的先行及主导地位，提出到2020年，全国所有县（市）要完成县（市）域乡村建设规划编制或修编，实现农房建设有规划管理，行政村有基本的村庄整治安排。在规划建设过程中，邹平市聘请有资质的规划设计公司科学编制美丽乡村建设规划，高标准完成238个村庄的规划编制工作，充分尊重群众意愿，深挖文化内涵，彰显区域特色。目前，邹平市美丽乡村建设初步形成，以醴泉村、张高村等为代表的旅游休闲型，以实户村、牛官村等为代表的美丽宜居型，以李营村、辉里村等为代表的文化传承型等多个类型的乡村，美丽乡村建设呈现出"多点发力、百花齐放"的

---

① 滨州新闻. 今年邹平市 4.3 万农户厕所将"规范升级"[EB/OL]. [2021-08-11]. https://sdxw.iqilu.com/w/article/YS0yMS04MDY0ODMz.html.
② 滨州新闻. 今年邹平市 4.3 万农户厕所将"规范升级"[EB/OL]. [2021-08-11]. https://sdxw.iqilu.com/w/article/YS0yMS04MDY0ODMz.html.

形势。

农村基础设施的完善被纳入美丽宜居乡村建设工作之中。农村道路数量继续提升的同时，更应注重公路的建设质量，进一步实现乡道、村道的路面硬化。全面提升城乡环卫一体化运行管理水平，对农村进行旱厕改造、安装路灯、新建或扩建文体广场并安装健身器材。

在农村基础设施完善上，推进各类基础设施向农村延伸，补短板，强基础，不断提升农村公共服务水平，努力让农村群众享受到和城市一样的高品质生活。开展农村公路"三年集中攻坚"专项行动，完成路网提档升级179千米，路面改善养护561千米，村内道路硬化完成率100%，基本实现户户通。实施农村饮水安全两年攻坚行动，解决140 000人饮水问题，农村集中供水率达到了100%，自来水普及率达到了92%。完成清洁取暖改造64 026户，全市省、市级以上规范化幼儿园、中小学校占比超过90%，累计建成养老服务设施194处，农民群众幸福感和获得感大幅提升。①

依托城乡环卫一体化，邹平市每个村都按人口比例足额配设保洁员、环卫设施，并探索推进生活垃圾分类，提升城乡环境和文明水平。目前，邹平全市已分批完成800多个行政村的文明创建工作，建成15分钟文明实践活动圈，打造百姓身边的精神家园。

为加快街道农村公共体育设施建设，丰富群众活动，高新街道通过前期摸排，对辖区健身器材破损、老旧，健身器材不足、需求较高的村庄进行了统计梳理，并积极与上级部门对接，为辖区20个村配发了双杠、棋盘桌椅、跷跷板、秋千等多种崭新的健身器材。

邹平紧紧围绕群众所思所盼，不断提升农村设施建设水平，建设"宜居宜业和美乡村"。一是环境更美。深入实施农村人居环境集中整治行动，累计完成改厕9.6万户，清洁取暖改造14.4万户，老旧小区改造189个，城乡水、电、路、厕、暖等均衡覆盖，被评为全国村庄清洁行动先进县。二是生活更美。累计建成119处幸福院、44处孝善食堂，全面布局城乡学校一体化建设，建立15分钟健康服务圈，实现老有颐养、

---

① 邹平融媒. 扮靓农村人居环境！邹平全力提升群众生活品质［EB/OL］.［2020-09-15］. https://www.sohu.com/a/418542103_120551352.

学有优教、病有良医。三是文化更美。深入推进"耕读联盟"计划，建成50家共享农家书屋中心点，图书馆、文化馆、博物馆、美术馆"四馆"全部向社会免费开放。四是治理更美。在全省首创并不断深化"民主议政日"制度，858个村"一村一法律顾问"、新时代文明实践站实现全覆盖，乡村自治、法治、德治水平全面提升。

（3）庭院布局与设施渐趋现代化

农村庭院集居民的生产、生活、娱乐、休闲于一体，百年来我国村庄的庭院也发生着角色上的变化，中华人民共和国成立前，庭院房屋是村民遮风避雨的生存空间；改革开放前，庭院以满足人们的生产为主，经济建设角色多一些；改革开放后，庭院以满足人们生活为主，景观建设角色多一些。面对着城镇化建设的发展，村里人住进楼房或者新的庭院，邻里交往方式和质量得以改善和提高。

各项惠农政策的推行、外出务工和其他非农就业的进一步增多使农户建房实力进一步增强，虽然青年男女通过打工而相识、恋爱、结婚的情况增多，但婚房攀比风气仍为不少农户所热衷。农村地区相继出现二层楼房，其外观形态、样式、建筑材料与技术等也跟城市住宅越来越相似。水泥石块浇铸的平屋顶开始流行，由此防水问题得到了解决，虽然仍然存在冬冷夏热的缺点，但因居住面积宽绰，总体利用率低，许多农户还是倾向于这种民宅样式，以增加内部空间格局的灵活性。外立面贴瓷砖现象越来越普遍，尤其是大门楼和房屋朝向院内的立面，室内地面也铺上了瓷砖，同时仿古样式的檐脊、门楼逐渐流行。

2000年后，农村庭院的生产空间弱化。农业机械化进一步发展，手扶拖拉机和农用三轮车已经非常普遍（多数放置在门楼当中），使用畜力进行生产劳作的农户日益稀少。同时随着除草剂的推广，食草家畜的饲养变得越来越困难。因此，在新建民宅中畜舍已很不容易见到。为方便雨天出行，多数农户把泥地面的天井抹上了水泥。由于农产品供应充足，农户不再大量储存粮食，相应的储粮室变小并转移到正房之中，因此，民宅和庭院发展家庭副业、蓄积肥料和储存粮食等生产功能逐步弱化，农户越来越多地把民宅当作一种生活空间而非生产空间。除了农业机械化，这一过程背后的重要推动力是外出务工显著降低了庭院经济的收益，而提高了农户的非农收入比例。

随着农村"串门子""走亲戚"的社交习惯不断弱化，堂屋在礼俗和社交上的功能弱化，转变成为家庭内部成员服务、现代化家居设施齐备的生活起居空间，就是人们常说的客厅，同时，作为家里最好的房间，客厅具有很强的展示作用。

工业化物质和技术文化的扩散推动着农民生活方式的转变，自来水、燃气炉具和厨房电器日益普及，厨房多数向室内转移，清洁卫生程度明显提高；室内浴室也逐渐增多，太阳能热水器和简易水袋为主要沐浴设备，由于自来水水压低加上冬季取暖条件差，因此，整体利用率并不高。

随着自然经济的解体，商品经济的发展，农民的生活模式呈现出多样化的姿态，农民对居住环境和视觉美感的要求逐年提高。农户庭院观赏性植物已经成为庭院的主体植物，观赏功能成为庭院植物的主要功能。庭院建设是实现新农村"村容整洁"的重要途径，在新农村建设的推动下，村民纷纷以自家庭院为基础，美化庭院，积极参与农村人居环境整治，从而取得了很大成效。

（4）实施生态修复，重塑绿水青山

进入20世纪80年代以后，随着党中央改革开放的政策落实，农村开始实行家庭联产承包责任制，村内街道、闲散土地、宅院沟渠、地头地边等，村民皆都栽上树木，有的是经济林木或者用材林木等。再加上政府号召全体村民讲文明礼貌，特别是村庄面貌建设要有时代气息，上级要求村民开展"植树造林，绿化家园"，对村庄绿化、美化制定了具体的目标和要求，这一时期，村民主要绿化区域大都在自己承包的土地内以及门前或庭院内。

党的十八大以来，国内外社会背景发生了重大变化，我国逐渐步入经济转型升级、城镇化推进的关键时期。面对资源约束趋紧、环境污染严重、生态系统退化的严峻形势，党的十八大明确提出了包括生态文明建设在内的"五位一体"社会主义建设总布局，生态文明建设上升为国家发展战略和国家发展总体布局的重要组成部分，并提出要建设"美丽中国"。以生态文明为核心的美丽乡村建设，无论从实践推进层面，还是理论研究层面都得到了广泛重视。

近年来，邹平持续进行山体修复、水源涵养、植被绿化等生态环境建设，逐步呈现郁郁葱葱、层峦叠嶂的山体。对水污染、土壤污染进行集中治理，改善人居环境，建设美丽乡村，助推乡村振兴战略的实施。

高标准推进美丽乡村示范村建设。按照"以点带面、连片打造、全域提升"的思路，全市累计投资近5亿元，成功创建省级美丽乡村示范村14个、市级示范村22个、县级示范村108个，打造滨州市级美丽乡村示范镇街9个，美丽乡村覆盖率在滨州市位居前列。实施村庄绿化工程。全市乡村主干道实现绿化工程全覆盖，乡村绿化覆盖率达到35%，创建国家级森林乡村3个、省级森林村居9个、市级森林村居30个。积极开展"美丽庭院"创建工作。创建美丽庭院示范户达12 378户，实现农村12%以上的常住庭院达到"美丽庭院"示范户创建标准，村村建有"美丽庭院"示范户和巾帼文明卫生示范街，改善了农村家居和庭院环境，提升了乡村"颜值"，点"靓"了百姓的美丽生活。①

近年来，邹平市台子镇以绿化美化农村人居环境为突破口，强力推进人居环境整治纵向深入，坚持"绿"和"护"、"治"和"管"相结合，结合国家卫生镇、森林村居创建等，实施"美丽家园"补绿、增绿、扩绿工作。与此同时，结合黄乡村旅游，注重全域谋划，重点围绕进村路、村内道路、湾塘河道和公共场所，在实施72个村绿化美化基础上，深入挖掘村庄资源，根据自身特点，结合民风民俗等元素，打造乡村风貌精品示范带，有条件的村实现绿树围合，古树名木实现调查建档和保护，进一步优化生态人文格局，打造最美休闲旅游乡村，长船村的竹林凉亭、北苏村的篱笆、康家村的枣园给村庄增添了诗情画意之美，一个个"田园"式美丽乡村新风貌正徐徐展开，让各村既有颜值，又留住乡愁。2005年后，邹平各村庄制订了方案开始大规模绿化美化，随着村庄道路的开宽和硬化后，村域内开始种植各种名贵花草和风景观赏树木。街道两旁除绿色冬青还种上绿化树木中的垂柳、槐树、法桐、百日红、大叶女贞、紫叶梨、核桃、杏树及日本的樱花树、古老的银杏

---

① 邹平融媒. 扮靓农村人居环境！邹平全力提升群众生活品质 [EB/OL]. [2020-09-15]. https://www.sohu.com/a/418542103_120551352.

树和雪松等。

　　百年来农村环境在外观和内部格局上均发生了明显代际更替，农村人居环境得到了明显改善，村庄环境基本实现了干净整洁有序，农民群众的环境卫生观念发生可喜变化，且生活质量普遍提高。全面建设社会主义现代化国家，最艰巨、最繁重的任务仍然在农村，让经济高质量发展的果实惠及更多群众，全面推进乡村振兴至关重要。当前，邹平农村正从推动村庄环境干净整洁向美丽宜居升级，一个绿水青山的邹平正在建设之中。

参考文献

一、图书类

[1] 《家庭》编辑部. 婚姻家庭探索 [M]. 广州：广东人民出版社，1985.

[2] 卜凯. 中国农家经济 [M]. 张履鸾，译.北京：商务印书馆，1936.

[3] 卜凯. 中国土地利用 [M]. 成都：成都成城出版社，1941.

[4] 曹诗弟. 文化县——从山东邹平的乡村学校看二十世纪的中国 [M]. 济南：山东大学出版社，2005.

[5] 大省村志编纂委员会. 大省村志 [M]. 北京：新华出版社，2006.

[6] 董好连. 古城志 [M]. 香港：中国文艺出版社，2011.

[7] 郭蒸晨. 梁漱溟在山东 [M]. 北京：人民日报出版社，2002.

[8] 郭庄村志编委会. 郭庄村志 [M]. 香港：中国文化出版社，2013：74.

[9] 国家教育委员会政策法规司. 中华人民共和国基础教育现行法规汇编：1949—1992 [M]. 北京：北京师范大学出版社，1993.

[10] 国家统计局农村社会经济调查司. 中国农业统计年鉴汇编1949—2004年 [M]. 北京：中国统计出版社，2005.

[11] 胶济铁路管理委员会. 胶济铁路经济调查报告汇编（分编四）[M] // 章有义. 中国近代农业史资料（第三辑，1927—1937）. 北京：生活·读书·新知三联书店，1957.

[12] 李福林. 柏家村志 [M]. 香港：中国文化出版社，2008.

[13] 李景汉. 定县社会概况调查 [M]. 北京：中国人民大学出版社，1986.

[14] 梁漱溟. 梁漱溟全集（第二卷）[M]. 济南：山东人民出版社，2005.

［15］梁漱溟. 梁漱溟全集（第五卷）［M］. 济南：山东人民出版社，2005.

［16］梁漱溟. 梁漱溟全集（第一卷）［M］. 济南：山东人民出版社，2005.

［17］梁漱溟. 梁漱溟日记［M］. 上海：上海人民出版社，2014.

［18］梁漱溟. 梁漱溟乡村建设文集［M］. 北京：中国社会科学出版社，2017.

［19］梁漱溟. 梁漱溟自述［M］. 郑州：河南人民出版社，2004.

［20］梁漱溟. 山东乡村建设研究院设立旨趣及办法概要［M］//梁漱溟. 梁漱溟全集（第五卷）. 济南：山东人民出版社，1992.

［21］梁漱溟. 乡村建设大意 答乡村建设批判［M］. 北京：中华书局，2018.

［22］梁漱溟. 乡村建设理论［M］. 上海：上海人民出版社，2006.

［23］梁漱溟. 中国文化要义［M］. 上海：学林出版社，1987.

［24］梁漱溟. 自述五种［M］. 上海：上海三联书店，2014.

［25］山东省政协文史资料委员会，邹平县政协文史资料委员会. 梁漱溟与山东乡村建设［M］. 济南：山东人民出版社，1991.

［26］山东省邹平县地方史志编纂委员会. 邹平县志［M］. 北京：中华书局，1992.

［27］汤勇生. 中国山水2020黄河专辑［M］. 北京：中国社会出版社，2021.

［28］王先明，等. 中国乡村建设思想百年史（上）［M］. 北京：商务印书馆，2021.

［29］王兆成. 乡土中国的变迁：美国学者在山东邹平的社会研究［M］. 济南：山东人民出版社，2008.

［30］魏本权，柳敏. 青岛模式与邹平模式：民国山东乡村建设模式的比较研究［M］. 济南：山东人民出版社，2013.

［31］吴晓燕. 集市政治交换中的权力与整合：川东圆通场的个案研究［M］. 北京：中国社会科学出版社，2008.

［32］熊明安，周洪宇. 中国近现代教育实验史［M］. 济南：山东教育出版社，2001.

［33］杨菲蓉. 梁漱溟合作理论与邹平合作运动［M］. 重庆：重庆出版社，2001.

［34］张传勇. 邹平县霍坡村志［M］. 天津：天津古籍出版社，2017.

［35］张方泰. 中共邹平党史大事记1949—1995［M］. 北京：北京燕山出版社，1998.

［36］郑大华. 民国乡村建设运动［M］. 北京：社会科学文献出版社，2000.

［37］郑洸，叶学丽. 中国共产党与中国共青团关系史略［M］. 北京：中共党史出版社，2015.

［38］中共中央文献研究室. 十三大以来重要文献选编（上）［M］. 北京：人民出版社，1991.

［39］ 朱汉国. 梁漱溟乡村建设研究［M］. 太原：山西教育出版社，1996.

［40］ 朱玉湘，申春生. 山东革命根据地财政史稿［M］. 济南：山东人民出版社，1989.

［41］ 朱正昌. 民居［M］. 济南：山东友谊出版社，2004.

［42］ 邹平地方史志编纂委员会. 邹平县志（1986—2005）［M］. 北京：方志出版社，2017.

二、报刊杂志类

［1］ 卢兴国. 修志世家邹平成氏家族［J］. 寻根，2017（3）：123-124.

［2］ 卢兴国. 邹平"西张氏"盛衰录［J］. 寻根，2017（5）：111-113.

［3］ 王洪洋. 农民专业合作社发展中存在的问题及对策研究［D］. 青岛：青岛大学，2011.

［4］ 张秋娜，宋翠环，孙延兵，等. 邹平县森林植物检疫对象普查报告［J］. 山东林业科技，2001（S1）：80-81.

［5］ 狄金华. 革旧俗造新民：邹平乡村建设中"改造私人生活"实践的再思考［J］. 学海，2019（2）：34-41.

［6］ 顾仲阳，常钦. 焕发乡村文明新气象［N］. 人民日报，2022-10-06.

［7］ 欧阳修俊. 新中国成立70年乡村教育研究回顾与思考［J］. 现代远程教育研究，2019（2）：11-22.

［8］ 刘秀峰. 改革开放四十年城镇化视域下的农村教育变迁［J］. 教育发展研究，2018，38（17）：64-70.

［9］ 魏峰. 改革开放40年我国农村教育发展：成就、动力与政策演进特征［J］. 基础教育，2018，15（6）：15-21；84.

［10］ 赵垣可，刘善槐. 农村教育治理现代化：科学内涵、形态变迁及实践路径［J］. 教育学术月刊，2019（11）：40-48.

三、网络文献类

［1］ 马丽. 邹平陈度村发现百年老宅院［EB/OL］. ［2016-11-28］. https：//www.binzhouw.com/app/detail/131/10827.html.

［2］ 佚名. 极简中共邹平地方史（1927—1949）［EB/OL］. ［2021-03-30］. https://www.binzhouw.com/ls/system/2021/03/30/030173001.shtml.

［3］ 张增业. 邹平县邮电志［EB/OL］. ［2023-05-15］. http://lib.sdsqw.cn/ftr/ftr.htm.

［4］ 佚名. 抗日英烈 八路军山东纵队第3支队司令员 马耀南［EB/OL］. ［2019-01-16］. https://www.sohu.com/a/289314393_120044051.

［5］ 刘清春，张丹丹，丁春晓，等. 邹平市烈士陵园：黄山有幸埋忠骨 梁邹大地传英名［EB/OL］. ［2021-05-26］. https://new.qq.com/rain/a/

20210526A02R7T00.

[6] 杨玉金. 权威发布 | 精准扶贫的邹平 "实践"：1 168户2 458名贫困人口全部实现稳定脱贫 [EB/OL]. [2021-04-06]. http://news.iqilu.com/shandong/yaowen/2021/0406/4820561.shtml.

[7] 佚名. 邹平市高新街道："第一书记" 带来新活力 增收致富添足新动力 [EB/OL]. [2023-03-10]. https://cj.sina.com.cn/articles/view/3235606600/c0db704802001hrc9.

[8] 耿悦，李蓓蓓. 滨州邹平市明集镇："农民贴心社" 开启助农便民 "加速度" [EB/OL]. [2021-10-29]. https://baijiahao.baidu.com/s?id=1714935256363307957.

[9] 吕敏，邹平台，刘通，等. 71秒 | 滨州邹平推动乡村产业振兴 促进农民增收致富 [EB/OL]. [2019-01-09]. http://binzhou.iqilu.com/bzminsheng/2019/0109/4161381.shtml.

[10] 左明玉，杨少杰. 滨州邹平：特色种植铺就农村致富路 [EB/OL]. [2020-03-31]. https://www.sohu.com/a/384396998_120551352.

[11] 董乃德，张松. 山东邹平：寒冬韭香 [EB/OL]. [2022-01-20]. https://www.sohu.com/a/517850874_120742091.

[12] 刘雪纯. 邹平市高新街道山旺埠村："虚拟" 电商带来更多 "真实" 保障共同富裕谱写新篇章 [EB/OL]. [2022-09-26]. https://www.binzhouw.com/xq/system/2022/09/26/030230749.shtml.

[13] 张鸿旭，高金龙. 百年舞动的长山芯子，世代传承的技艺绝活 [EB/OL]. [2016-02-23]. http://sdzp.wenming.cn/zixun/tpyw/202107/t20210705_3283807.shtml.

[14] 佚名. 中兴龙灯 [EB/OL]. [2013-12-13]. https://www.dzwww.com/2013/sdwsdt/bzwsdt/zpwsdt/fsmq/201312/t20131213_9340116.htm.

[15] 佚名. 红庙庙会 [EB/OL]. [2013-12-13]. https://www.dzwww.com/2013/sdwsdt/bzwsdt/zpwsdt/fsmq/201312/t20131213_934 0170.htm.

[16] 李薇. 邹平："六月六" 传统庙会人气旺 [EB/OL]. [2014-07-03]. https://www.zpgd.net/zpxw/10389.html.

[17] 李淑霞，赵泽皓. 今年邹平市4.3万农户厕所将 "规范升级" [EB/OL]. [2021-08-11]. https://sdxw.iqilu.com/w/article/YS0yMS04MDY0ODMz.html.

[18] 佚名. 山东邹平：扮靓农村人居环境 邹平全力提升群众生活品质 [EB/OL]. [2020-09-15]. https://www.sohu.com/a/418542103_120551352.

索引

百年历史—71，72

比较研究—前言3，39

调研—2，3，13-15，22-24，30，31，36-38，45，46，48，49，56-60，64，71-73，80-82，87，89，90，96，106，110，118，123，130-132，139，140，142-144，149-151，155，162-164，169-171，177，178，182，183，189，197，201，205，207，214，218，224，229，234-237，242-244，249-251，258

乡村变迁—前言2，前言3

乡村振兴—30，32，34，35，64-66，95，96，100-104，184，258，261，266，267

邹平—2，4-12，17-21，28-30，32-35，39-43，50-56，59-64，66-70，74-79，83-86，88，91-95，97-108，113-122，124，125，127-129，131，133-136，141，142，145，147，149，152-161，163-169，171，172，174-177，179-188，190-192，194-196，198，199，201，203-206，209-211，213，215-223，225-227，

229-232，234，238-240，246-248，252，254，257，259-263，266，267